LES PRÉDATEURS

des mêmes auteurs

Catherine Le Gall :

Dexia, une banque toxique, La Découverte, 2013
« Dommages et intérêts », *La Revue dessinée*, 2014
« Piège en béton », *La Revue dessinée*, 2016
« Nature à vendre », *La Revue dessinée*, 2018

Denis Robert :

J'ai tué le fils du chef: affaire Gregory, le roman de la Vologne 1984-2018, Hugo Doc, 2018
Les Rapports humains, Julliard, 2017
Grand Est : un père, un fils, une route, entre passé et futur, entre Hayange et Milwaukee, Dargaud, 2016
Mohicans, Julliard, 2015
Le Circuit Mandelberg, Dargaud, 2015
L'Affaire des affaires : Clearstream, l'intégrale, Dargaud, 2015
Vue imprenable sur la folie du monde, Les Arènes, 2013
Dunk : Naissance d'un héros, Dargaud, 2013
Tout Clearstream, Les Arènes, 2011
Dunk, Julliard, 2009
Une affaire personnelle, Flammarion, 2008
Au cœur de l'affaire Vuillemin, Hugo Doc, 2006
Clearstream, l'enquête, Les Arènes, 2006
Le Milieu du terrain, Les Arènes, 2006
La Domination du monde, Julliard, 2006, Points, 2007
Tout va bien : Yvan et la banquière, Dargaud, 2005
Une ville, Julliard, 2003
La Boîte noire, Les Arènes, 2002
Révélations, Les Arènes, 2001
Le Bonheur, Les Arènes, 2000, Pocket, 2002, 2013
Révolte.com, Les Arènes, 2000
Tout va bien puisque nous sommes en vie, Stock, 1998
Journal intime des affaires en cours, Stock, 1998
Notre héros au travail, Fayard, 1998
Portrait de groupe avant démolition, Stock, 1997
La Justice ou le chaos, Stock, 1996, LGF, 1998
Pendant les affaires, les affaires continuent, Stock, 1996, LGF, 1999
Je ferai un malheur, Fayard, 1995

CATHERINE LE GALL
DENIS ROBERT

LES PRÉDATEURS

Des milliardaires contre les États,
leur rapacité face à nos lâchetés

COLLECTION **DOCUMENTS**

cherche
midi

Vous pouvez consulter notre catalogue général
et l'annonce de nos prochaines parutions sur notre site :
www.cherche-midi.com

30, place d'Italie
75013 Paris

Mis en pages par Soft Office – Eybens (38)
Dépôt légal : septembre 2018
ISBN 978-2-7491-5593-7

À Tina, ma petite mère.

D.

À Monique, ma grand-mère.

C.

*« La bourgeoisie devine que son pouvoir matériel
exige le soutien d'un pouvoir d'opinion.
Ne subsistant en effet que par le consentement général,
elle doit inlassablement donner à ceux qu'elle domine
des raisons valides d'accepter son établissement,
son règne et sa durée. Elle doit faire la preuve
que son confort et sa domination et ses maisons
et ses dividendes sont le salaire que la société humaine
lui consent en échange des services qu'elle rend.
Le bourgeois mérite d'être tout ce qu'il est, de faire
tout ce qu'il fait, parce qu'il entraîne l'humanité
vers son plus haut, son plus noble destin. »*

PAUL NIZAN,
Les Chiens de garde (1932)

1

SUR LE DIVAN DE MARCO

Un député qui traîne en jogging dans le salon de sa vieille maison coincée dans une ruelle pentue. Nous sommes à une trentaine de kilomètres de Charleroi. Des pavillons aux briques rouges, aux vieilles tomettes et aux grandes baies vitrées laissent filer la vue sur les plaines à blé et à houblon. L'ancien agent du fisc boit du café et du petit-lait (métaphore). Son parti – celui des travailleurs belges – caracole en tête des sondages d'opinion. Il devance tous les partis au pouvoir en Belgique depuis trente ans. Cette inversion de la courbe de popularité des édiles politiques est directement liée aux affaires de corruption qui accablent le gouvernement comme l'opposition.

Sa femme est partie chercher leur fille à l'école. Elle ne va pas tarder à rentrer. Ils ont la cinquantaine. Ce sont des militants. Ils ont été de toutes les luttes sociales, de tous les combats. Ils ne sont pas mariés. Il dit « ma compagne » quand il la présente aux journalistes venus ce jour-là interrompre sa matinée de repos.

Le député s'appelle Marco Van Hees. Les deux journalistes n'ont pas de nom. Ils ressemblent aux auteurs de ce livre. Un gars, une fille. Ou l'inverse. Une fille, un gars. La fille parle en premier. Elle a un grand cahier où elle a pris des notes, des pages de notes. Lui est plutôt petit carnet. Elle est bavarde, précise. Il sort des vannes, feuillette un livre écrit par le député. Elle aimerait qu'il soit un peu plus concentré. Ils forment un couple de reporters. Ils écrivaient dans des titres concurrents, elle dans un hebdo, lui dans un quotidien. La crise du papier les a rapprochés. Ils ont quitté leurs journaux respectifs et se sont mis à écrire des livres et à réaliser des documentaires. Nous sommes au mois de mai 2017. Ils travaillent ensemble depuis un an. C'est la première fois qu'ils sont sur le terrain.

Le député est poli, disponible, modeste, inébranlable. Il s'intéresse à la politique d'Emmanuel Macron. Il aurait voté Mélenchon s'il avait été français. Il a sorti les livres qu'il a écrits depuis qu'il s'est mis en tête de faire la révolution, et les a étalés sur la table basse de son salon. Rien que des pamphlets documentés contre des ministres, les directives de Bruxelles, la compromission régnant en Wallonie. Le PTB (Parti du travail de Belgique) est un conglomérat de râleurs, de vieux trotskistes, de communistes scissionnistes, de nostalgiques du Grand Soir, de jeunes révolutionnaires en chemise à carreaux. Il ressemble à un parti prêt à prendre le pouvoir autant qu'un troupeau de singes ressemble à une *team* de traders managers. « Les gens nous font confiance parce qu'on est les seuls à rester propres », déclare Marco Van Hees aux deux journalistes français. Ils sont passés par là pour l'interroger sur son principal ennemi : le vieux milliardaire Albert Frère.

Si le député barbu et insoumis (aux diktats des multinationales) est devenu ce qu'il est aujourd'hui – un bon produit pour JT, le porte-parole d'une Wallonie en lutte, la gloire de sa région et de tout le pays qui plébiscite ses vidéos sur Facebook, un des hommes politiques les plus populaires de Belgique –, il sait qu'il le doit à son richissime voisin. Depuis qu'il est petit, l'ombre du grand homme occupe ses pensées, obstrue son horizon, celui de ses parents et de ses amis, qui tous ont un jour travaillé dans les laminoirs, les magasins, les forges, la banque, les journaux, les brasseries ou les cokeries lui appartenant.

Cela fait cinquante ans que les Carolos – on appelle ainsi les habitants de la région de Charleroi – se font balader par Albert Frère, et que Marco Van Hees le traque, le critique, publie des articles incendiaires sur lui dans la revue du PTB ou sur son blog. Pourtant, quand il évoque son nom, son regard perd en intensité ; comme s'il avait intégré l'idée que, même très vieux, légèrement voûté et marchant avec une canne, Albert Frère gagnait toujours la partie à la fin. Un peu comme l'Allemagne au foot[1].

Et gagner la partie en Belgique, comme partout dans le monde, consiste à s'en mettre plein les fouilles quand arrive l'heure du bilan. Et à sourire aux photographes. Albert Frère est une sorte de champion du monde toutes catégories de la combine et du *cash-flow*. Jésus de Nazareth multipliait les pains, Albert de Gerpinnes se contente des coffres-forts.

« Dans les affaires, en Belgique, quoi que tu fasses, c'est toujours Albert Frère qui emporte la mise et qui te ferme la porte au nez », sourit Marco. Il pense que les journalistes

1. L'Allemagne d'avant 2018.

arrivent un peu tard avec leurs questions, et ne comprend pas bien leur intérêt pour le magnat de Gerpinnes, la commune où Albert a élu domicile. « C'est une histoire que vous connaissez en Belgique, mais, en France, nous sommes autant que vous victimes d'Albert Frère. Voire plus, si on regarde nos factures de gaz », justifient les deux Français. Marco fait ce qu'il peut pour satisfaire leur envie de scoops.

Ils racontent avoir découvert Albert Frère en 2007, au soir de la victoire de Nicolas Sarkozy à la présidentielle. Frère n'était alors qu'un nom sur une liste de cinquante-sept convives invités au Fouquet's pour célébrer la victoire du nouveau président français. Le vieil Albert s'était retrouvé dans le restaurant bling-bling parisien, avec son ami Paul Desmarais, le *tycoon* canadien. Ils s'étaient mis un peu à l'écart des vedettes du showbiz et de leur ami Nicolas. « Vous pouvez dire de leur *poulain* », plaisante Marco. La comparaison hippique est appropriée. Car ces deux-là ont misé sur le candidat de la droite libérale française juste après la défaite de Balladur contre Chirac, alors que Nicolas Sarkozy, défait et déçu, n'était plus qu'un outsider déprimé et déprimant. Et ils ont su patienter.

Albert et Paul ont le nez fin. Albert et Paul. Paul et Albert. Comme si la génétique et les lois du business avaient créé deux clones de chaque côté de l'Atlantique. Un vendeur de clous, un vendeur de bus. Frère et Desmarais. Deux figures de proue, deux caricatures d'un capitalisme si sauvage qu'il en devient fascinant.

Même si physiquement ils ne se ressemblent pas – le Canadien élancé au look de crooner a plus de prestance que le Belge trapu taillé comme un paysan du Hainaut –, leurs parcours et leurs visions du monde en font des siamois. Tous deux sont partis d'une entreprise familiale en quasi-faillite. Tous deux en ont bavé, jeunes, pour sortir de leur condition de petits patrons snobés par leurs pairs, l'aristocratie et les banquiers. Tous deux ont de la mémoire, et une propension certaine à la vengeance. Tous deux sont d'abord des vendeurs. Des vendeurs de tout et de n'importe quoi. Des stratèges capables de préparer leurs coups des années à l'avance. Capables surtout de jouer à l'instinct. Tous deux ont usé et abusé de l'argent public pour monter leurs business plans. Tous deux sont ultralibéraux. Le marché, rien que le marché !

Au Fouquet's, avec leurs coupes de Ruinart et leurs émulsions de gambas, loin de Vincent Bolloré, Johnny Hallyday, Martin Bouygues, Christian Clavier, Richard Virenque ou François Pinault, mais près de Bernard Arnault, avec qui Albert est lié, ils se sont mis à refaire le monde en lançant de petits signes amicaux à leur ami président des Français, qui les leur rend bien. Frère et Desmarais n'étaient alors, aux yeux des médias français, que deux patrons étrangers parmi une armée de stars des affaires, du cinéma ou de la chanson. « Sir Paul Desmarais, milliardaire canadien, P.-D.G. de la Power Corporation, actionnaire de plusieurs groupes français », avait dû noter le maître d'hôtel du Fouquet's. Pour Albert Frère, la présentation aurait pu être plus sobre : « Première fortune de Belgique, premier actionnaire Suez, baron fraîchement anobli par le roi Baudoin[1]. » Les deux complices entraient dans le club des leaders de la sarkozie naissante. Un honneur et une incongruité.

1. Le roi des Belges a donné à Albert Frère une « concession de noblesse héréditaire », fait exceptionnel pour un roturier. Pour toutes les autres personnes anoblies, y compris le plus célèbre des chanteurs belges, Adamo, les « concessions de noblesse » sont « personnelles » – et donc non transmissibles. (*Dixit* Monique Pinçon-Charlot et Michel Pinçon dans *Sociologie de la bourgeoisie*, La Découverte, 2016.)

Albert et Paul auraient sans doute préféré siroter un Petrus en s'envoyant une côte de bœuf dans la salle à manger de Gerpinnes, plutôt que de jouer les doublures avec ce champagne de nouveau riche. Mais enfin, bon, les affaires sont les affaires. Et on ne peut pas se retirer du crâne que, ce soir-là, ils avaient tous en tête les gros coups qu'ils allaient pouvoir réaliser grâce à leur ami président.

Tout était en place pour réussir une magnifique culbute. Tu mets 10 dollars dans la machine, tu claques des doigts et tu en empoches 100. L'opération marche encore mieux avec 100 millions d'euros. Tu mets 100 millions dans un géant de l'énergie, tu claques des doigts et tu empoches un milliard...

L'énergie, c'est la clé du paradis pour les nouveaux riches. Avec la téléphonie et l'électricité, le gaz et le pétrole restent les vaches à lait des démocraties occidentales. Frère et Desmarais ont mis un pied dans Suez. Le groupe franco-belge est énorme, mais endetté. L'objectif – avec l'arrivée du président à talonnettes – serait de s'offrir Gaz de France. Le fleuron national, celui que la gauche et les syndicats ne veulent pas privatiser. Celui qui permet une relative équité devant le chauffage et diffuse de la chaleur aux pauvres. Actionnaires de Total, Albert et Paul lorgnent aussi sur Areva, le géant nucléaire français. Ils sondent. Ils prospectent. Être milliardaire, quand on veut tenir son rang, demande du flair et une bonne réactivité.

Depuis cette fête entre *happy few*, les deux journalistes ont coché le nom des deux milliardaires dans leur carnet. Ils ont travaillé, accumulé des histoires sur eux. La liste est longue des rendez-vous entre Nicolas et Albert à Gerpinnes, comme à l'Élysée ou à Brégançon. Albert Frère a présenté dès 1995 Paul Desmarais à Nicolas Sarkozy, qui en a fait son nouvel ami. Sarkozy président lui remet la Légion d'honneur, comme il l'a remise à Jacqueline Desmarais, son épouse, ou à Albert lui-même. Après la cuisante défaite d'Édouard Balladur, dont il était le porte-parole contre Jacques Chirac à la présidentielle, Nicolas Sarkozy a été accueilli chez les Desmarais, dans leur domaine aux trente-deux lacs et à la superficie de 75 kilomètres carrés à Sagard, au cœur du Québec. Comme un futur roi.

« 1995 n'était pas une année faste pour moi. Un homme m'a invité au Québec dans sa famille. Nous marchions de longues heures en forêt, et il me disait : "Il faut que tu t'accroches, tu vas y arriver. Il faut que nous bâtissions une stratégie pour toi…" Preuve, cher Paul, que tu n'es pas français. Car il n'y avait plus un Français qui pensait ça. Nous avons passé dix jours ensemble, au cours desquels tu m'as redonné confiance. À tel point que, maintenant, je me considère comme l'un des vôtres. Et, sans vouloir inquiéter tes enfants, je peux dire que je me sens un membre de la famille – l'héritage en moins, bien entendu ! » écrira Nicolas Sarkozy en octobre 2013, dans une lettre hommage rédigée juste après le décès de Paul Desmarais[1]. La mort de Paul Desmarais affectera beaucoup Nicolas Sarkozy – et davantage encore Albert Frère. Sans Paul, et malgré les héritiers du patriarche canadien, Albert vieillit. Albert s'ennuie.

« On dit que notre époque est matérialiste, mais elle est pleine de poésie », tente la journaliste, qui aimerait que Marco Van Hees livre quelques secrets croustillants. Le député du PTB fait grise mine dès que l'on évoque les mœurs du grand homme, ou sa proximité avec lui. Une

1. La lettre a été publiée par le journal canadien *La Presse* (appartenant à la famille de Paul Desmarais).

quarantaine de kilomètres séparent la maison de Marco Van Hees et l'immense manoir qu'Albert Frère a fait bâtir de l'autre côté de la ville de Charleroi. Malgré ses livres et ses interventions publiques, Marco n'a pourtant jamais croisé son ennemi de classe, sauf une fois, à l'aéroport carolo. « Si on se voyait, je ne saurais pas quoi lui dire. Il fait partie d'un autre monde », glisse-t-il.

Chaque week-end, le grand homme, sa femme et quelques amis s'engouffrent dans le Falcon 2000 Ex Easy à 25 millions de dollars, et ils s'envolent vers la villa de Saint-Tropez ou le chalet de Courchevel. Le Falcon a été acheté sans payer de TVA[1]. Monsieur a ses habitudes, ses bons vins qu'il emporte partout, et ses palaces. À quatre-vingt-douze ans, il continue, qu'il pleuve ou qu'il vente, à partir en week-end loin du frimas belge. Comme s'il s'ennuyait à Gerpinnes. Comme si l'ambiance lui rappelait trop son passé, son père, Oscar, mort alors qu'il n'avait que quatre ans, sa mère, la robuste Madeleine, qui a repris seule la forgerie où l'on fabriquait des clous et des chaînes, la maison de sa voisine Ninette, où Albert pouvait prendre un bain hebdomadaire, car l'eau y était chaude... Cette histoire de pauvre qui devient riche à coups d'OPA et de fusions-acquisitions sent la légende.

1. Il a été immatriculé dans une filiale du groupe, basée aux Antilles néerlandaises, avant d'être rapatrié au Luxembourg. Selon une enquête de Xavier Counasse publiée par le journal *Le Soir* le 8 novembre 2014, « Le jet privé "low cost" d'Albert Frère ».

2

COUP DE BLUES À FONTAINE-L'ÉVÊQUE

Avant d'arriver chez Marco Van Hees, les deux journalistes ont traîné à Fontaine-l'Évêque. Ils ont cherché en vain la rue Paul-Chavée et la fabrique de clous. Ils n'ont trouvé qu'une rue de l'Athénée, et une friterie fatiguée. Les gens du village, les plus jeunes, ont oublié qu'Albert Frère, l'homme devenu « le plus riche de Belgique » a habité là, a joué au foot là, s'est rêvé puissant là.

On dit « le plus riche de Belgique ». On cherche toujours à classer les milliardaires. Demandez à un journaliste de *Forbes* comment il fait, et s'il peut garantir à 100 % la fiabilité de son hit-parade. Observez son regard fuyant. Car il y a l'argent caché, l'argent officiel, l'argent montré, les lingots d'or, les yachts, les avions, les Ferrari, l'immobilier, les actions, les *hedge funds*, le *shadow banking*, les prête-noms, les panaméennes… Il y a ceux qui sont heureux d'y figurer, et ceux qui ont la fortune discrète.

Albert a la réputation et la fierté, depuis une quinzaine d'années, d'être le *number one* outre-Quiévrain. Il faut reconnaître que, malgré ses 5 ou 6 milliards de fortune officielle, il a de sérieux concurrents. Il est talonné par un ou deux oligarques ayant migré à Bruxelles, par les Emsens (construction métallique, Eternit), et par Jef Colruyt (grande distribution). Il est même largement battu par les familles de brasseurs qui biberonnent les Belges à coups de Jupiler depuis plusieurs générations. Mais deux familles flamandes et une vingtaine de descendants se partagent la cinquantaine de milliards du magot, alors qu'Albert est seul sur son tas d'or.

Et puis, Albert, contrairement à tous les autres, est parti de presque rien. Il est le parfait représentant des excès et des boursouflures du capitalisme financier.

À Fontaine-l'Évêque, les deux journalistes ont traîné sans but. Ils se sont arrêtés pour boire des bières artisanales, noter des anecdotes, s'imprégner des ambiances. Ils se cherchent autant qu'ils cherchent à percer des mystères qu'ils sont seuls à vouloir saisir. Pour faire ce qu'ils font, il faut être pugnace et un peu parano. Libre, mais introduit.

Ils ne savent plus très bien qui est allé chercher l'autre pour entreprendre ce travail. Leur question : comment devient-on milliardaire ? Leur hypothèse : en pillant d'abord les États. Leur présupposé : passé 10 millions sur son compte en banque, ça ne sert pas à grand-chose d'amasser.

Elle l'avait appelé pour un autre projet. Une histoire bancaire *énorme*. Mais, dans le gigantisme, il avait déjà donné. À l'approche de la soixantaine, il n'était pas fatigué, il manquait d'enthousiasme. Il était capable, assez vite quand on lui présentait un dossier, de faire le ratio entre la quantité de travail et d'emmerdements, et la potentialité du scandale. Ce qui restait passionnant, c'était de révéler une pratique inavouable. Les scandales avaient vocation à s'éteindre. Pas les livres. Elle avait très envie de fouiller, de percer des secrets. Elle débordait d'énergie. Il lui avait dit que, même quand les médias s'emparent d'un sujet, c'est loin d'être gagné. Elle n'avait pas compris ses réticences. Elle avait apporté des documents qu'ils avaient regardés ensemble. Elle s'était assez vite rendu compte que la lecture de cette paperasse le faisait suer. Elle en avait été un peu vexée. Au bout d'une heure, il était allé chercher une boîte à archives bien pleine qui encombrait la soupente de son bureau. « C'est l'affaire Quick, tu connais ? »

Albert Frère est fatigué. Son meilleur ami est mort depuis trois ans, lui rappelant ce qu'il avait peut-être eu tendance à oublier : l'éternité ne s'achète pas. Albert et Paul ont pourtant su préparer leur succession. Chacun a un descendant qui va perpétuer l'œuvre paternelle. Vendre, amasser. Capitaliser. Seule la mort fera renoncer Albert à *faire* de l'argent.

Une histoire circule à propos des débuts d'Albert Frère. Le milliardaire a commencé en vendant des bidons d'essence quand il avait vingt ans. Un de ses copains militaires livre du carburant aux casernes autour de Charleroi. Les bidons contiennent indifféremment 200 ou 220 litres. Les militaires n'ont jamais fait attention à cette différence de contenu. Albert et son ami vont prendre systématiquement des bidons de 220 litres pour subtiliser 20 litres et les revendre au noir. La hiérarchie militaire n'y verra que du feu. Albert se charge de stocker et d'écouler le surplus[1]. Il est déjà un vendeur imbattable. Comment passer de 0 à 7 milliards en soixante ans quand on est né à Fontaine-l'Évêque (province de Hainaut), sinon en ayant un exceptionnel bagout et un sens inné des bons coups?

Albert Frère a vu éclore et prospérer le libéralisme. C'est durant son irrésistible ascension qu'est née l'idée qu'un être humain est une entreprise individuelle. Il a participé activement à la construction de cette mythologie qui fait de l'homme un travailleur responsable devant agir de manière efficiente. Au début de son aventure, quand Albert trafiquait son essence, l'Homme appartenait à une société solidaire à laquelle on pouvait se raccrocher quand on était malade ou trop vieux. Ronald Reagan, Maggy Thatcher puis George Bush, des amis d'Albert et de Paul (George Bush senior était un intime de Paul Desmarais), ont ouvert une brèche, dans laquelle les rêves d'État-providence ont fini par s'engouffrer. S'entraider coûte cher.

Ce passage-là a suscité un débat entre les deux journalistes. Elle y tenait. Il a fini par céder. «Il faut revenir aux fondamentaux, disait-elle. Pourquoi serait-on journalistes, si on ne dénonçait pas ces turpitudes?» Quand elle tenait ce genre de propos, il levait les yeux au ciel, et ça l'énervait encore plus.

«C'est quoi, cette affaire Quick?» lui avait-elle finalement demandé.

Il était resté prudent et lui avait remis une centaine de feuillets, où il essayait de montrer comment, en revendant la chaîne de fast-food Quick à une entité financée grâce à de

1. L'anecdote est livrée par Francis Groff dans sa biographie d'Albert Frère, *Le Pouvoir et la discrétion* (Éditions Labor, 1995).

l'argent public, Frère et Desmarais avaient réalisé une plus-value qui leur avait permis de grimper dans le capital de Suez, juste avant la privatisation de Gaz de France. Elle avait lu rapidement, avait été convaincue de l'aspect scandaleux du montage. Ils en avaient parlé au téléphone, et avaient échangé de nombreux mails et documents sur le sujet. Les deux journalistes s'accrochaient à leur histoire de privatisation de Gaz de France, dans laquelle Paul et Albert avaient trempé dix ans plus tôt. Les médias avaient peu évoqué leurs rôles au moment de la fusion entre Suez et GDF. Cette « captation » d'un service public était emblématique des dérives à venir du capitalisme. C'était leur point de départ. Pourquoi un organisme public avait-il acheté une chaîne de hamburgers ? Comment les deux milliardaires s'y étaient-ils pris pour devenir les premiers actionnaires de Suez ? Et pourquoi l'État français avait-il laissé faire ?

Au fil de leurs conversations, les deux journalistes avaient fini par admettre que Frère et Desmarais étaient deux cas exemplaires. Dans les discussions de comptoir comme dans des dizaines d'éditoriaux, il était depuis une vingtaine d'années régulièrement question de la faiblesse des États face au pouvoir grandissant des multinationales. On lançait des invectives, on faisait le constat désabusé de la perte d'autonomie des uns par rapport aux autres. Le basculement paraissait inéluctable. Avec l'histoire de Frère et de Desmarais, nos deux journalistes sentaient la bonne histoire. Celle qui pouvait permettre de comprendre comment collectivement on s'était fait avoir.

Car, avec d'autres amis milliardaires, les deux hommes avaient largement participé à la création d'une fable politique. De nouvelles divinités avaient été érigées : le « marché », la « concurrence », le « libre-échange », la « finance ». L'optimisation fiscale. Un corpus de lois avait envahi notre espace, et nous avait contaminés. Les deux milliardaires, en bons dévots, honoraient le « pragmatisme ». José-Alain Fralon[1], l'hagiographe adoubé d'Albert Frère, n'avait-il pas lui-même déclaré, dans la biographie la plus nourrie du grand homme : « Ses amitiés ou inimitiés politiques n'ont rien d'idéologique. [...] En un mot comme en mille, Albert Frère se soucie comme d'une guigne de la *res publica*[2]. »

Albert et Paul se fient à une règle d'or : celle de l'offre et de la demande. Ils semblent persuadés qu'une main invisible fixe la juste valeur des choses. Pour prédire l'avenir, Albert et Paul consultent leurs pythies : les marchés financiers. Leur logique est implacable pour dessiner notre avenir à court terme. Leurs prédictions finissent toujours par se réaliser.

Mais l'histoire tricotée par les deux milliardaires et leurs communicants afin de vendre aux médias la grandeur et la spontanéité de leur épopée est une fiction. La réalité du terrain renvoie à une saga plus dure, plus violente, moins glorieuse. La résistance des hommes, dans les sociétés auxquelles ont touché Frère et Desmarais, a en permanence été éprouvée : la performance, la flexibilité, l'austérité. Le combat est féroce, et les victimes sont nombreuses. Les milliardaires avaient un avantage pour eux : le rachat des médias *mainstream* par eux-mêmes et par d'autres amis milliardaires. Le dieu « marché » a ainsi imposé sa loi sur la planète. Les souffrances ? Quelles souffrances ? Les sacrifices ? Quels sacrifices ? Albert et Paul sont des apôtres consciencieux du capitalisme financier. Des figures tutélaires. Marco Van Hees a sans doute fini, lui aussi, par s'y

1. Ancien journaliste français du *Monde*.
2. *Albert Frère. Le Fils du marchand de clous*, Fayard, 1997.

habituer. Malgré ses efforts et sa pugnacité, la plupart de ses électeurs acceptent ce dogme d'un capitalisme inégalitaire mais toujours triomphant comme étant la seule lecture possible du monde.

En février 2014, l'ancien inspecteur des impôts livrait sur sa page Facebook cette révélation éloquente. Grâce à de savants montages financiers[1], la femme de ménage d'Albert Frère payait plus d'impôts (4 140 euros) que les deux holdings de son patron (152 euros). « Cet exemple montre que la Belgique est un enfer fiscal pour les travailleurs, et un paradis fiscal pour les multinationales. Si les travailleurs paient entre 30 et 50 % d'impôts, les mille sociétés ayant réalisé le plus de profits en Belgique paient en moyenne 6 % d'impôts », notait le député du PTB.

Marco Van Hees et ses amis du PTB essaient de combattre ce dieu « marché », mais eux-mêmes semblent avoir intégré qu'ils échoueront à plus ou moins long terme. « On donnerait le pouvoir au PTB qu'il ne saurait pas quoi en faire », a un jour déclaré le ministre des Finances belge Didier Reynders, le principal ennemi politique de Marco Van Hees. Nicolas Sarkozy, Emmanuel Macron ou Laurent Wauquiez

1. Selon le PTB, reprenant les infos du journal *Marianne Belgique*, GBL (le Groupe Bruxelles Lambert), la holding d'Albert Frère, avec ses quatorze filiales au Luxembourg et ses deux filiales dans les Antilles néerlandaises, défiscalisait – en 2015 – les bénéfices du milliardaire : « Le groupe Frère est réputé pour la complexité de la chaîne de contrôle allant du sommet du groupe jusqu'au sommet du holding GBL. Au sommet de cette chaîne, la société familiale Frère-Bourgeois S.A. constitue un maillon important. Elle n'est pourtant pas l'étage ultime, puisqu'elle est elle-même détenue à 93 % par la Stichting Administratiekantoor Frère-Bourgeois, située aux Pays-Bas (ce type de fondation néerlandaise est très réputé). Les 7 % restants sont détenus par la S.A. Filux – compagnie financière luxembourgeoise, située au grand-duché –, mais, par la magie d'une participation croisée, cette société luxembourgeoise est elle-même détenue à 100 % par Frère-Bourgeois S.A. », peut-on lire sur le site du PTB.

pourraient dire la même chose de Jean-Luc Mélenchon et des Insoumis. Didier Reynders, inamovible champion du libéralisme belge, est un ami de Nicolas Sarkozy et d'Albert Frère. Ils se fréquentent dans les mêmes lieux, habitent le même type de maison, partent en vacances ensemble. Bien sûr, les milliardaires ont des maisons plus grosses et plus nombreuses. Mais quand même… Une vidéo circule sur Internet[1], où l'on voit Marco Van Hees faire la visite des villas pour milliardaires à Uccle, la ville frontière belge très protégée, où Bernard Arnault s'est installé en 2011, et où vivent de nombreuses familles de milliardaires français, comme les Taittinger, les Mulliez ou les Darty. De nombreux milliardaires belges aussi. On y voit le député s'arrêter devant la nouvelle maison du ministre Reynders. C'est un signe de réussite d'arriver à loger à Uccle ! Cette proximité si ostentatoire entre ministres et milliardaires trouble. N'importe quel citoyen est en droit de se demander comment un élu peut se payer pareille bicoque à tourelles, avec grilles de nouveau riche et gazon impeccable. C'est un peu comme l'été dans les parcs de Saint-Tropez – cent cinquante villas sécurisées avec vigiles et piscines, et vue imprenable sur le golfe. Les foules estivales passent souvent à côté de cet espace protégé interdit aux piétons. Là, on croise Vincent Bolloré et son beau-frère Gérard Longuet, mais aussi François Pinault, Bernard Arnault ou Albert Frère et, bien sûr, Nicolas Sarkozy, qui vient à vélo du cap Nègre tout proche. Ils aiment se retrouver entre eux l'été dans cet « écrin de luxe » qu'ont découvert les Pinçon-Charlot au détour de leurs enquêtes, comme ils ont découvert Knokke : « Albert Frère a beaucoup reçu Nicolas Sarkozy,

1. Disponible sur Youtube. Web série d'environ dix minutes par épisode. « Comment osent-ils ? », épisode 3, « Le paradis fiscal ».

avant son élection à l'Élysée, dans sa propriété de Knokke-le-Zoute, sur la côte belge. Elle fait partie d'un lotissement chic où se retrouvent les familles les plus fortunées de Belgique. Ces multipropriétaires sont voisins à la ville, à la campagne ou à la mer. Mais on ne se lasse guère de son semblable, que l'on aime aussi retrouver dans les cercles des conseils d'administration[1]. » Passons. Tout se tient, et eux se tiennent.

Pour qu'une mythologie survive, il faut y croire. Mais qui produit ce discours qui nous submerge ? À qui profite le crime financier ? Des hommes ourdissent des plans derrière le voile. Ils pèsent sur les décisions des États, ils interfèrent sur les lois votées dans les parlements. Pas des dieux ni des surhommes, comme on voudrait nous le faire croire. Des hommes sacrément humains, qui mangent des côtes de bœuf, boivent du Petrus, se rencontrent à Knokke, dans les jardins de Saint-Tropez ou sur les terrains de golf de Marbella, rient, se battent, ont des buts cachés et des stratégies très échafaudées. Ils font des bénéfices, d'énormes bénéfices.

C'est la bonne nouvelle que veulent dispenser les journalistes enfoncés dans le sofa de Marco Van Hees : ces hommes sont comme nous. Sauf qu'ils ont décidé de devenir riches, de plus en plus riches. Leur barnum et cette belle mythologie ont été conçus pour préserver leur caste et la faire prospérer. Oui, leur *caste*.

Les deux journalistes ont fini par convenir qu'en tirant le fil ils parviendront peut-être à ébranler l'édifice. Disons qu'*elle* a fini par le convaincre. Comme il n'avait rien

1. Michel Pinçon et Monique Pinçon-Charlot, *Le Président des riches. Enquête sur l'oligarchie dans la France de Nicolas Sarkozy*, La Découverte, 2010.

de mieux à faire et qu'elle était persuasive, il a suivi le mouvement. « Le plus dur sera de trouver un fil suffisamment long et solide », dit-il. Lui, au fond, l'ébranlement de l'édifice, il n'y croit pas. Il est en revanche tourmenté par cette affaire Quick. Cela fait dix ans qu'il est tombé sur ces hamburgers qui sentent le lucre. Dix ans qu'il ne comprend pas comment des politiques, des fonctionnaires, des contrôleurs du fisc ont pu laisser faire et se compromettre à ce point.

Ils observent Paul et Albert, qui les amènent vers Nicolas Sarkozy et une longue liste d'hommes politiques, d'énarques, de hauts fonctionnaires, d'actionnaires, de banquiers, d'intermédiaires. Les deux milliardaires ont passé leur vie à remplir leurs coffres au préjudice d'autres. C'est un système de vases communicants. Ils ont passé leur vie à *faire* des affaires. La base de leur business a toujours été de flirter avec des hommes d'État, des hauts fonctionnaires, des élus, des experts, des analystes, de les faire travailler pour eux. Et de prendre le blé là où il est.

Une vidéo, piratée par les Anonymous, régulièrement censurée puis réintroduite sur Internet, montre l'anniversaire surprise organisé, le 30 août 2011, par Paul Desmarais pour les quatre-vingts ans de Jacqueline[1]. C'est la grande fête du capitalisme. Une débauche d'invités, de smokings sur mesure, d'artistes conventionnés, de vins millésimés et de sourires botoxés. Autour de la reine Jacqueline Desmarais, les plus grands noms des affaires et de la politique se pressent : George W. Bush et sa femme, tout ce que le Canada a compté de Premiers ministres, des géants des banques d'affaires et de la *private equity*, Donald Trump

1. La vidéo est en accès libre sur Youtube.

et même Robert Charlebois. Sans oublier le compère de toujours : Albert Frère, fidèle parmi les fidèles.

La fête est à l'image du monde selon les Desmarais : d'un kitch sentant l'argent frais, tape-à-l'œil. Tout, derrière les ors et les apparats, rappelle pourtant les origines des hôtes. Jackie, l'ancienne infirmière, est drapée d'une meringue violette, le cou prisonnier d'un collier de gros diamants, la peau tirée et bronzée. Paul, la démarche déjà tremblante, le visage rubicond dans sa redingote noire et blanche, compare sa tenue avec celle de son vieil ami Albert, qui rit aux éclats. Un palace éclatant et une salle de concert ont été édifiés pour l'occasion dans le jardin de Sagard, la propriété familiale. Une année de travaux. Arrivés en car, les robes de soirée et les mocassins brillants entrent dans une salle ronde, dont le plafond rappelle les coupoles vénitiennes, des petits anges fraîchement peints volant au-dessus des têtes fraîchement coiffées. Tous ces multimillionnaires feignent de s'extasier, un verre de champagne rosé à la main, devant la beauté saisissante des paons empaillés posés sur les tables.

Cette captation privée – diffusée pour la première fois sur le Net le 30 mai 2012 – n'aurait jamais dû sortir d'un cercle d'initiés. Elle montre les coulisses d'une gigantesque sauterie qui a coûté, selon les journalistes du *Couac*, mensuel satirique québécois, entre 12 et 14 millions de dollars canadiens en frais de bouche et de décor[1]. Derrière

1. Même si la fête était longue et somptueuse, Paul Desmarais n'est pas le plus dépensier des milliardaires. Quand Lakshmi Mittal, le géant de la sidérurgie, le liquidateur de Florange, a marié son fils, il a privatisé les Tuileries et Versailles et lâché 70 millions d'euros. Le double de l'oligarque russe Andreï Melnitchenko lors de son mariage avec une ex-miss Yougoslavie. Les oligarques

ces hommes et ces femmes qui se repaissent de terrine de faisan en se saoulant au Cheval Blanc à 1 300 dollars la bouteille, une armée d'hommes et de femmes nettoie les verres, fait tourner d'énormes cuillères dans d'énormes marmites, et a mal aux pieds dans des souliers trop étroits. Une majorité de besogneux s'activent pour le plaisir d'une minorité de privilégiés.

François Hollande, en campagne présidentielle, avait dénoncé les travers d'une « finance sans visage ». L'image avait le défaut d'entretenir le mythe : celui d'une entité immatérielle, contre laquelle on ne peut rien. La finance a pourtant des visages, des corps, des noms, des villas, des propriétés, des yachts, des bijoux, des entreprises, des comptes numérotés, des conseillers, des limousines et des jets privés. Elle aime le bon vin, les plats raffinés, les œuvres d'art, les fêtes, les costumes sur mesure, les villas, les châteaux, les vignobles.

Jusqu'aux années 2000, elle appréciait la discrétion, les réseaux, l'entre-soi, les services rendus, les opérations secrètes et les montages financiers opaques. Depuis une vingtaine d'années, les fortunes grossissant, l'envie de se montrer n'est plus refrénée. Exhiber sa fortune peut présenter certains avantages. Dans ces fêtes clinquantes, on se montre, on se vautre, on se désinhibe. On peut identifier des hommes et des patrimoines.

---

sont pourtant relégués loin derrière au hit-parade des dépenses festives face aux milliardaires du désert. L'émir de Dubai, cheikh Mohammed Ben Rachid, a multiplié par dix la facture des Desmarais pour se marier avec sheikha Hind Bint Maktoum. 120 millions d'euros dépensés. 10 millions de plus que la facture du banquier indien Subrata Roy réglée pour marier ses deux fils.

La fête de Nicolas Sarkozy au Fouquet's en 2007, suivie de sa sortie en mer sur le bateau de Vincent Bolloré, marquait un virage. Elle a été le point de départ de l'intérêt de nos deux journalistes pour Frère et Desmarais, les deux seuls magnats étrangers invités à cette soirée. Que faisaient-ils là ?

3

LES ARNAQUEURS

Dix ans plus tôt, un petit homme mystérieux avait pris contact avec le journaliste. Ils avaient déjeuné près de la gare de Metz, et le petit homme, un entrepreneur de la région, avait raconté comment Albert Frère l'avait arnaqué. Depuis, il faisait du magnat belge son ennemi, et de sa déstabilisation son combat. Il voulait le faire tomber, il ne s'en cachait pas. Il était obsédé par cette perspective, un peu comme Joe Dalton l'est par Lucky Luke. Et il suffisait de prononcer en sa présence le nom d'Albert Frère pour déclencher chez lui une colère froide. Il voulait être remboursé d'une dette dont il faisait de Frère l'unique responsable. Si le milliardaire le remboursait, il arrêterait peut-être. L'entrepreneur multipliait les rendez-vous accompagné de son fils, et il alimentait un dossier très bien classé auprès des journaux, des journalistes, des avocats, des associations, des politiques susceptibles de l'aider.

Le journaliste avait été bluffé par la rapidité d'esprit et la précision des arguments de son interlocuteur. Les éléments de preuves qu'il avait vus, et qui semblaient accréditer une affaire, étaient d'un bon niveau. Niveau 8 sur une échelle de 10. Par le nombre d'hommes politiques impliqués, la masse d'argent public apparemment dilapidée, la sophistication du montage financier. Le scandale allait au-delà d'une simple secousse médiatique.

Restait la question judiciaire. Dans ce type d'affaire, tout se termine en principe dans un cabinet d'instruction. Frère et d'autres pouvaient-ils être mis en examen ?

Restait aussi l'impression laissée par ce pourfendeur de crimes financiers. Une impression mitigée. Le dénonciateur avait l'apparat du lanceur d'alerte, la façon de discourir du lanceur d'alerte, la force de conviction du lanceur d'alerte, mais un détail clochait. Son rapport à l'argent. La lumière dans son œil, et cette gourmandise dès que l'on évoquait les montants en jeu. La manière qu'il avait de se poser en victime, et de menacer Frère et ses affidés, ressemblait aussi à un chantage.

Pendant plusieurs années, le journaliste et le chef d'entreprise allaient se voir, se revoir, se jauger. Le journaliste allait tenter de vérifier les dires et les documents laissés par l'homme et son fils. Il ne croyait pas une seconde à l'altruisme de son interlocuteur. Il savait que ce dernier pouvait se servir de lui pour faire avancer ses plans. Un mystère planait quant à ses motivations. Et l'affaire semblait plus complexe que la narration qui en était faite. En cela, elle était intéressante aussi…

Dix ans plus tard, en tapant le nom d'Albert Frère sur Google, les deux journalistes étaient rapidement tombés sur ce personnage présenté comme un « petit chef d'entreprise français ». Jean-Marie Kuhn[1] dénonçait toujours

1. Autrement appelé « JMK ».

avec la même véhémence une vaste machination. Son discours était plus tranchant. Il accusait Albert Frère d'avoir corrompu une longue liste d'hommes politiques et d'intermédiaires pour vendre à l'État français la chaîne de restauration Quick, dont il était le principal actionnaire. Albert Frère serait, selon les accusations de l'entrepreneur lorrain, passé par la Caisse des dépôts et consignations pour monter l'opération. Les deux journalistes s'étaient dit qu'ils tenaient peut-être là un fil.

La « Caisse » est *la* banque d'État française. « Un groupe public au service de l'intérêt général et du développement économique », selon la formule utilisée sur son site Internet. Sa première mission est de protéger l'argent des Français. Elle est née en 1816. Les guerres napoléoniennes avaient vidé les caisses de l'État. Louis XVIII crée cette institution pour collecter l'épargne dans les villes et les campagnes, et la soustraire à l'avidité des gouvernants et des gouvernements. À partir de cette date et grâce à la Caisse, l'argent des Français ne doit plus servir à financer des guerres inutiles et des Berezina. Depuis, la Caisse n'a cessé de grandir et de préserver cette indépendance vis-à-vis des pouvoirs.

Le pays a été reconstruit après la Seconde Guerre mondiale grâce à sa puissante capacité de financement. La Caisse a permis de loger les ménages les plus modestes *via* la construction de logements à loyer modéré, de développer les échanges maritimes en permettant l'édification du port de Dunkerque. Elle a permis aux Français de partir en vacances grâce à la construction d'autoroutes. Aujourd'hui, bon gré mal gré (car elle doit affronter la concurrence des banques privées), elle continue à récolter les fonds du Livret A pour financer la construction de logements sociaux. Elle gère une cinquantaine de régimes de retraites, les pensions des légionnaires, ou les consignations des notaires et administrateurs judiciaires. Elle emploie 120000 salariés (dont la moitié hors de France), compte des dizaines de filiales et de participations dans des sociétés sur le territoire et à l'étranger. La Caisse est cette institution au fonctionnement discret, qui semble hermétique, intouchable. Comme un dernier rempart public contre la financiarisation galopante de notre économie.

Voilà pour la théorie. La Caisse est aussi un gros tas d'argent public, et surtout le bras armé du pouvoir. Elle pesait 167 milliards d'euros fin 2016. Elle a réalisé 1,8 milliard de bénéfices en 2016, reversé quasi intégralement à l'État. Elle dispose de 34 milliards de fonds propres, et doit être une des rares banques sur Terre à proposer des crédits à taux réduits sur soixante ans… C'est une cagnotte d'argent frais et disponible. En cette période de disette budgétaire, autant dire qu'elle clignote comme la tour Eiffel par une nuit sans nuages.

Le poste de directeur est éminemment politique, et les tentacules de l'État se sont frayé un chemin jusqu'à lui : « Il est nommé par décret du président de la République pris en Conseil des ministres pour un mandat de cinq ans », précisent les textes. « Les hommes qui y atterrissent ont intérêt à avoir du caractère », glisse aux journalistes un cadre de la Caisse. Difficile de divulguer l'identité d'un de ses dirigeants, même pour ce propos d'une banalité affligeante. Plus on monte dans la hiérarchie, plus le secret devient la règle, et le dialogue sibyllin.

L'homme qui décidait du destin de notre trésor national a été jusqu'à janvier 2018 Pierre-René Lemas, l'ancien secrétaire général de l'Élysée sous François Hollande. Il a participé à un tour de passe-passe inédit pour arriver à son poste, remplaçant Jean-Pierre Jouyet qui, lui-même, le remplaçait au secrétariat général de l'Élysée. Emmanuel Macron a longtemps tergiversé avant de lui trouver un successeur. Le choix d'un directeur général, c'est de la haute voltige. L'homme que le président de la République met dans la place est ensuite inamovible. Et les contrôles, nous le verrons, sont relativement inexistants. Le nouveau boss de la Caisse, Éric Lombard, ancien banquier responsable des fusions-acquisitions à la BNP puis chez Paribas, fait ensuite sa carrière dans l'assurance chez Generali. Il a également été un animateur en vue des Gracques, le groupe d'influence créé en 2007, au moment des présidentielles, pour tirer le PS à droite et inventer une social-démocratie très libérale.

Cette histoire dans l'histoire fait partie des éléments que met en avant l'homme d'affaires Jean-Marie Kuhn. Selon lui, Jean-Pierre Jouyet, sans être responsable de « l'affaire Quick », aurait peut-être participé à son étouffement. La vente de la chaîne belge de hamburgers, dont Albert Frère était l'un des principaux actionnaires, à des fonds d'investissement créés et gérés par la Caisse, s'est effectuée sous l'égide d'un de ses prédécesseurs. Ensuite, les dirigeants successifs de la Caisse ont dû assumer et assurer. En tentant de faire oublier cette affaire comme on cache la poussière sous un tapis. Et en faisant le dos rond.

En quoi les hamburgers sont-ils d'utilité publique ? Quel était l'intérêt, pour la Caisse, d'acheter – trop cher ! – 760 millions d'euros une chaîne de fast-food appartenant à un milliardaire belge ? Où se niche l'intérêt du pays ?

Jean-Marie Kuhn a fait de ces questions le centre de sa vie. De l'avis de nos deux journalistes, ce sont de bonnes questions, dont ils aimeraient avoir la réponse…

Le principal nœud de cette intrigue, qui en compte beaucoup, se joue entre octobre 2006 et janvier 2007. La fin de règne de Jacques Chirac et une vacance du pouvoir peuvent expliquer divers comportements ahurissants. Nicolas Sarkozy a le vent en poupe dans les sondages, Ségolène Royal n'a pas encore dit son dernier mot pour l'élection présidentielle, dont l'issue est indécise. La Caisse des dépôts et consignations est dirigée depuis quatre ans par Francis Mayer, un énarque chiraquien qui a été conseillé à Chirac par Henri Proglio, alors P.-D.G. de Veolia. Quand Chirac ou son entourage ont des messages à faire passer, ils passent par Proglio, qui est en ligne directe avec Mayer. Ce dernier est soucieux de rendre service à ceux qui l'ont placé à la tête de la Caisse. Tombé malade en janvier 2006, il décédera en décembre de la même année. Le pouvoir était flottant à la Caisse quand des décisions essentielles vont être prises en vue du déblocage des fonds, du très alambiqué montage financier et du rachat de Quick par une filiale de la Caisse.

Le statut juridique de la Caisse est ambigu. Une fois nommé, le directeur général est donc seul maître à bord, et il a peu de comptes à rendre. Lors d'une de ses auditions, le 10 mai 2007, devant une mission sénatoriale, Thierry Breton, le ministre de l'Économie, des Finances et de l'Industrie, avait exprimé son désarroi en apprenant le rachat de Quick par la Caisse. Il regrettait de ne pas avoir été prévenu… « Je l'ai appris dans les journaux. Cela m'a étonné. Ce qui se fait dans la Caisse des dépôts n'est pas sous le contrôle du ministre. Moi-même, j'étais très embarrassé. »

Nos deux journalistes ont commencé par lire les nombreux courriers envoyés par Jean-Marie Kuhn aux ministères de l'Économie et de la Justice, ainsi qu'à l'Élysée et au parquet de Paris pour dénoncer cette étrange vente. Très vite, ils se sont interrogés sur les motivations de cet entrepreneur qui se présente comme dynamique et pourfendeur des dérives de nos politiques.

Jean-Marie Kuhn, avant d'en découdre avec Albert Frère, a investi dans l'immobilier, la pharmacie, la recherche en médecine, l'homéopathie. Mais on trouve peu de traces de ses activités sur les sites spécialisés ou sur Infogreffe. Kuhn est lorrain, mosellan de l'Est. Il a monté à la fin des années 1980, à Sarrebourg, près de la frontière allemande, une chaîne de magasins et d'ateliers de réparation hi-fi, JMK Electronic. La chambre de commerce de Paris lui remet en 1982 le Mercure d'or du plus jeune et du meilleur entrepreneur français. Ce petit homme aux yeux bleus est fier de cette distinction, qu'il sort de son cartable dès que l'on met en doute son parcours.

Pendant une quinzaine d'années, il fait prospérer ses magasins de hi-fi et ses ateliers de réparation informatique. Il place ce qu'il gagne dans l'immobilier de bureau et loue ses immeubles à des marques. Disport, la chaîne d'équipements sportifs de GIB (Grand Bazar, Innovation, Bon Marché), le groupe où le milliardaire belge Albert Frère était actionnaire majoritaire aux côtés de la banque BNP Paribas, était son principal locataire. GIB versait un loyer conséquent à Jean-Marie Kuhn pour les onze immeubles que ce dernier possédait entre Metz, Dijon et Strasbourg.

GIB avait proposé à l'entrepreneur lorrain de racheter son parc immobilier. Il avait résisté. Les loyers étaient un revenu régulier qui lui permettait d'investir ailleurs. Mais quand, en décembre 1995, le baron Vaxelaire, fondateur de GIB et ami d'Albert Frère, a inversé les rôles et a proposé à Kuhn d'acquérir la marque Disport, l'entrepreneur a hésité. S'il trouvait un acheteur pour revendre la marque et ses magasins dans la foulée, la plus-value pourrait être intéressante. Après quelques recherches, il a fini par trouver. La transaction promettait d'être simple sur le papier : Albert Frère et Disport vendaient à Kuhn leurs magasins et les stocks. Et Kuhn revendait immédiatement ces mêmes magasins et le parc immobilier à une filiale du groupe Damart *:* la chaîne de magasins Devianne.

C'était une convention triangulaire où tout le monde trouvait son compte. Devianne, déjà présent dans le textile avec une quinzaine de marques, allait pouvoir augmenter sa surface de vente. Accessoirement, il récupérait une marque dans le vêtement sportif. Jean-Marie Kuhn faisait une plus-value et investissait, grâce à un emprunt auprès d'une banque allemande, dans de l'immobilier de bureaux à plus grande échelle. GIB rassurait les marchés en se séparant de sa branche Disport France, qui perdait de l'argent.

Le baron Vaxelaire – bras droit d'Albert Frère chargé de la transaction – avait expliqué à Jean-Marie Kuhn que GIB vendait sa branche française pour donner un signal positif à ses actionnaires. Il avait vu juste. La vente, très vite annoncée par le service communication du groupe belge, fait monter le cours de l'action GIB. Le groupe d'Albert Frère est alors la plus importante chaîne de grande distribution de Belgique. En plus de supermarchés et d'hypermarchés, GIB possède des jardineries, des magasins de jouets, des restaurants, des librairies, des opticiens, des agences de voyages, des immeubles en pagaille, et la moitié du capital de la Fnac en Belgique. GIB pèse quelques dizaines de milliards d'euros de chiffre d'affaires et emploie plus de 50 000 personnes en Belgique.

Les contrats sont signés le 27 décembre 1995 chez un notaire de Roubaix. À 17 heures, Kuhn achète Disport et son stock. À 17 h 30, il signe un nouvel acte de vente de ses immeubles, de Disport et du stock, avec Devianne. La vente et la remise des clés doivent avoir lieu le 1er février 1996, trente-trois jours plus tard. On lui explique qu'il faut laisser passer les fêtes et solder au 31 janvier 1996 les exercices comptables.

Entre-temps, l'entrepreneur explique avoir montré l'acte notarié à sa banque, qui lui octroie un prêt de 20 millions d'euros pour investir dans l'immobilier. Tout a l'air de rouler… Sauf *un* élément, dont l'entrepreneur lorrain ne s'est pas préoccupé : le niveau des stocks de Disport… Quand Devianne veut prendre possession des magasins, il ne reste plus rien. Les survêtements Adidas, les skis Rossignol et autres chaussures de foot Nike ou les joggings Puma auraient été récupérés et revendus dans les nombreux magasins que possède Disport au Luxembourg et en Belgique. C'est en tout cas la version de l'entrepreneur, corroborée par les documents montrés par Kuhn.

Le déménagement des vêtements sportifs place le petit entrepreneur dans une situation délicate. Il est tenu d'honorer son contrat avec Devianne, qui attendait ces stocks. Il doit ainsi renoncer à la moitié de la somme espérée. Il perd dans la foulée son emprunt, et voit partir en fumée ses projets d'investissement immobilier. Après avoir espéré une grosse marge, il se retrouve avec le produit de la vente des immeubles, mais plus de loyers à percevoir. Le baron Vaxelaire ne le prend plus au téléphone. Albert Frère le snobe ostensiblement. Pour GIB, cette affaire est un épiphénomène. Une piqûre de mouche. Pour Jean-Marie Kuhn, jusque-là habile en affaires, c'est une catastrophe et une blessure. Narcissique et financière. Il vient de se faire avoir dans les grandes largeurs.

L'entrepreneur mosellan va passer quatre années à se battre sur le terrain judiciaire. Moyen le plus rapide d'obtenir ce qu'il considère comme son dû : un arbitrage au tribunal de Strasbourg avec trois médiateurs, doublé d'une plainte pour vol, avec une enquête de police à la clé. Ces procédures occasionnent des frais.

Les policiers luxembourgeois finissent par retrouver la trace de la vente des stocks, estimée selon Kuhn, dans leur pays, à 1,2 million d'euros. Reste la partie belge, où le baron Vaxelaire finit par admettre cette disparition. Après des mois de palabres et une première réunion, un des arbitres est désavoué, car il a masqué sa proximité avec le groupe Albert Frère (il était l'un de ses auditeurs). Plusieurs plaintes vont suivre, principalement en Belgique, pour escroquerie ou vol. Kuhn attaque tous azimuts. Sa cible reste Albert Frère. Il change d'avocat, car certains ont des conflits d'intérêts avec le magnat, ou craignent de se mettre à dos l'homme le plus puissant de Belgique. Toutes ces procédures, ce temps passé, alimentent sa colère et sa détermination.

Un jugement est finalement prononcé sur la vente de Disport en Belgique le 20 mai 2000. Kuhn obtient gain de cause. La culpabilité de GIB et le vol des stocks sont reconnus. Les avocats des deux camps jouent les conciliateurs, et une convention est signée entre Kuhn, le baron Vaxelaire et Albert Frère. L'entrepreneur lorrain consent à retirer ses plaintes pour vol et escroquerie contre la remise d'un chèque de 22,5 millions d'euros. La médiation a pris en compte le vol des stocks, et le préjudice financier et humain subi par l'entrepreneur.

Aussitôt ce document signé, selon JMK, les avocats de GIB auraient foncé chez le juge d'instruction belge chargé des plaintes pour vol et escroquerie. Le dossier est classé dans la foulée, sans que Kuhn en soit averti ni ait touché son chèque. Alors qu'il se croyait en fin de course, il doit repartir au combat. GIB et Albert Frère refusent de régler le montant de la transaction. Ils jouent visiblement la montre et misent sur l'écœurement de l'adversaire.

Une nouvelle plainte est déposée par Kuhn pour escroquerie au jugement. Des frais, de l'attente, des conseils, des changements d'avocat. GIB contre-attaque en déposant une plainte pour dénonciation calomnieuse. Kuhn a encore le mince espoir d'amener son adversaire à honorer ce qu'il considère comme sa dette. Il a tort. Car en face, l'actionnariat de GIB bouge. Sa surface diminue. Albert Frère vend par appartements son groupe de distribution.

En 2002, GIB est presque démantelé. En avril, la presse économique titre sur le sabordage de GIB. L'actionnaire historique et le principal allié d'Albert Frère dans GIB, Michel Pébereau, et sa banque, BNP, se désengagent et revendent leurs 30 % de participation. Kuhn assure que ce désengagement serait lié à l'affaire Disport. Il leur a montré le document judiciaire lui octroyant les 22,5 millions d'euros. Ce serait, d'après Kuhn, la « goutte qui aurait fait déborder un vase déjà bien plein ». Albert Frère est furieux de cette séparation avec son allié historique BNP. Il le fait savoir dans la presse. Mais avec lui, on ne sait jamais si une colère est simulée, et s'il n'a pas une autre idée derrière la tête.

Il ne reste alors plus dans le giron de GIB que la chaîne de fast-food Quick et des liquidités, résultats des ventes. Une OPA est lancée par un groupe flamand. Mais Albert Frère parvient à conserver Quick et l'essentiel de ses valeurs en faisant jouer la CNP (Compagnie nationale à portefeuille), sa société familiale, son navire amiral, qui devient le nouveau propriétaire de Quick.

Jean-Marie Kuhn n'en revient pas de s'être ainsi fait flouer une seconde fois. Son amertume et sa colère grandissent. Sa monomanie à l'égard d'Albert Frère naît de ces années perdues à se battre et à perdre.

4

FRÈRE ALBERT

Albert Frère montre, dans ce conflit avec un petit entrepreneur français, son sens très particulier des affaires et sa détermination à ne jamais céder quand on se met en travers de sa route. Il déteste qu'on lui résiste ou qu'on lui force la main. Ceux qui le connaissent avancent que, lorsqu'il prend une décision, rien ne peut l'arrêter. « Il fonce avec d'autant plus de conviction qu'il est libre. Aujourd'hui comme hier », dit de lui son biographe. Un jour qu'il était violemment pris à partie par un groupe de sidérurgistes, Albert Frère se serait tourné vers un syndicaliste pour l'invectiver en patois : « *Tcholte bé, m'fi, c'est m'galette à mi, dji fé c'qui d'j'vou avou !* » (« Écoute, fils, c'est mon fric, et j'en fais ce que je veux ! ») Toucher à l'argent, à son argent, relève du sacrilège. Albert Frère considère que le petit entrepreneur français ne peut rien contre lui. Il y a son fric, et le reste du monde. Entre les deux, une ligne rouge.

Le souci de taille est que cette ligne est assez floue et faite de pointillés. L'ambition de ce livre est de montrer que cet argent, c'est aussi un peu le nôtre. Il en est souvent ainsi avec les milliardaires. Ils sont devenus tellement riches qu'ils en oublient d'où ils viennent, et ce qu'ils ont fait pour amasser leur fortune.

Albert a vite intégré l'idée que la raison d'être de son business consiste à mettre son argent à l'abri des appétits des États, en étant néanmoins à l'affût de tout ce qui pourrait lui permettre de tirer bénéfice de ces mêmes États. Il a expérimenté la chose très tôt, à vingt-huit ans, quand il a racheté les Laminoirs du Ruau, à Charleroi, vieille usine de sidérurgie à bout de souffle. Son premier réflexe a alors été d'aller à la rencontre du ministre belge des Affaires économiques, Jacques Van der Schueren, pour lui demander un prêt de 400 millions d'anciens francs (soit 60000 euros). « Ce coup d'essai jouera comme une révélation pour Frère, qui découvre, au passage, que l'État et les hommes politiques ne sont pas si mauvais, à condition de savoir s'en servir », note José-Alain Fralon[1]. Fort de ses munitions publiques, le jeune Albert, culotté, s'est présenté à l'assemblée générale de l'entreprise. Un des hommes présents raconte, encore épaté par tant d'audace : « Il a levé la main et a dit : "J'achète !" Et il est devenu le nouveau patron du Ruau. » Le jeune homme fringant, qui porte beau et n'a pas la langue dans sa poche, tape vite dans l'œil de la bourgeoisie locale.

« Au départ, il n'était rien du tout », commence, cinglant, un compagnon de route d'Albert qui a gentiment accepté de rencontrer nos deux journalistes dans une belle maison en pierre située à quelques kilomètres de celle de Marco

1. José-Alain Fralon, *op. cit.*

Van Hees. L'homme, un ancien membre de la chambre de commerce de Charleroi, est ravi de raconter leurs exploits de jeunesse. « Albert souffrait d'un manque de reconnaissance dans le milieu des affaires. Il disait qu'il n'était que le fils d'un marchand de clous. J'ai rapidement vu qu'il avait un don exceptionnel : il savait ce qui était bon et ce qui ne l'était pas. » Le témoin saisit deux paires de lunettes, qu'il brandit devant les yeux des deux journalistes : « Il savait qu'il fallait choisir cette paire de lunettes, et pas celle-là », explique-t-il, ému, à l'évocation d'une telle clairvoyance. « Il faisait tout d'instinct. Il n'était pas allé plus loin que les humanités – l'équivalent du collège en Belgique –, mais il avait une telle soif de gagner et de devenir toujours plus grand que rien ne lui résistait. »

Sa fougue et ses premières réussites font du jeune patron le candidat idéal pour briguer le poste de président de la chambre de commerce de Charleroi, et bousculer le paysage ronronnant du business carolo. Ses partisans, bien introduits dans les milieux économiques et politiques, lui proposent le job, pleins d'enthousiasme. Mais à leur grande surprise, il leur répond, la mine défaite, qu'il ne veut pas. « J'ai peur de prendre la parole en public », aurait-il fini par souffler, penaud. Ses propos étonnent aujourd'hui encore l'ancien supporter d'Albert.

À l'époque, des groupies prennent les choses en main : « Ne t'inquiète pas, on s'occupe de tout et on prépare tes discours. » Ce dévouement a sans doute eu raison des hésitations d'Albert, qui accepte, de bonne grâce, la distinction. Le jeune et nouveau président de la chambre de commerce apparaît la tête inclinée, le regard vague et la mine intimidée, dans un cadre doré posé sur les étagères de son ancien camarade. Ses cheveux gominés, sa raie sur le côté et sa main posée sagement sur une table en verre près de laquelle il se tient laissent deviner un jeune homme sage, pugnace, encore peu à son aise. Il apprend vite. Il ne tardera pas à intégrer l'aisance et les attributs que confère le pouvoir.

On mesure le chemin parcouru par le jeune Carolo depuis ce premier titre. Albert, en plus d'intriguer pour être anobli, va intégrer un à un tous les cercles et lieux de pouvoir qui vont l'aider à monter des affaires. À commencer par le plus prestigieux d'entre eux : le Jockey Club, cercle parisien où règnent les vieilles familles de la noblesse.

Il y entre en 1994, introduit par le comte d'Oultremont et le duc de Luynes. Sa notice dans le *Who's who* indique qu'il est également membre du Club des Cent, une confrérie discrète d'adeptes de haute gastronomie née en 1912, comptant cent membres (dont une majorité de milliardaires – et aucune femme). Il fait aussi partie du Cercle de Lorraine, à Bruxelles, haut lieu de promiscuité et d'influence entre politiques et industriels belges, fondé en 1997 à Uccle dans une propriété appartenant à l'ancien dictateur congolais Mobutu. Albert Frère en est membre du comité directeur.

Aujourd'hui, son réseau d'amis s'étend partout dans le monde. Tout ce que la France, la Suisse, le Luxembourg, le Liechtenstein ou la Belgique comptent de barons, de banquiers et de politiques liés à ses affaires, de Jean-Marie Messier à Jean-Luc puis Arnaud Lagardère, de Bernard Arnault à Serge Dassault, d'Éric de Rothschild à Alexandre de Liechtenstein, de Nicolas Sarkozy à Dominique de Villepin, de Didier Reynders à Alain Minc, de Gérard Mestrallet à Thierry Desmarest, de Maurice Lippens, le patron de

Fortis, à Thomas Middelhoff, celui de Bertelsmann. De la baronne Antoinette Seillière à Hubert Guerrand-Hermès...

Il suffisait d'acheter *Paris Match, Gala* ou *Point de vue, Images du monde* en septembre 2003 pour les voir tous, ou presque, réunis dans les jardins du château de Cheval Blanc[1], célébrer le mariage de Ségolène, la fille d'Albert, avec Ian Gallienne, un jeune banquier franco-italien qu'Albert va adouber en l'envoyant administrer plusieurs de ses sociétés, dont Lafarge, le cimentier. « Union sacrée et mariage de conte de fées sous une pluie d'hortensias et de magnolias blancs pour Ségolène Frère, fille du baron Albert Frère, divinisée par John Galliano en Dior », titrait *Vogue* sur une double page emplie de dames à chapeaux larges et de messieurs en redingotes et smokings. Albert Frère a dû en rêver, de cette journée. Il sourit beaucoup. Il parade un peu. Il est le maître de cérémonie. Ils viennent tous lui manger dans la main. « Les dominants ont intérêt à être perçus comme des êtres d'exception. La bourgeoisie doit persuader et se persuader elle-même de son bon droit. [...] En construisant leur image de meneurs d'hommes dont l'autorité est fondée sur des compétences exceptionnelles, que le passage dans les grandes écoles atteste, les dirigeants des groupes industriels et financiers se posent en surhommes pouvant exiger des rémunérations exorbitantes par rapport à ce que gagnent les Français[2]. »

Avec ces mariages, ces fêtes d'anniversaire, ces clubs sélects où ils se retrouvent et se congratulent, Albert et ses nouveaux amis nobles ou milliardaires illustrent au-delà

---

1. Propriété viticole joyau du Bordelais, produisant un premier cru classé de Saint-Émilion, achetée à parité par Bernard Arnault et Albert Frère en 1998 autour de 200 millions d'euros.

2. Monique Pinçon-Charlot et Michel Pinçon, *La Violence des riches*, La Découverte, 2013.

de toutes démonstrations savantes ou sociologiques cette « violence des riches », cet entre-soi suintant.

Les deux journalistes se demandent si Albert est dupe. Ils pensent que non. Ils pensent que lui, le vendeur de clous, aura toujours un problème avec sa nouvelle famille, cette caste d'hyperriches où il sera, quoi qu'il fasse, un ancien pauvre. Il a peu de vrais amis parmi ces gens-là. Bernard Arnault peut-être, qu'il s'amuse à appeler « copain Bernard », son partenaire de tennis à Saint-Tropez. Le patron de LVMH est nettement plus riche que celui de GBL[1]. « Le ciel est la seule limite de Bernard », dit Albert Frère d'Arnault, avec un brin d'admiration[2]. Ils sont ainsi, les types comme Albert Frère. Il leur faut des modèles pour avancer. Et avancer, c'est gagner toujours plus. En tête de peloton, très loin devant tous ces milliardaires, son seul véritable ami, son alter ego, cet autre self-made-man qu'il appelle tous les jours, c'est Paul Desmarais. Le milliardaire canadien est son frère des gros coups. L'ami des pétroliers texans et des traders de Wall Street. Paul Desmarais est le patron de la Power Corporation. C'est un gros gestionnaire de fonds internationaux. Le seul qu'Albert autorise à franchir à ses côtés la ligne rouge. Celle qui marque son blé. Son territoire.

Même si Albert Frère investit dans les médias (M6), les travaux publics (Eiffage), le transport (Go Voyage), la métallurgie (Transcor Astra), la crème glacée (Belgian Ice cream),

---

1. Avec 58,6 milliards d'euros au compteur, Bernard Arnault vient d'arriver en quatrième position du classement *Forbes* de 2018, juste derrière Jeff Bezos, la boss d'Amazon, Bill Gates et Warren Buffett.

2. Propos rapporté dans le portrait de Frédéric Lemaître et Jean-Pierre Stroobants, *Le Monde*, 1er mars 2007.

les vignobles, la restauration, la banque (Leonardo), il aime par-dessus tout mener des raids avec son ami Paul. Et les deux hommes ont un secteur en ligne de mire : l'énergie. C'est là qu'il pense, à juste titre, se faire « le plus de fric ». Pas de circonlocutions ni de pudeur entre eux. On cause *fric, money, black, pépette, blé.* Il faut en prendre un maximum en un minimum de temps, et investir. Il faut être toujours en mouvement, se jouer des frontières, des juges et des agents du fisc. Il faut monter des coups, investir et se retirer au bon moment. Il faut gagner des millions pour gagner des milliards. Ils opèrent toujours à deux, quelquefois en partant au combat séparément, le plus souvent en utilisant la holding où ils sont à égalité de parts et majoritaires[1]. Grâce à leur navire amiral GBL, ils sont surtout des actionnaires prospères et interventionnistes dans une dizaine de sociétés ou de multinationales aussi diverses que Pernod Ricard, LVMH, Total, les ciments Lafarge, le géant minier Imerys, le groupe chimique Arkema (une filiale de Total qui fait dans le gaz de schiste)… ou Suez, le joyau alors endetté mais au fort potentiel de développement. Dès leur entrée au capital de Suez, ils ont en tête de se payer le groupe alors nationalisé Gaz de France.

Les deux amis sont inséparables depuis leur coup de foudre à la fin des années 1970, au conseil d'administration de Paribas, alors qu'ils étaient de jeunes quinquagénaires. « Cela s'est très bien calé entre nous, la première fois que nous nous sommes vus. C'était lors d'une réunion de Paribas, nous avions plaisanté, lui, le Belge, et moi, le Canadien, sur ces Français tellement compliqués », raconte

1. Il s'agit de la holding Pargesa, qu'ils possèdent à 50-50.

Desmarais[1]. Une opération baptisée « L'arche de Noé » visant à loger en Suisse de précieux actifs scellera définitivement leur union au début des années 1980. Albert la résume ainsi dans la biographie qui lui est consacrée : « Nous nous sommes bien amusés, et cela a donné le départ d'une belle aventure. » Il y est question, une fois encore, de l'intérêt public se mêlant aux intérêts privés.

Nous sommes en 1981, et, au grand désarroi des hommes d'affaires, la gauche revient au pouvoir en France sous les traits honnis – par les deux hommes – de François Mitterrand. Dans les cartons de l'inventeur du programme commun de la gauche, une promesse de campagne : la nationalisation de secteurs stratégiques, dont celle de trente-six banques, parmi lesquelles la compagnie financière Suez et Paribas. Pour Frère et Desmarais, le monde tourne, en France, à l'envers de leurs aspirations : ils trouvent naturel de privatiser les entreprises publiques, mais manquent s'étrangler quand l'opération se fait dans l'autre sens.

Pas question pour eux que la filiale suisse la plus rentable du groupe Paribas tombe dans l'escarcelle du gouvernement socialo-communiste français. Ils vont racheter, *via* une OPE[2], la juteuse filiale suisse de Paribas, et l'arracher aux convoitises de l'État français. L'OPE est lancée par une société suisse qui dormait depuis vingt-trois ans : Pargesa. Mitterrand, alerté de la manœuvre, l'empêchera, au grand dam de Paul Desmarais et d'Albert Frère, qui empocheront tout de même chacun 300 millions de francs belges (soit 7,5 millions d'euros) sur la revente de leurs actions Paribas à l'État français. Il n'y a jamais de petits profits avec eux.

1. Cité par José-Alain Fralon, *op. cit.*
2. Offre publique d'échange.

Frère et Desmarais conservent Pargesa. C'est leur première holding commune, l'outil de la reconquête. Les deux hommes pensent la même chose. Ils sont conservateurs, ont des goûts culinaires communs, cultivent leurs réseaux et le goût du risque. Paul Desmarais est encore plus libéral qu'Albert Frère. Le Belge est moins doctrinaire que le Canadien, qui doit l'essentiel de sa fortune à l'appui des milieux d'affaires américains. Ces derniers ont misé sur lui pour contrer la montée en puissance des nationalistes québécois et développer leur influence outre-Atlantique. Albert et Paul aiment la compagnie des puissants et savent s'entourer. Ils marchent à l'instinct mais sont capables de préparer leurs coups longtemps à l'avance en plaçant des hommes à eux, des amis fidèles ou des collaborateurs obéissants à des places stratégiques, généralement dans des sociétés d'État. L'idée générale est d'être patient, pour faire pencher la balance en leur faveur, le moment venu.

Paul a patiemment construit sa toile. « Les Desmarais mènent un capitalisme agressif, ils ont la mainmise sur la quasi-totalité de la classe politique canadienne, ils contrôlent tous les dirigeants canadiens ultralibéraux. Ils ont également trusté les milieux culturels, les médias, les universités ou les artistes », confie Saidatou Dicko, professeur au département des sciences comptables à l'université du Québec à Montréal, une spécialiste des réseaux qui se nouent dans les conseils d'administration. Elle a justement consacré une thèse aux réseaux de la Power Corporation[1]. Elle explique que le nom Desmarais plane « comme un mythe au Canada, où il est quasiment

1. « Réseaux de relations sociales des membres du conseil d'administration et acquisition de ressources : le cas de Power Corporation au Canada », université du Québec, Montréal, 2011.

impossible de trouver quelqu'un susceptible d'avoir un point de vue critique sur cette famille». Ceux – et ils sont très nombreux – qui tiennent à leur carrière, ou tout simplement à rester tranquilles, se taisent.

Albert est devenu l'ami des présidents, des chanceliers, des oligarques et des banquiers. Il se vante de pouvoir joindre en une minute Vladimir Poutine ou Angela Merkel, Mario Draghi ou Jean-Claude Juncker. S'il y avait un championnat du meilleur représentant du capitalisme affairiste de la décennie 2000-2010, Albert Frère pourrait briguer le titre de champion d'Europe.

Il est né dans une banlieue sidérurgique, son histoire traverse le siècle dernier et entame le suivant. Elle raconte l'ascension du capitalisme financier et l'agonie du capitalisme industriel. Elle raconte l'asservissement des salariés, la paupérisation des classes moyennes et la compromission des élites à Bruxelles, à Paris, au fin fond du Kansas et du Kazakhstan, dans les mines du Niger, à Ottawa et à Rio.

Les deux journalistes aimeraient raconter ce destin et la manière dont Albert Frère a participé à l'édification de cette mythologie moderne et libérale qui veut que plus les riches sont riches, moins les pauvres sont pauvres. Ces farces qui voudraient que la richesse ruisselle et que les premiers de cordée tirent les autres. Ces milliardaires qui, chaque année, gagnent en fortune et en puissance en asséchant les États. Habile et rusé, Albert a démarré en Belgique pour s'attaquer à la France, puis l'Espagne, l'Italie, le Brésil, l'Afrique... Simple vendeur de clous, orphelin de père, il s'est allié aux plus grandes fortunes de ce monde. Il s'est surtout lié à son frère siamois canadien. Avec Paul Desmarais, il était plus fort. Sans Paul, il est devenu plus riche et a fini par atteindre la 281e place du classement de *Forbes* en 2018. Et il va grimper encore jusqu'à sa sortie définitive du classement. À force de travailler sur Albert Frère, les deux journalistes ont fini par l'aimer. Comme on aime le diable quand il vous apitoie.

5

UN DUO D'ENFER

Si Albert est champion d'Europe, Paul Desmarais, grâce à ses liens avec les néo-conservateurs américains et à ses huit ou neuf milliards de fortune personnelle, serait plutôt en bagarre pour celui de champion du monde.

Le patron de la Power Corporation a vu défiler tout ce que l'Amérique compte de leaders et de stars de la politique et de la finance à son enterrement en octobre 2013. Le *best friend* de cet homme, parmi les plus fortunés du Canada, reste George Bush senior, l'ex-président américain. Il s'est fendu d'un communiqué lors de la disparition de Paul : « Ma conjointe Barbara et moi sommes attristés par la mort de Paul Desmarais, un bon ami et un gentilhomme. Paul Desmarais représente ce que peut offrir une société libre à ceux qui travaillent fort, qui ont un bon sens des affaires et savent tisser avec succès des liens d'amitié. Nous gardons en tête les souvenirs de nos nombreuses visites, et envoyons tout notre amour à sa conjointe, Jackie, et à toute sa famille. Il nous manquera. » Le sens des affaires, Paul Desmarais l'a développé plus que n'importe quel *tycoon* russe ou chinois.

Comme son ami Albert, Paul a démarré de presque rien. Il est né en 1927, un an après son jumeau[1], outre-Atlantique, dans une grosse bourgade de l'Ontario, Sudbury. Son père y était propriétaire d'une entreprise d'autobus, Sudbury Bus Line, qui, au début des années 1950, se retrouve au bord de la faillite. Paul, à seulement vingt-quatre ans, se porte acquéreur de la flottille paternelle comptant seize bus pour la somme symbolique de 20 dollars. *Business is business.*

Plus rien n'arrêtera alors l'ambitieux jeune homme qui, tout comme Albert, aura ses anges gardiens. À commencer par Jean-Louis Lévesque, un homme qui brasse de grosses affaires au Québec. Tant qu'à avoir des protecteurs, autant qu'ils aient un compte en banque bien fourni ! « Je voulais 3 millions et demi de dollars, il pouvait me prêter 4 millions et demi à des conditions de prêt toujours avantageuses », dira-t-il dans une des rares interviews qu'il a accordées[2].

D'acquisition en acquisition, de compagnie d'assurances en usine à confiture, il décroche le Graal en 1968 : grâce à un coup de poker, il acquiert le conglomérat qui le rendra célèbre, la Power Corporation, basée au Québec. Deux ans plus tard, il y règne en maître ; il en devient actionnaire majoritaire et président. « Avec Power Corp., je changeais de dimension. Je suis allé à Paris. J'avais envie de trouver quelque chose en France. Parce qu'on ne met pas tous ses œufs dans le même panier – ou dans le même pays, si

1. Albert Frère a vu le jour le 4 février 1926, Paul Desmarais est né le 4 janvier de l'année suivante.

2. *Le Point*, 26 juin 2008, interview de Patrick Bonazza.

vous préférez. Je voulais donc être présent en Europe, aux États-Unis, mais aussi en Asie. J'ai acheté 5 % de Paribas. Et puis, après 1981, quand François Mitterrand est arrivé, nous avons récupéré Pargesa avec Albert Frère. C'est là que nous avons logé nos participations en France. Il se trouve qu'Albert Frère, que je ne connaissais pas du tout, avait pris lui aussi 5 % dans Paribas au même moment que moi[1]. »

Aux manettes de Pargesa, Paul et Albert partent à la conquête du monde. Paribas et « L'arche de Noé » leur ont montré que la préparation du terrain et le secret sont des règles de base si l'on cherche à faire banquer un État. La leçon est apprise. À la tête de leur holding, ils commencent par prendre des participations dans la plupart des multinationales qui comptent : Lafarge, Total, Adidas ou Pernod Ricard… La Power Corp. détient aujourd'hui des parts dans Putnam Investments et dans PanAgora Asset Management, deux fonds d'investissement basés à Boston, ou encore au sein de China AMC, implanté à Hong Kong.

Tout au long de son ascension, Paul peut compter sur Jacqueline[2], qui a remisé sa blouse d'infirmière pour endosser les habits de la parfaite épouse de milliardaire. « Je l'écris de mémoire, mais il disait en somme qu'il aurait pu arriver à la maison un soir en confiant à sa femme qu'il venait d'acheter une compagnie de transport pour la Lune et que, loin d'en être étonnée ou offusquée, elle lui aurait demandé combien il comptait vendre les billets ! » raconte Pierre Duhamel, un journaliste de *L'actualité*, à la mort du grand Paul.

---

1. *Idem.*
2. Jacqueline Desmarais est décédée le 3 mars 2018.

Albert, quant à lui, mène une existence quasi parallèle entre Gerpinnes, Paris et Bruxelles. Dans ces années 1980, il investit dans le commerce en même temps que dans la sidérurgie. Côté vie privée, c'est plus mouvementé et douloureux. Un divorce compliqué et, surtout, la mort, lors d'un accident de voiture, d'un de ses deux fils, le rendront plus grave et passablement déprimé. Mais rien n'étanchera sa soif de richesse. Comme si les aléas et les douleurs de la vie motivaient davantage son besoin d'amasser. Ce plaisir insigne de monter des coups.

« Nous nous sommes rencontrés pour la première fois au conseil d'administration de Paribas. Et puis nous sommes devenus amis. On se voyait en dehors des conseils. Quand nous avions des réunions de travail avec Paribas, lui était "le Belge" et moi "le Québécois". On s'est bien entendus tout de suite. Et on ne s'est plus quittés. Albert est mon ami, un frère. On s'appelle tous les deux ou trois jours[1]. » Les centres d'intérêt de Paul ne se cantonnent pas à l'économie et à la finance. Tout comme Albert, il découvre les charmes de la classe politique. Ce n'est pas la « chose publique » qui intéresse les deux hommes. Seul le business compte à leurs yeux. Or le business, c'est comme les salades : il lui faut un bon terreau, c'est-à-dire un bon marché, pour s'épanouir.

Selon Paul, la chose est entendue : la Power Corporation, dont le siège est à Montréal, au Québec, a besoin du Canada. *Exit* l'indépendance du Québec, trop petit pour ses ambitions ! C'est sur la base de ces convictions, très basiques, que Paul a scindé les hommes politiques en deux camps : les indépendantistes à bannir, et les fédéralistes

1. *Le Point*, 26 juin 2008, interview de Patrick Bonazza.

à soutenir. Peu importe qu'ils soient conservateurs ou démocrates.

Les deux journalistes se répartissent les tâches. Lui creuse la piste Kuhn-Albert Frère. Elle fouille du côté de Desmarais.

À Montréal, où elle se rend en août 2017, elle rencontre l'un de ses meilleurs ennemis, un ancien avocat d'affaires québécois, Richard Le Hir. « Desmarais a soutenu tous les Premiers ministres fédéralistes de l'histoire du Canada. Certains d'entre eux ont même travaillé pour la Power Corp. », explique l'avocat à la retraite. Il égrène les noms jusqu'au dernier en date, le sémillant Justin Trudeau. « C'est le fils de l'ancien Premier ministre, Pierre Elliott Trudeau, que Desmarais a largement aidé à arriver au pouvoir », explique-t-il. Le journal indépendantiste *L'Aut'Journal* relaie cette information en expliquant le rôle joué par *La Presse*, quotidien de poids au Québec, que Paul Desmarais a acquis en 1967. « La campagne de Pierre Elliott Trudeau à la chefferie du Parti libéral, en 1968, a été planifiée et orchestrée lors de rencontres hebdomadaires, chaque vendredi soir, dans les bureaux de Power Corporation, sur la rue Saint-Jacques, à Montréal », écrit Pierre Dubuc[1], le fondateur du journal.

Un peu comme pour Kuhn d'Albert Frère, Le Hir a fait de Desmarais sa bête noire. Peu étonnant que les deux hommes s'apprécient, communiquent ou échangent des

1. « Desmarais et *La Presse* », *L'Aut'Journal*, 11 octobre 2011 (extrait d'un ouvrage de Pierre Dubuc, *L'Autre Histoire de l'indépendance*, Éditions Trois Pistoles, 2003).

informations. Richard Le Hir s'est fendu, en 2016, d'un épais livre, édité à compte d'auteur, *Un duo d'enfer*. Dans sa préface, l'avocat marque une distinction nette entre deux types d'entrepreneurs : les bâtisseurs et les prédateurs. Les bâtisseurs seraient amoureux de leur métier, et constamment en train de raffiner leurs produits et procédés, en investissant dans la recherche et le développement, traitant correctement leurs salariés. Les prédateurs ne s'intéresseraient qu'à la rentabilité financière. En écumant les sociétés qu'ils achètent, ils précipiteraient, selon Le Hir, le capitalisme dans sa chute.

« Paul Desmarais et Albert Frère ne sont pas des bâtisseurs. Ce sont des prédateurs, des loups qui ont compris qu'il est beaucoup plus facile de convaincre le berger de leur ouvrir toutes grandes les portes de la bergerie que de chercher continuellement à déjouer sa surveillance. Mais si l'on ne peut reprocher à un loup d'être un loup, on peut certainement reprocher au berger de se ranger du côté des loups pour égorger les moutons. Leur modèle d'affaires présente en effet une faille majeure : il repose essentiellement sur l'opposition systématique entre leur intérêt personnel et l'intérêt collectif », écrit Le Hir.

Paul voit grand. Il a le profil idéal pour exporter l'Amérique dans la vieille Europe. Son ami Albert va l'aider. Francophone, Paul Desmarais a fait ses études de droit dans une prestigieuse université anglophone, en Ontario. « C'est l'un des premiers Franco-Canadiens à entrer dans les conseils d'administration de multinationales. Sa rencontre avec Albert Frère rentre dans cette dynamique de conquête de l'Europe », explique Saidatou Dicko[1].

1. *Op. cit.*

Et plus particulièrement de la France, où il a repéré Nicolas Sarkozy... Ce dernier traverse une mauvaise passe. Il véhicule une énergie d'entrepreneur, et son libéralisme fait plaisir à entendre et à voir. Desmarais n'imagine pas très bien pourquoi il ne pourrait pas user des mêmes méthodes que dans son pays natal. Il a le réseau, les moyens et un gendre français, Éric de Sérigny, prêt à lui donner un coup de main.

Ce dernier a, depuis, divorcé de Sophie, la fille de Paul Desmarais. Mais cet ancien banquier chez Rothschild et à la Chase Manhattan est à l'époque un ami de Nicolas Sarkozy. Il sera également l'un des plus proches et des plus discrets conseillers d'Éric Woerth, alors ministre du Budget, puis du Travail. Éric de Sérigny fait partie du premier cercle des donateurs de l'UMP[1].

Paul Desmarais et Albert Frère avancent leurs pions. Il leur suffira d'attendre le moment propice pour se lancer dans une partie de billard à plusieurs bandes. Ils ont des hommes en place, les meilleurs avocats, les meilleurs conseillers, de petits ennemis qui se fatiguent. Une force de frappe financière qui ne demande qu'à gagner en puissance et en surface. « Le monde est à nous, et rien ne nous

1. Dans une enquête du journaliste belge David Leloup, publiée entre autres par Rue89, celui qui est encore le gendre de Desmarais apparaît comme administrateur d'une dizaine de sociétés panaméennes basées aux îles Caïmans, aux Bahamas ou dans les îles Anglo-Normandes. Éric de Sérigny va porter plainte contre Rue89 et David Leloup pour diffamation. Le journaliste sera relaxé au bénéfice de la bonne foi, mais l'homme d'affaires va contre-attaquer et déposer plainte pour faux, usage de faux et usurpation d'identité. Le TGI de Paris lui donne raison en octobre 2013 et incrimine JP Morgan Chase Bank, qui aurait commis une faute, « en utilisant entre 1984 et 1988, à l'insu d'Éric de Sérigny, son nom pour le faire figurer, dans des actes relatifs à des sociétés panaméennes, en qualité d'administrateur ». Éric de Sérigny a fait appel pour obtenir des dommages et intérêts supérieurs à l'euro symbolique accordé par le tribunal. La procédure est en cours.

arrêtera», semblent dire les deux complices. Voilà à qui s'attaquent Le Hir et Kuhn.

De Montréal, après une soirée passée avec Richard Le Hir à boire du vin blanc, à entendre l'histoire de l'indépendance ratée du Québec, elle l'a appelé pour tenter un résumé mêlant le rachat de Quick par la Caisse, la stratégie de Frère et, surtout, celle de Desmarais. Elle manifeste un petit coup de blues… «Je ne sais plus trop où on va, dit-elle. On s'attaque à des milliardaires qui vont nous envoyer leur armée d'avocats…» Il tente de la rassurer: «On démarre avec le rachat de Quick, et on verra où ça nous mène…»

Ils avaient des hauts et des bas. Il en est souvent ainsi dans les histoires à tiroirs. On se demande où elles nous mènent parfois, et on perd patience.

6

FAST-FOOD D'ÉTAT

Quick est la première chaîne de fast-food introduite en Europe par des Européens. L'enseigne a été créée en 1970 par Maurice Cauwe et Jacques Dopchie, tous deux dirigeants de Grand Bazar (GB), groupe de distribution belge fondé par François Vaxelaire, le meilleur ami belge d'Albert Frère, que Jean-Marie Kuhn retrouvera chez Disport. La chaîne est lancée après un voyage aux États-Unis et le premier établissement ouvre ses portes à Schoten, en Belgique, l'année suivante.

Le projet est à l'origine de proposer un service supplémentaire aux clients de leurs grandes surfaces. Le succès est rapide, et les premiers Quick s'installent très vite dans les centres de villes comme Bruxelles, Liège et Anvers, alors qu'aux États-Unis les établissements de ce type restaient cantonnés dans les banlieues.

Quick arrive en France en 1980, à Aix-en-Provence. L'enseigne conquiert, dans le même temps, le Grand-Duché du Luxembourg, puis l'Allemagne, la Grande-Bretagne et l'Italie… La France reste cependant la destination privilégiée du groupe. À partir de 1988, elle est son premier marché.

Albert Frère, grâce à sa holding familiale, la CNP, entre dans l'histoire de Quick fin 2002, à la faveur d'une OPA[1] menée avec Ackermans & van Haaren (AvH), un partenaire d'origine hollandaise, champion de la *private equity*. Tous deux cherchent un rapport rapide. Ils possèdent 57 % du capital, le reste appartenant à des fonds d'investissement et à de petits actionnaires.

Sous la gouvernance d'Albert Frère, Quick est l'objet d'un grand nettoyage, pour améliorer ses performances financières. Fermeture des sites non rentables, développement d'enseignes en Europe et à l'international, notamment au Maroc et en Chine. La stratégie adoptée fait grimper le chiffre d'affaires… Mais la marque belge a fort à faire pour s'imposer face au géant McDonald's, qui affiche une santé financière insolente et ouvre jusqu'à trente restaurants par an dans l'Hexagone. Début 2004, Albert Frère et son partenaire cherchent à la revendre. La mise à prix est de 300 millions d'euros. Comme souvent dans ces secteurs, les prix sont à débattre, et ces 300 millions sont une hypothèse haute.

Les dirigeants et actionnaires de Quick ont beau lancer des appels dans la presse financière, ils ne trouvent pas preneur.

D'après Bernard Boutboul, conseiller en stratégie et spécialiste du secteur de la restauration, la marque Quick souffre de la concurrence avec le géant américain McDonald's, et le marché du fast-food est à la traîne. Rien

1. Offre publique d'achat.

ne laissait supposer que le chiffre d'affaires de la marque puisse grimper. La chaîne de fast-food, lors de sa mise en vente en 2004, comptait, selon les rapports d'activité de l'époque, 399 restaurants, dont 72 % étaient franchisés. La chaîne communiquait sur le fait que son prix de vente était équivalent à son « chiffre d'affaires ».

Nous entrons là dans les détails de la transaction. Les lecteurs pris de bâillements peuvent se reporter au chapitre suivant. Il leur sera pourtant objecté que c'est souvent grâce à ces raffinements, à cette succession de petits arrangements avec l'éthique, qu'au final on peut mesurer l'ampleur d'une affaire. Et pourquoi pas d'un détournement.

Quick pesait en 2004, de l'avis des spécialistes du secteur, au maximum le montant de son chiffre d'affaires annoncé – soit environ 300 millions d'euros[1]. Hypothèse haute. Vraiment haute. Juste avant l'annonce de la vente, l'action avait grimpé à 12 euros. Burger King et d'autres investisseurs étaient intéressés par le rachat, mais le prix leur paraissait trop élevé. Ils s'étaient ravisés.

À l'époque, Gilles Samyn, bras droit d'Albert Frère, avait déjà contacté la Caisse des dépôts, et plus précisément sa filiale financière CDC Capital Investissement pour proposer un deal autour de 300 millions. Il avait fait chou blanc. « Trop cher », lui avait-on répondu à la CDC CI.

1. En réalité, selon les rapports d'activité publiés par Quick, l'addition des ventes des magasins non franchisés et des produits de franchise représentait 287 millions d'euros cette année-là. Le chiffre d'affaires est le total des ventes d'une entreprise sur un exercice comptable annuel. La complexité du cas Quick tient au statut des restaurants. Certains sont des propriétés de Quick, d'autres sont loués par des franchisés.

Dans une interview datant du début du mois d'août 2004 au journal *Les Échos*, Jean-Paul Brayer, alors P.-D.G. de Quick, indiquait que la chaîne, face à la pénurie de repreneurs, avait décidé de stopper la vente annoncée en juin. « Le conseil d'administration a préféré, dans l'intérêt de l'entreprise et compte tenu de leur issue lointaine, mettre fin aux négociations[1]. »

Albert Frère ronge son frein. Le milliardaire n'est pas patient et déteste perdre. Il aime les bons coups et ne vit que pour eux. Stratège, le marchand de clous est devenu l'un des hommes les plus riches du monde en ayant l'esprit d'escalier : les hamburgers, c'est bien, l'énergie, c'est mieux. Et nettement plus rentable. Comment Albert Frère va-t-il s'y prendre pour revendre 760 millions une boîte de hamburgers qui n'en valait pas 300 deux ans plus tôt ?

Comme les portes se ferment chez Quick ou chez Albert Frère, où personne ne veut leur expliquer les dessous de ce tour de passe-passe, nos deux journalistes n'ont pas d'autre choix que d'aller chercher du côté de la Caisse. Plus particulièrement chez CDC Capital Investissement, qui a depuis changé de nom et s'appelle Qualium…

La finalité des activités de CDC CI est de rapporter des devises à l'État en jouant sur les marchés financiers. « Elle était chargée de lancer la *private equity* en France », résume un de ses anciens cadres. Il poursuit : « C'est un mode de financement assez classique qui a explosé aux États-Unis dans les années 1990. Des investisseurs privés achètent des entreprises non cotées en y injectant une partie de leur capital. Le but de l'opération est de dégager suffisamment de bénéfices pour se rembourser et faire du profit. »

1. *Les Échos*, 6 août 2004.

La mode de ces investissements à haute rentabilité fait rage outre-Atlantique, mais la France est à la traîne. L'État – l'ancien patron Francis Mer est ministre de l'Économie et des Finances de Jacques Chirac – ne veut pas rester en rade, et pense à la Caisse, bonne fille aux reins solides, dotée de généreux fonds propres, pour se lancer dans ce type d'opérations. Une fois qu'elle aura montré la voie et que les opérations seront rentables, l'État espère que les investisseurs privés lui emboîteront le pas. Après tout, la Chine aussi s'est mise au capitalisme…

La filiale CDC CI est donc créée entre 2002 et 2003. Une fringante équipe de jeunes traders, brokers et autres juristes spécialisés dans le trading débarque, avec des chiffres à atteindre et des objectifs plein la tête. Tous les ingrédients d'un choc des cultures sont réunis entre les hauts fonctionnaires de la Caisse et les banquiers juniors aux dents longues.

« La Caisse avait un mode de fonctionnement qui nous choquait et qui ne correspondait pas à nos manières de faire », explique un ancien banquier[1] embauché au lancement de la CDC CI. Le directeur de la Caisse, Francis Mayer, a été élu pour un second mandat, après avoir livré une guerre impitoyable pour s'imposer face à l'ancien titulaire du poste, nommé par la gauche. « C'était un homme qui devançait les désirs de ses clients, c'est-à-dire les élus. Il lui arrivait de venir nous voir pour nous demander d'investir sur la commune de tel ou tel. Évidemment, nous nous y opposions ; notre rôle était de défendre nos investisseurs, pas de rendre service aux amis. » Il ajoute :

1. Les auteurs ont rencontré ou correspondu, pour leur enquête, avec une dizaine de salariés ou d'anciens salariés de la Caisse. Tous ont accepté de témoigner, à condition de préserver leur anonymat. Ce que les auteurs ont accepté bien volontiers.

« S'il avait été maintenu à son poste, il y aurait eu des problèmes en cascade. »

Ces ingénieurs financiers, aguerris aux us et coutumes des banques d'affaires, étaient payés pour faire rentrer des devises en jouant sur les marchés financiers. Ils devenaient en quelque sorte des traders d'État...

Le clientélisme de Mayer n'est pas le seul motif de brouille entre les dirigeants de la Caisse et l'équipe de CDC CI. La politique de rémunération va créer des tensions. Les jeunes loups rêvent de liasses de dollars. Ils n'ont pas choisi la finance pour toucher des salaires de fonctionnaires. Ils veulent que leur rémunération soit alignée sur les profits qu'ils dégagent pour leurs clients. Les dirigeants de la Caisse, qui se réfèrent à l'esprit public de leur institution, opposent une fin de non-recevoir.

Le climat se détériore au sein de la filiale au début de l'année 2004. Quand Gilles Samyn, le bras droit franco-belge d'Albert Frère, également directeur général de la CNP[1], vient proposer de racheter Quick pour 300 millions d'euros, il se fait donc envoyer balader.

Mais, neuf mois plus tard, le ménage a été fait à CDC CI. « Coup de tonnerre au sein du pôle d'investissement dans le non-coté de la Caisse des dépôts et consignations (CDC). Les cinq membres du directoire et les fondateurs de CDC Entreprises Equity Capital (ex-CDC Ixis Equity Capital), la firme dédiée aux gros LBO[2] de l'établissement public, ont

1. Gilles Samyn est CEO *(chef executive officer)* de la CNP (Compagnie nationale de portefeuille), le navire amiral d'Albert Frère.

2. Achat par effet de levier. Le terme vient de l'anglais *leverage buy out.* On achète une société sur la base d'un emprunt. Financement d'acquisition par emprunt.

été débarqués pour divergences stratégiques par les représentants de l'actionnaire principal, CDC Entreprises. Une première dans le capital-investissement français», écrivent *Les Échos*[1]. L'équipe de CDC CI est évincée par Francis Mayer. *Exit* les banquiers récalcitrants. La Caisse fait place nette dans sa filiale, laissant libre un outil d'investissement utile pour qui saura s'en servir.

Le mauvais accueil réservé à Gilles Samyn et à Albert Frère a-t-il eu une incidence sur ce réaménagement?

Pendant ce temps, la colère de Jean-Marie Kuhn et sa volonté de faire plier et payer Albert Frère n'ont pas baissé en intensité. Dans les nombreux courriers qu'il envoie aux ministères et aux journalistes, une thèse revient en permanence: Kuhn accuse la Caisse d'avoir agi sur ordre en acceptant de voir gonfler artificiellement le prix de Quick, pour être agréable à Albert Frère et, indirectement, à Paul Desmarais, les deux amis de Nicolas Sarkozy, alors en campagne pour les présidentielles, où il fait figure de favori.

Coincé par son combat judiciaire autour de Disport, Kuhn ne parvient pas à récupérer les 22,5 millions dus après la convention signée avec ses créanciers. À partir de 2004, il achète quelques actions dans les sociétés d'Albert Frère. Il va épier tout ce qui s'écrit et se dit autour de ses sociétés. Il récupère des documents comptables, des bilans, s'abonne aux alertes sur Internet. Entre deux séances de méditation – il pratique le yoga, croit aux esprits et à la réincarnation –, il épluche la presse économique. Deux nouvelles années à patienter et à suivre les activités du patriarche

1. 20 septembre 2004. François Vidal, «La CDC a débarqué les dirigeants de l'équipe chargée des gros LBO».

belge quand, le 25 octobre 2006, tombe un communiqué de Quick qui annonce que l'on vient de lui faire une offre d'achat. « À ce jour, Quick Restaurants SA annonce avoir été saisi d'un projet d'offre publique volontaire portant sur 100 % de son capital et de ses droits de vote par CDC Capital Investissement. Le prix d'offre proposé est de 37,80 euros par action. Cette offre est en cours d'analyse par le conseil d'administration de Quick Restaurants SA, qui a à cet effet concédé à CDC Capital Investissement l'exclusivité de négociation, en vue d'aboutir à un accord sur les termes définitifs d'une offre qui serait alors formalisée dans un accord entre Quick, GIB et CDC Capital Investissement. »

La Caisse, par une de ses filiales, offre ainsi de payer 760 millions d'euros à GIB, la chaîne belge de fast-food. Une banque vivant de fonds publics et du livret d'épargne des Français, généralement vouée à aider les initiatives locales, à soutenir les créateurs d'emplois, se propose d'acheter à un milliardaire belge une usine à hamburgers. Cette information ressemble à un gag. L'offre de 760 millions apparaît, pour les professionnels de la restauration, délirante et injustifiable. En deux ans, même si Quick a été correctement géré, comment imaginer que sa valeur ait plus que doublé, passant de 300 millions d'euros à 760 millions ? Pourquoi la Caisse se lance-t-elle dans cette opération ?

En épluchant la presse sur dix années, la seule réponse émanant des dirigeants de la Caisse que les journalistes ont lue, en rapport avec sa mission, est… « le sauvetage d'emplois d'étudiants » embauchés par Quick. Un peu maigre.

L'analyse de l'offre par les dirigeants de Quick va être rapide. Moins de vingt-quatre heures plus tard, le

26 octobre 2006, un communiqué annonce qu'un accord a été trouvé pour la vente de Quick: « Dans le cadre de la convention conclue entre les parties, GIB, l'actionnaire de référence de Quick, s'est irrévocablement engagé à apporter ses titres à l'offre qui sera lancée par le véhicule d'acquisition, a renoncé à la faculté d'accepter toute contre-offre et a en outre consenti à ce véhicule une promesse de vente sur toutes les actions Quick qu'elle détient. »

On découvre à cette occasion que GIB est conseillée par BNP Paribas Corporate Finance, la banque partenaire d'Albert Frère. CDC CI est, elle, supportée par ING, banque néerlandaise qui a racheté la Banque Bruxelles Lambert... dont Albert Frère était l'actionnaire clé. On n'est jamais mieux servi que par ses banquiers.

Les résultats de Quick étaient, depuis plusieurs années, décevants, et les chiffres d'affaires générés ne sont pas suffisants pour justifier les 760 millions d'euros du prix de cession. Notre duo de journalistes est sans arrêt revenu à ce chiffre originel et à ces questions: Comment? Pourquoi? Il fallait reprendre le processus de vente pour tenter d'y voir clair.

En août 2004, de l'aveu de son P.-D.G., la société Quick valait 300 millions d'euros. Il n'avait pas trouvé d'acquéreur à ce prix. Bernard Boutboul a indiqué aux journalistes: « Même ces 300 millions d'euros, vu la concurrence de McDonald's, étaient gonflés: 250 aurait été un chiffre raisonnable. À ce prix, ils auraient peut-être trouvé preneur. »

Mais Albert est têtu et âpre au gain. L'action Quick est passée de 5 euros en 2004 à 37,80 euros deux ans plus tard, sans bouleversement dans le nombre des restaurants. Quick comptait 399 restaurants en 2004, avec 72 %

de franchisés, pour 410 restaurants en 2006, avec 76 % de franchisés. Le gain serait donc de 460 millions d'euros pour 11 restaurants supplémentaires !

Comment le propriétaire de Quick a-t-il pu faire avaler ce débordement ? Selon les us et coutumes de ce milieu, le prix de la cession d'une entreprise dans la restauration ne peut pas dépasser 100 % du chiffre d'affaires annuel. La norme serait comprise entre 40 et 80 %, en fonction de l'endettement ou du parc immobilier. Fin 2005, le chiffre d'affaires de Quick est de 455 millions d'euros. En comparant les rapports d'activité de Quick de 2002, 2003 et 2004 (donc avant l'achat par la Caisse) avec celui présenté en 2006, des bizarreries apparaissent. Les sociétés immobilières qui appartiennent à Quick perçoivent des loyers (payés par Quick). Ce qui pourrait permettre de gonfler le chiffre d'affaires. Comme nous l'avons vu, Quick est une chaîne qui compte une grande proportion de restaurants franchisés. Et jusqu'alors, seul le montant de la franchise était intégré au chiffre d'affaires.

D'après Franck Morel, le président du site Zonebourse, un expert en capitalisation boursière, Quick va inclure les ventes réalisées par les franchisés, en plus des franchises payées. Normalement, un franchisé se contente de payer son droit d'exploiter une marque. On n'intègre jamais ses gains au chiffre d'affaires de la marque… D'après le spécialiste, il est « inédit qu'une valorisation d'entreprise puisse se prévaloir du chiffre d'affaires réalisé par des personnes morales étrangères au groupe et liées par un simple contrat de franchise[1] ».

1. Voir la série d'articles publiés par le site entre 2010 et 2011, dont le premier date du 5 janvier 2010.

Dans le rapport d'activité publié en 2006, le total des chiffres d'affaires (franchiseurs, locations immobilières et franchisés), appelé ici « vente à l'enseigne », atteint 806,9 millions d'euros. Cette arithmétique permettra de rendre acceptable et de banaliser aux yeux de tiers le prix de cession. Il sera ainsi présenté comme égal au « chiffre d'affaires ». Et hop !

Jean-Marie Kuhn a mis sur le coup des experts-comptables. Ils ont étudié tous les rapports d'activité de Quick. Ils sont allés plus loin dans l'analyse de la mise en place de ce qu'il faut appeler une « acrobatie comptable ». Ils ont relevé que les chiffres d'affaires des franchisés, appelés « ventes et produits de franchises » de Quick ont été indexés dans le rapport annuel de 2005. Ils passent, rétroactivement, pour l'année 2003, de 263,8 à 483,4 millions d'euros (+ 83 %). Pour l'année 2004, ils passent de 286,7 à 468,3 millions d'euros (+ 63 %) et affichent directement 455,5 millions d'euros pour l'année 2005. Ces rapports d'activité « retravaillés » étaient encore en ligne en novembre 2013, au moment où les deux journalistes ont commencé à travailler sur le sujet. Ils ont disparu depuis.

Franck Morel a comparé les prix de la cession de Quick à ceux d'autres groupes de restauration comme McDonald's ou Flo, ou à la société la mieux cotée et la plus florissante du moment : Google. Selon lui, les sociétés ne se valorisent pas en multiple de chiffre d'affaires, mais en multiple de résultats *via* un indicateur appelé PER (*price earning ratio* – en gros, le ratio entre le prix payé et le revenu de l'action).

« On le laisse, ça ? On devient hypertechniques, non ?

– Non. Le diable se niche dans le *price earning ratio*…

– D'accord, la Caisse a participé au rachat d'une boîte en payant 500 millions de plus que le marché. Mais bon, si personne n'est lésé… »

Lors de leur enquête, les deux journalistes ont souvent entendu cette réprobation. Pour comprendre qui est lésé, il faut cependant cheminer à l'envers et remonter à la fabrication de ce qui apparaît comme un prix d'achat nettement surévalué. Comment ont-ils fait ? Ont-ils joué masqués ? Qui était aux manettes ? Est-ce légal ?

Pour tenter de répondre à ces interrogations, il faut entrer dans le « dur » des transactions.

L'action Quick a été achetée 37,80 euros, alors que son bénéfice par action (le chiffre d'affaires divisé par le nombre d'actions) était d'environ 1,25 euro. La Caisse a donc payé l'action Quick trente fois ses résultats. Soit un indicateur PER de 30. Pour McDo, le leader, mieux valorisé que Quick, l'indicateur se situe entre 3,2 et 3,5. Le groupe Flo (également propriété d'Albert Frère) se négocie entre 0,5 et 0,7. L'action Quick s'est donc vendue douze fois plus cher que celle de McDo, et cinquante fois plus cher que celle de Flo.

« La seule raison de payer un tel prix serait d'attendre une accélération de l'activité et, surtout, une amélioration significative des résultats pour les années à venir. Ce n'était pas le cas. D'ailleurs, si on lit les perspectives de Quick fin 2006, elles sont correctes mais molles. Pas de quoi payer Quick plus cher que ce que vaut Google en termes de multiple de chiffre d'affaires, c'est-à-dire vingt fois ses résultats ! » conclut l'expert de Zonebourse. Bernard Boutboul confirme l'analyse. La filiale de la Caisse des dépôts a payé l'action Quick, un groupe à la croissance aussi molle que sa pâte à pain, deux fois plus cher que l'action la plus chère du marché.

En creusant encore, les deux journalistes découvriront d'autres étrangetés dans cette transaction. Pour que le deal se fasse, la vente de Quick à la Caisse devait avoir l'aval de Bercy. À ce stade de l'histoire, on est en droit d'imaginer que l'énormité de cette vente surévaluée aurait dû être relevée, et l'accord du ministère des Finances ajourné. Or, fin novembre 2006, la direction de l'inspection des Finances donne son accord pour la cession de Quick à la filiale financière de la Caisse. Jean-Pierre Jouyet est à la tête de l'inspection générale des Finances à l'époque. L'homme qui dirigera dès 2012 la Caisse passe pour un irréprochable et talentueux commis de l'État. Le 30 novembre 2006, Guillaume Cerutti, le directeur général de la Concurrence, de la Consommation et de la Répression des fraudes, écrit à la Caisse qu'après « instruction » du dossier par ses services « l'opération notifiée n'est pas de nature à porter atteinte à la concurrence ». Il autorise la vente.

7

L'ARGENT DU LÉGIONNAIRE

La lecture de la lettre de Guillaume Cerutti, le directeur général de la Concurrence, de la Consommation et de la Répression des fraudes, en réponse aux conseillers juridiques des acquéreurs de Quick, est intéressante[1]. On y apprend que le véritable propriétaire de Quick n'est pas la Caisse, comme le relaient les articles de presse de l'époque. L'acquéreur cité est la Financière Gallop, « véhicule d'acquisition » mis en place par la filiale financière de la Caisse, la CDC CI. Il s'agit là d'un montage financier subtil, mais classique dans les milieux des fusions-acquisitions. C'est dire le niveau de complexité atteint dans ce type de transactions, et la volonté d'utiliser des masques pour les acquéreurs…

1. Il quittera le ministère des Finances peu de temps après pour prendre la direction de Sotheby's à Londres.

Les journalistes vont tenter de décrypter les rouages de l'achat. Enfin, c'est surtout elle qui s'y colle… Lui se met à lire tout ce qui concerne la revente de GDF à Suez. Ce qui, *a priori*, n'a qu'un lointain rapport avec les hamburgers.

La vente s'est effectuée sous forme de LBO (*leverage buy out*), un type de *private equity*, domaine dans lequel s'est spécialisée la CDC CI. Le principe du LBO est simple : des fonds d'investissement, qui regroupent des acteurs économiques, empruntent pour prendre des parts dans des entreprises non cotées, dont ils deviennent actionnaires. Le but de l'opération est de dégager suffisamment de chiffre pour rembourser le crédit réalisé, et empocher dans la foulée de confortables dividendes.

Pour ce faire, en règle générale, les entreprises achetées grâce à des LBO sont restructurées de fond en comble. Le but est de réaliser des économies et de dégager rapidement du profit. C'est sur l'activité de l'entreprise acquise que les investisseurs se remboursent. On n'a rien sans rien.

Dans le cas de Quick, le LBO est particulier, car il s'agit d'un LMBO : *leverage management buy out*. « Là, le management de Quick participe à l'opération et met de l'argent dans les fonds qui vont acquérir l'entreprise. Ainsi, ils sont intéressés au résultat de la boîte, et les actionnaires sont sûrs qu'ils vont faire le maximum pour dégager du profit », explique Christophe Chouard, ancien salarié chez JP Morgan et professeur de finance à la Sorbonne.

Dans le cas qui nous occupe, les fonds en question s'appellent des fonds communs de placement à risque (FCPR). Strabisme inventé par les petites mains du capitalisme financier pour aider investisseurs et prédateurs à faire des gains, si possible rapides et conséquents… Ces FCPR ont été créés par la Caisse et sa filiale[1]. On navigue loin d'une mission de service public. « Les sociétés de gestion mettent en place des FCPR, puis elles guettent la bonne affaire. Lorsqu'elles ont une entreprise en ligne de mire, alors elles font le tour de la place financière pour trouver des investisseurs. Ceux-ci intègrent le fonds en plaçant une certaine somme, qui sera utilisée lors de l'achat. Il y a donc une mise de départ déposée par les investisseurs. Le reste de la somme nécessaire est ensuite emprunté auprès d'une banque », détaille Christophe Chouard. « Attention, ponctue l'expert, les FCPR sont des fonds particuliers : ils donnent droit à des avantages fiscaux, et les investisseurs doivent s'engager à y rester cinq ans. C'est seulement au bout de cette période qu'ils pourront sortir du fonds et vendre leurs parts. »

Comme leur nom l'indique, ces fonds comportent une part de risque. À ce titre, ils sont plutôt destinés à des investisseurs professionnels. Qu'en est-il dans le cas de la CDC CI ? De quel type d'actionnaire s'agit-il ? En consultant le document qui a servi à présenter l'OPA auprès des autorités de régulation, les journalistes ont trouvé quelques informations utiles pour comprendre le montage. Parmi ces 116 pages qui grouillent d'informations plus techniques les unes que les autres, un schéma explicatif est éclairant. À première vue, on dirait une imbrication de sociétés qui se détiennent les unes les autres, une sorte de montage de briques empilées. Quand on y regarde de plus près, on peut voir, tout en haut de la chaîne, la Caisse des dépôts et consignations, qui détient à 100 % la CDC Entreprise Holding, qui détient à 100 % CDC Entreprise Capital

1. La CDC CI, qui devient la société de gestion chargée de mettre en place les fonds d'investissement pour réaliser les LBO.

Investissement – la filiale par laquelle est passée la vente –, qui détient à 100 % CDC Entreprise Capital Investissement, société de gestion (qui a le même nom que la filiale). On arrive ainsi en bas de la pile.

Cette société de gestion, d'après le schéma, gère deux FCPR : l'un est baptisé « CDC Entreprise 3 » et l'autre est indiqué comme étant « en cours de constitution ». Lors de son audition à l'Assemblée nationale[1], le patron de CDC CI, René Maury, a expliqué que la création de sa filiale par la Caisse répondait à trois objectifs : « Le premier, d'ordre financier, lui a été assigné par le directeur général de la Caisse des dépôts. Il s'agit de gérer des capitaux qui lui sont fournis à parts à peu près égales par l'établissement public Caisse des dépôts et par les fonds d'assurance-vie de la Caisse nationale de prévoyance[2] et de La Poste, avec, en plus, un petit apport de la Caisse d'épargne. CDC Capital Investissement doit à ces actionnaires une rentabilité supérieure aux taux du marché monétaire et du placement sans risque : l'objectif de rentabilité annuelle se situe aux alentours de 15 %, voire au-delà si possible. Le deuxième objectif est de faire exister un acteur français de capital-investissement dans les secteurs de la moyenne et de la grosse PME. Troisièmement, CDC Capital Investissement prétend occuper un positionnement spécifique. Il lui est possible de se montrer patiente, car ses souscripteurs le lui permettent.

1. Audition de la commission des Finances sur le LBO du 24 janvier 2007. Inquiets de voir proliférer ces achats d'entreprises reposant sur un fort endettement, les députés de la commission des Finances, présidée par Pierre Méhaignerie, vont entendre différents acteurs et spécialistes de ces ventes, dont le patron de la filiale financière de la Caisse.

2. La CNP est une compagnie d'assurances liée à la CDC, qui en détient 40 %. Créée en 1959, elle a été en partie privatisée en 1992 et compte parmi ses actionnaires, outre la Caisse, la Banque postale et le groupe bancaire BPCE.

Sa vision peut aller jusqu'à sept ans, la moyenne se situant entre quatre et cinq ans, alors que la profession du LBO, en France comme dans le reste du monde, intervient plutôt sur des durées de trois ou quatre ans. »

À la question posée par le député communiste Alain Bocquet, qui voulait savoir si la Caisse avait investi dans Quick pour « lutter contre l'obésité infantile », René Maury va justifier l'investissement par la sauvegarde des 15 000 emplois de salariés « qui travaillent dans les 400 restaurants de Quick » et qui « gagnent 800 euros en moyenne ». « Il y a lieu d'en être fier, car 80 % d'entre eux sont des jeunes embauchés à temps partiel », a conclu René Maury.

Les députés ne vont pas le relancer. Pas plus qu'ils ne l'interrogeront sur les investisseurs qui prendront place dans les FCPR.

Les journalistes ne sont pas les seuls à se poser la question. L'autorité de régulation belge, la CBFA (Commission bancaire, financière et des assurances[1]), s'est également interrogée à ce sujet. Elle a fini par obtenir des réponses parcellaires. Le prospectus d'OPA de Quick liste les souscripteurs suivants : CDC Entreprise Holding (filiale de la Caisse des dépôts et consignations), Caisse nationale de prévoyance, Caisse nationale des Caisses d'épargne et Écureuil Vie.

En poursuivant leur lecture des documents de la vente de Quick, les journalistes découvrent que les deux FCPR sont propriétaires d'une société par actions simplifiée baptisée « Univers 1 ». Et que cette SAS est elle-même

1. Depuis le 1er avril 2011, l'autorité des services et marchés financiers belge est devenue la FSMA, pour « *Financial Services and Markets Authority* ».

propriétaire, avec une seconde SAS appelée « Univers 2 », de la Financière Gallop, le fameux véhicule d'acquisition qui achètera Quick. Univers 2 serait la propriété de CDC Entreprise 3 et des cadres dirigeants de Quick qui se seraient financièrement impliqués dans le rachat.

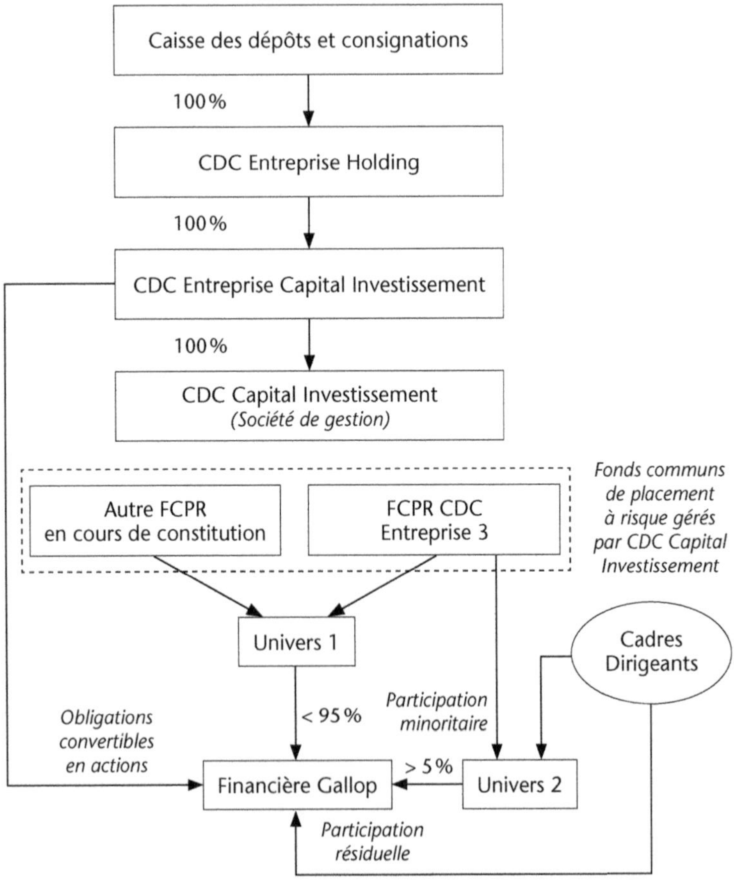

Tous ces chemins qui se croisent et se télescopent dessinent une opération financière où même un régulateur ne retrouverait pas ses petits. Le but des ingénieurs financiers qui ont imaginé ce schéma de vente semble limpide : nous perdre. Le montage de l'opération a été orchestré et finalisé par des conseillers financiers aguerris : ceux de la banque Rothschild[1].

À quoi servait cette usine à gaz ? À effacer les traces de celui qui possède vraiment la chaîne Quick ? À masquer ceux qui avaient réellement investi ?

Le schéma financier, par sa complexité, raconte une petite histoire qui pourrait être résumée ainsi : la société de gestion CDC CI a créé deux FCPR, dans lesquels elle a convié différents investisseurs. Tous deux sont propriétaires, avec les dirigeants de Quick, de la Financière Gallop, qui va acheter Quick. Les véritables propriétaires de Quick ne sont donc ni la Caisse ni sa filiale CDC CI (comme la presse de l'époque le relaie), mais ce sont les deux FCPR. L'un est identifié dans le prospectus de vente CDC Entreprise 3. L'autre est en train d'être constitué… Et nul ne sait qui en fait partie, ou qui va en faire partie.

Elle est excitée à l'idée de trouver l'identité de ces acheteurs de l'ombre. Elle pense que la solution se cache dans les documents enregistrés à l'époque de la transaction par le ministère de l'Économie. Lui fait une pause et propose de reprendre contact avec Kuhn. Il ne supporte plus les hamburgers. Elle se plonge donc dans la fastidieuse lecture des documents enregistrés à Bercy, au moment du rachat de Quick.

1. L'espace d'un court moment, nos journalistes ont pensé découvrir Emmanuel Macron dans cette histoire. Même si le futur président a monté des dossiers de fusion-acquisition, même s'il est à l'aise avec ces montages, même s'il officiait chez Rothschild à l'époque, il n'a pas travaillé sur le montage Quick.

Selon les éléments livrés à la justice belge par Jean-Marie Kuhn, les deux sociétés par actions simplifiées au capital de 37 000 euros chacune (3 700 actions à 10 euros), baptisées Univers 1 et Univers 2, ont été constituées le 16 novembre 2006 et ont déclaré leur siège auprès d'une société de domiciliation basée au 72, rue Saint-Honoré, à Paris. Le but d'Univers 1 et 2 est large. Il s'agit, en France et à l'étranger, de gérer la cession de participations dans n'importe quelle entreprise, de lui fournir des prestations, et de mener « toutes opérations commerciales, financières, civiles, mobilières et immobilières » utiles au développement de ces sociétés, comme le détaillent les statuts d'Univers 1. Un langage abscons qui masque un but prosaïque : faire du cash le mieux et le plus vite possible. Mais le document ne dit rien sur les FCPR et leurs investisseurs.

En fouillant dans les documents remis au ministère des Finances au moment de la demande d'accréditation pour le rachat de Quick, les journalistes découvrent cependant que les souscripteurs possèdent, à travers Univers 1 et 2, 98,3 % des parts de Quick. La Caisse, qui continue à passer dans les médias spécialisés pour le propriétaire de Quick, n'en posséderait que 1,7 %. La quasi-majorité du capital de Quick est ainsi la propriété de souscripteurs dont on ignore l'identité.

Comment la Caisse a-t-elle pu cautionner pareille situation ?

Aucun nom ne figure sur les statuts des deux sociétés. Hormis celui de deux signataires, qui sont les représentants de la branche de Capital Investissement de la Caisse : René Maury, le directeur de CDC Entreprise, et son adjoint, Olivier Boyadjian, qui devient le président et l'unique représentant d'Univers 1 et d'Univers 2.

Tous deux sont à la Caisse depuis le clash (avec les traders) de 2004, et ils ne vont pas y faire de vieux os.

Le premier avait cinquante-huit ans en 2006, le second en avait trente-six. Ils ont fait leurs armes dans des sociétés de capital-investissement. René Maury est un ancien haut fonctionnaire du Trésor, corrézien comme Jacques Chirac. Olivier Boyadjian a passé six ans à la Bank of Scotland avant de débarquer à la Caisse. Les deux journalistes cochent leurs noms en rouge. Pour l'instant, personne à la Caisse ne souhaite être cité dans un quelconque commentaire lié à « l'affaire Quick ».

Quelle était l'autonomie de ces deux salariés de la Caisse dans la gestion du dossier Quick ? Leur donnait-on des ordres ? Est-il imaginable qu'ils aient pu agir – pour des montants aussi importants – sans l'aval de la direction de la Caisse ?

D'après les salariés sollicités, la réponse est négative.

Le 9 décembre 2006, Francis Mayer, le directeur de la Caisse, décède à la suite d'un cancer qui l'a tenu éloigné de la gestion du groupe pendant toute l'année. Jusqu'au bout, pourtant, cet énarque de cinquante-six ans, agrégé de lettres, ayant fait ses classes à la Banque européenne d'investissement (BEI), a suivi les affaires courantes, y compris de son lit d'hôpital. C'est ce que les médias rapportent dans les articles parus au moment de son décès.

Francis Mayer a été adoubé, poussé et mis en place à la tête de la banque publique par Jacques Chirac. Son adjoint, Dominique Marcel, un autre énarque passé par le Trésor, le cabinet de Marine Aubry, celui de Lionel Jospin et l'inspection des Finances, a géré comme il pouvait cette vacance de pouvoir et fait office, en 2006, de numéro 1bis.

Il se rendait régulièrement à l'hôpital pour prendre ses consignes. La gestion des affaires Quick s'est jouée entre ces deux hommes.

Pendant toute la durée de son mandat, Francis Mayer était par ailleurs en contact étroit avec Henri Proglio, alors patron de Veolia, proche de Jacques Chirac et intime de Nicolas Sarkozy. Francis Mayer, quand il a été nommé en 2002, était loin d'être le favori. Juste un outsider, selon les observateurs de l'époque. Il avait beaucoup aidé, grâce à la BEI, à la reconstruction du Liban, où officiait alors Rafic Hariri, le meilleur ami de Jacques Chirac. Après sa mort, Dominique Marcel pensait être taillé pour le job de patron de la Caisse. Il déchantera.

C'est durant la période où ce dernier était aux manettes comme doublure de Francis Mayer que l'opération Quick a eu lieu. Une opération hors norme, comme le suggère la lecture des documents de l'OPA. En page 7, on note, à propos de la distribution des dividendes : « La politique de distribution de dividendes pourrait être substantiellement modifiée à la suite de l'acquisition de Quick par l'offrant – donc la Financière Gallop. Si la restructuration décrite à la section 2.4.2 ci-dessus était mise en œuvre (réalisée une fois l'offre clôturée), elle devrait se traduire par le paiement d'un dividende exceptionnel aux actionnaires de Quick. »

Les souscripteurs anonymes, contrairement à ce que l'on pouvait imaginer d'un investissement dans un FCPR visant au développement d'une entreprise, vont donc pouvoir toucher des dividendes dès la vente opérée.

La mécanique ayant prévalu à la vente de Quick est d'une précision diabolique. De l'horlogerie bancaire. Rien ne doit être illégal. Les juristes et conseillers de la banque Rothschild qui, à la demande d'Albert Frère, l'ont accompagné tout au long de l'opération se sont montrés ingénieux et efficaces.

On est au cœur de ce qui fonde le capitalisme financier. Les milliardaires et les stars de la *private equity* poursuivent deux buts qui participent à leur enrichissement : échapper à la fiscalité et bénéficier, partout où c'est possible et sans que ça en ait l'air, de l'argent public. Albert Frère et Paul Desmarais sont des orfèvres en la matière. Ils savent flairer la bonne affaire. Pour la réussir, ils ont besoin d'appuis dans l'appareil d'État. L'affaire Quick est un modèle du genre.

Le scandale de cette vente se niche dans cette manière qui consiste à faire passer une énormité – l'achat de Quick par une banque publique – comme une lettre à la poste. Nos deux journalistes cherchent à décrypter cette histoire contre l'avis de leurs confrères de la presse économique ou financière, qui ne comprennent pas cet intérêt « pour une vieille affaire de hamburgers portée par un entrepreneur aigri et excité ». Ils font référence à l'entrepreneur lorrain Jean-Marie Kuhn. Parfois, face à la quantité de documents à traiter, ils doutent.

Nos deux journalistes ne font pas qu'écrire ou enquêter sur les milliardaires. Ils travaillent aussi en parallèle sur d'autres projets. Lui prépare un documentaire sur une ville du Nord où le taux de pauvreté est un des plus hauts de France.

Dans son film, il évoque la mise sous tutelle de certains malades. Curieux télescopage, il va retomber sur la Caisse des dépôts. C'est un acteur public de confiance, qui gère les fonds de milliers de particuliers parmi les plus fragiles.

Des personnes comme cet ancien légionnaire qu'il vient de croiser pour la préparation de son film.

Il s'appelle Michel. Il ouvre à sa mandataire[1] qui vient de sonner. Il lui répète en boucle qu'il revient de l'hôpital, qu'on lui a tout volé pendant son séjour, ses onze médailles militaires qu'il avait accrochées au mur de son salon dans ce petit immeuble. « Je les ai bien méritées, c'est l'officier qui me les a épinglées là », dit-il en désignant son épaule gauche. Elles sont importantes pour Michel, ces médailles. C'est tout ce qui lui reste de sa vie de légionnaire. Dix-neuf ans passés dans l'armée, qu'il résume ainsi : « Mourir, c'était mon métier. »

Il vit dans un studio HLM qui sent l'urine. Il a tellement bu pour oublier les images qui le hantent qu'il est atteint du syndrome de Korsakoff. À cinquante-sept ans, il n'a plus de mémoire immédiate et ne se souvient pas de ce qu'il a dit cinq minutes plus tôt. En revanche, son cerveau, impitoyable, a gardé intacts les souvenirs de guerre, ceux qui l'empêchent de dormir. « Moi, j'ai sauté trois fois sur une bombe. Trois fois je m'en suis sorti. » Son visage est ridé et tuméfié, ses ongles sont longs, son pantalon taché, ses chaussettes trouées. Il lève les yeux au ciel quand la mandataire lui demande s'il lui reste quelques pièces pour acheter de quoi manger.

Michel ne peut plus s'occuper du quotidien. Il a été mis sous tutelle et, aujourd'hui, sa mandataire gère son argent. Elle fait les comptes et lui donne un peu de liquide pour s'acheter des cigarettes et du rhum. Sa fenêtre est cassée. « Il faudrait songer à la réparer », insiste-t-elle. Michel s'en moque. Peu importe si le chauffage n'est pas assez fort pour

1. C'est le nom donné aux professionnels qui accompagnent les majeurs mis sous tutelle.

vaincre le froid, si les courants d'air le rendent malade. Il attend la fin dans son studio, parmi les fringues qui traînent, les canettes vides et les bouts de camembert.

« Soyez raisonnable, vous avez le temps avant de mourir », essaie la mandataire. Michel sourit. Aucune agressivité dans ses paroles. Juste un constat. Michel a un ton alternativement agité et doux. « Je suis tellement content de recevoir de la visite. Surtout une charmante demoiselle comme vous. »

À y regarder de plus près, un couteau pointe dans la poche de sa chemise. On n'efface pas dix-neuf ans de légion. Michel a fait le Liban, la Centre-Afrique, la Nouvelle-Calédonie. « J'étais payé pour tuer et être tué. C'est ça, la Légion. C'est une drôle de vie. Je pense tout le temps à mes camarades qui sont morts. Surtout quand je m'endors. » Michel a servi la France. Il lui a consacré un tiers de sa vie. Michel a à peine de quoi vivre.

Comme il est sous tutelle, Géraldine, sa mandataire, a ouvert un compte à la Caisse pour veiller sur ses maigres économies. À ce propos au moins, elle a l'esprit tranquille. Cette paisible institution doit gérer au mieux la pension pour invalidité de Michel, 900 euros par mois. Des dizaines de milliers de placés sous tutelle épargnent, comme Michel, sur les comptes de l'institution la plus puissante et la plus opaque de notre République. La Caisse. Michel ou Géraldine ont-ils conscience, ne serait-ce qu'une seconde, que sa pension de légionnaire ayant servi la France va aussi servir, en bout de chaîne, à participer au rachat de Quick au bénéfice d'Albert Frère, et *in fine* à arrondir les fins de mois d'un milliardaire ?

8

FAIRE FORTUNE

Tout au début de janvier 2007, la banque ING vire 760 millions d'euros sur le compte de Quick Restaurants SA. Concomitamment, Albert Frère et Paul Desmarais vont placer un peu plus de 800 millions d'euros dans le capital de Suez *via* GBL, la société qu'ils possèdent en commun. Le 4 janvier, les deux compères, déjà actionnaires de Suez, achètent les parts de la Caixa, une banque espagnole, dans Suez. GBL rafle ainsi 1,1 % de plus du capital de Suez. Le 12 janvier 2007, Frère et Desmarais rachètent les parts d'Eric Knight, un investisseur américain basé à Monaco. Au total, 9,5 % de Suez appartiennent alors à GBL.

Suez, le géant de l'énergie, ne s'est pas encore marié à GDF. Grâce à l'argent des deux compères, le groupe est moins endetté. Avec près de 10 % du capital et 14 % de droits de vote, Frère et Desmarais deviennent les plus gros actionnaires du champion industriel franco-belge de l'énergie. Avec un rêve de plus-value énorme si le mariage avec GDF se fait.

Longtemps, à écouter Jean-Marie Kuhn, il s'était dit que la vente de Quick avait pu financer la mise de fonds chez Suez. Mais la réalité est plus complexe. Même si la proximité des dates est troublante, les 800 millions d'euros investis dans Suez ne viennent pas exclusivement de la vente de Quick. Tant s'en faut. Une centaine de millions provient de la plus-value sur la vente de Quick faite par Albert Frère. Il a touché d'autres revenus – conséquents – grâce entre autres à la Caisse à cette période.

Par exemple, en mars 2006, la Caisse et la CNP[1] achètent séparément 11 % d'actions du groupe de bâtiment et travaux publics Eiffage. Ce groupe est menacé d'une OPA inamicale par un autre groupe de BTP, espagnol. L'investissement d'Albert Frère représente 6 % de l'entreprise française, soit 307 millions d'euros. Celui de la Caisse, 5 %.

Neuf mois plus tard, le 8 décembre 2006, au moment où se noue la vente de Quick, le quotidien *La Tribune* révèle que la Caisse, associée à Groupama et à la banque Natixis, rachète la participation d'Albert Frère dans le groupe Eiffage : 398 millions d'euros. Une plus-value de 91 millions en neuf mois. Plus de 10 millions d'euros de rendement par mois ! C'est une sorte de loto permanent pour nos amis milliardaires.

On peut se demander pourquoi la Caisse agit de la sorte. Pourquoi n'avoir pas pris dès le départ une position plus forte dans Eiffage ? Pourquoi tant de complaisance à l'égard

1. La Compagnie nationale de portefeuille, société familiale d'Albert Frère, à ne pas confondre avec la CNP (la Caisse nationale de prévoyance). Quand on vous dit que c'est compliqué...

d'Albert Frère ? Qui, à la Caisse, a supervisé ces opérations ? Pourquoi investir à nouveau autant d'argent, alors que la menace d'OPA espagnole est écartée ?

Cette vente des actions Eiffage intervient au moment de l'OPA sur Quick. Et peu de temps avant la revente des parts d'Albert Frère (5 %) dans Iberdrola, le groupe d'électricité espagnol. La plus-value est ici de 107 millions d'euros.

On se rend ainsi compte, à suivre les investissements et désinvestissements de Frère et Desmarais, que les deux milliardaires vont faire feu de tout bois en cette fin d'année 2006 et ce début 2007, pour vendre des actions un peu partout, et investir leurs gains dans Suez. On se demande bien pourquoi cette envie soudaine à grimper dans le capital de la multinationale endettée...

Sur le front des affaires Quick, la commission des Finances présidée par Pierre Méhaignerie entend, comme nous l'avons vu[1], le 24 janvier 2007 au matin, René Maury, le président de CDC Capital Investissement. L'homme est alors suspecté par certains députés d'être à l'origine du montage masquant le rachat par les fonds communs de placement à risque. Dans le collimateur des députés : le fonctionnement de la Caisse et l'utilisation abusive de LBO, ces achats à crédit qui laissent souvent les trésoreries exsangues. Maury fait celui qui n'entend pas vraiment les questions posées. Quand Pierre Méhaignerie revient à la charge en demandant « pourquoi CDC Capital Investissement investit dans les services plutôt que dans l'industrie, qui en aurait davantage besoin », le cadre évoque un taux de rendement global de 15 %, et déplore que ce taux soit nettement en deçà de ce que font « les

1. Cf. pages 80, 81.

marchés anglo-saxons». L'argument est spécieux. Jamais Quick, acheté bien trop cher, ne rapportera 15 %. Aucun des critères d'investissement de la Caisse n'a été respecté dans le cas de Quick, car la prise de participations dans une société privée et cotée en Bourse ne répondait à aucune des conditions du cahier des charges de l'époque. À savoir un chiffre d'affaires entre 15 et 150 millions d'euros, un problème de succession ou une difficulté financière d'une gravité particulière.

Cette interpellation des députés faisait écho à une question écrite de Jean-Luc Mélenchon, alors sénateur de l'Essonne, au ministre de l'Économie Thierry Breton. Le leader du Front de gauche s'interroge sur l'acquisition «d'un groupe privé dont les activités n'ont aucun rapport avec les missions d'intérêt général confiées à la Caisse des dépôts». Il s'étonne «du prix particulièrement élevé payé pour l'achat de ces actifs, et aimerait connaître l'avis du ministre sur l'utilité sociale et économique de tels investissements de la part d'une institution financière publique créée par la loi pour être le bras financier de l'État».

Thierry Breton ne lui répond pas sur l'instant, mais par écrit le 15 février 2007 : «L'investissement dans le groupe Quick relève des opérations de capital-investissement de la CDC, qui est sous la surveillance et la garantie de l'autorité législative.» Le ministre ajoute que «la Caisse des dépôts investit depuis plusieurs années dans le secteur concurrentiel», et que «l'opération d'investissement dans le groupe Quick correspond au métier d'investisseur». Il assure que cette activité de «capital-investissement génère régulièrement des bénéfices» qui servent ensuite à «des investissements d'intérêt général». Sur l'investissement lui-même, Thierry Breton, connu pour être un ami d'Albert

Frère[1], avance à tort que la somme dépensée par la CDC est de « 150 millions d'euros ». Il argumente en indiquant que la CDC CI assure « 100 % de l'opération ». Il renvoie enfin à l'Autorité des marchés financiers, seul organisme chargé de contrôler ce genre d'investissement. L'échange et l'embarras du ministre sont révélateurs. Thierry Breton dégage en touche et reste d'une prudence de Sioux. Il ne connaît pas les chiffres, se trompe sur le rôle de l'AMF qui, en l'occurrence, n'a rien contrôlé. Mais tout passe. Personne ne s'émeut de cet investissement public sans aucun fondement économique.

Outre l'erreur sur le montant de l'investissement, le bénéfice espéré à court ou à long terme dans cette vente est nul. À aucun moment on ne saurait imaginer que la Caisse a perçu Quick comme un investissement de rapport.

Autre bizarrerie qu'à l'époque personne n'avait relevée : la Caisse, par sa filiale CDC CI et sa sous-filiale, la Financière Gallop, possède moins de 2 % de Quick. Ce sont les actionnaires anonymes des FCPR qui possèdent les 98 % restants... On est très loin des 100 % avancés par le ministère. Cet élément – le fait que la filiale de la Caisse ait servi de prête-nom – n'est visiblement pas arrivé jusqu'au bureau de Thierry Breton. Rien dans les vidéos, déclarations ou attitudes du ministre ne nous permet d'envisager l'hypothèse que le ministre de l'Économie et des Finances savait. Thierry Breton a été, à l'évidence, mal informé...

L'investissement Quick est à l'opposé de tout ce que préconise Thierry Breton, mais aussi Pierre Maury, le

1. Un article du *Monde* du 1er mars 2007, de Frédéric Lemaître et de Jean-Pierre Stroobants, évoque cette amitié nouée à Marrakech entre Albert et « *Tcherry*, comme le prononce drôlement Frère »...

président de CDC CI. Normalement – et ce dernier l'a répété devant les députés l'interrogeant en commission d'enquête parlementaire –, les retours sur investissement prennent entre cinq et sept ans. Avec l'affaire Quick, on est loin des aspirations du slogan qui illustre, à l'époque, les rapports d'activité de la CDC CI : « Servir l'intérêt général, investir à long terme. »

La vente de Quick s'est effectuée en un temps record. Entre le moment où la CDC CI exprime son intérêt pour Quick, le 24 octobre 2006, et celui où la vente est effectivement scellée, début janvier 2007, il s'est passé moins de cent jours. Trois petits mois pour s'entourer de conseillers financiers et juridiques expérimentés et grassement rémunérés (Rothschild, BNP, Freshfields), concocter un montage d'une complexité folle, mobiliser des FCPR, convaincre des investisseurs, trouver 760 millions d'euros, faire approuver la vente par les autorités diverses (ministère, CBFA[1]), négocier avec les cadres dirigeants qui s'engagent dans l'opération... Si on prend en compte quelques jours d'interruption liés à la trêve des confiseurs (Noël et Nouvel An), l'affaire a été rondement menée. Dès le 28 février, Quick a à peine repris son souffle qu'il est radié de la cote Euronext. Procédure normale dans le cadre d'une OPA[2].

Mais si le processus de vente a été rapide, le versement des dividendes est fulgurant. Plus de 200 millions d'euros partent chez les actionnaires anonymes des FCPR. Les divers documents consultés par nos deux journalistes montrent qu'une partie de cette somme a été versée dès mars 2007,

1. Commission bancaire, financière et des assurances (Belgique).

2. Durant une opération publique d'achat, la valeur de l'entreprise est âprement négociée et, pour stabiliser son prix, elle est retirée de sa cotation en Bourse.

à l'occasion d'une procédure dérogatoire. La période comptable, qui, juridiquement, doit s'étendre sur une période de douze mois, a été divisée en deux. Au lieu de s'ouvrir en janvier 2007 et de courir jusqu'au 31 décembre 2007, la première partie va de janvier à mars 2007 et la seconde de mars à décembre 2007. L'information est présentée de manière laconique, dans le rapport de gestion de Quick Restaurants daté du 12 septembre 2007 : « Par dérogation aux statuts et, exceptionnellement, il a été décidé de clôturer au 31 mars 2007 l'exercice social commencé le 1er janvier 2007, et de tenir le 28 septembre 2007 l'assemblée générale approuvant les comptes concernant la période du 1er janvier au 31 mars 2007. »

Le rapport de gestion, clôturé le 31 mars 2007 et qui porte sur cette période comptable, précise : « Le conseil d'administration propose à l'assemblée générale des actionnaires du 28 septembre 2007 de distribuer des dividendes bruts pour un montant total de 28 274 707 euros. » À peine la vente conclue, plus de 28 millions d'euros vont donc être versés aux actionnaires. Rappelons une fois encore qu'en tant que souscripteurs des FCPR ils devraient normalement attendre cinq ans pour bénéficier de leurs investissements et des avantages fiscaux prévus.

Mais ce n'est pas tout. La seconde période comptable, qui s'ouvre à partir d'avril, permet le versement d'une deuxième fournée de dividendes : 173 460 237 euros. En moins d'un an, les actionnaires de Quick, dont une partie reste encore anonyme à ce jour, ont empoché 201 734 944 euros exactement !

Pour l'année 2007, on constate que les actionnaires logés dans les FCPR – toujours aussi anonymes – ont apporté, en février 2007, des fonds à hauteur de 275 millions d'euros

(110 millions de fonds propres et 165 millions de prêts réalisés sous forme d'émissions obligataires). En même pas un an, ils perçoivent près de 200 millions de dividendes, le quasi-montant de leur investissement…

Comment une telle culbute est-elle possible ?

Les questions se bousculent dans les têtes de nos duettistes. D'où viennent ces dividendes ? Comment cette valeur a-t-elle été créée ?

On n'est pas dans une salle de casino ni dans un film de Scorcese, encore moins dans un roman de Tom Wolfe. On est dans le monde réel, celui où des hommes se lèvent tôt le matin, pointent à la machine, enfilent des uniformes avec un logo blanc sur fond rouge, sourient gentiment à la clientèle qui défile, et s'écroulent le soir dans leurs draps. On parle d'hommes qui travaillent.

Comment le simple fait de fabriquer et de vendre des hamburgers peut-il permettre de verser 200 millions de dividendes en un an à peine ? La clé réside peut-être dans l'identité des fameux souscripteurs…

Notre duo cherche du côté de la Caisse. On lui confirme que la liste des actionnaires des FCPR est classée « secret absolu ». Et rien ni personne n'est tenu de divulguer leurs patronymes. En interrogeant d'anciens dirigeants de la branche financière de la Caisse, les deux journalistes obtiennent comme seule réponse que les investisseurs seraient des « institutionnels liés à la Caisse » qui auraient ainsi « récupéré leur mise ». On doit les croire sur parole.

Personne ne sait et ne veut répondre plus précisément, sauf… Jean-Marie Kuhn, qui balance sur Internet à qui veut bien la lire une liste d'une vingtaine de noms, mêlant politiques de tous bords et hauts fonctionnaires (sans jamais la sourcer toutefois). Les souscripteurs du fameux FCPR « en cours de constitution », comme le mentionne le document d'OPA, restent mystérieux. Si tout est propre, logique, légal, déclaré fiscalement, pourquoi cette clandestinité ?

Les deux journalistes tournent en rond. Ils envisagent plusieurs hypothèses.

Les souscripteurs anonymes avaient besoin de blanchir des fonds, et ce montage, avec la couverture de la Caisse, les y aurait aidés. Ils perdent quelques dizaines de millions d'euros mais, finalement, si Quick est revendu, ils récupèrent un argent lavé, blanchi ?

Autre possibilité : les souscripteurs anonymes avaient besoin de liquidités rapidement. Pourquoi ce premier versement de 28 millions en mars 2017 ? Pourquoi cette impatience à toucher ? On est en France en pleine campagne pour les présidentielles. Le financement politique a-t-il pu influencer certaines décisions prises à la Caisse ? Nicolas Sarkozy, le poulain de Paul et Albert, et Ségolène Royal sont en pleine course pour l'Élysée. La liste des politiques que Jean-Marie Kuhn va remettre à la justice belge contient des noms de l'entourage des deux candidats…

Autre option, la Caisse, dirigée par Francis Mayer (qui, d'après les témoignages recueillis, aimait rendre service aux « amis politiques » qui l'avaient placé à son poste), aurait permis au malicieux Albert Frère, proche de ces mêmes amis, de faire une confortable plus-value *via* un montage financier opaque où des investisseurs opportunément anonymes auraient emporté la mise.

Quel a été le rôle des filiales de la Caisse et des investisseurs dans ce deal ? N'y avait-il vraiment que des investisseurs institutionnels dans les fonds ? S'ils ont participé à l'opération, quels bénéfices en ont-ils tirés ? Ces questions restent, en l'état, sans réponse.

Ou bien, ultime option, Albert Frère se débarrasse de son canard boiteux Quick en amorçant lui-même, *via* les FCPR, son rachat…

À la Caisse, depuis la mort du directeur général, le paysage est troublé. L'année 2007 démarre mollement. Dominique Marcel, l'ancien collaborateur de Martine Aubry, gère la boutique comme il peut. Il est le favori de la presse pour le poste de directeur général. Après une longue hésitation et une bataille acharnée en coulisse, Jacques Chirac placera à la tête de la Caisse début mars 2007, à la surprise quasi générale, un ancien cadre du Crédit agricole, devenu son secrétaire général adjoint à l'Élysée, Augustin de Romanet. Un nouvel énarque très consensuel, qui a usé ses Richelieu dans tous les ministères de l'Économie, du Budget ou de l'Industrie, aux côtés d'Alain Madelin, de Jean-Louis Borloo, de Jean Arthuis, d'Alain Lamassoure, d'Alain Lambert ou de Francis Mer. Adepte des calembours, Romanet a un surnom : « Pas de vague ». Pour arriver à ce choix, la bataille a été rude entre chiraquiens, socialistes et sarkozistes. La première qualité de Romanet est d'être entièrement dévoué à Jacques Chirac.

La Caisse étant un acteur stratégique et un pourvoyeur de fonds dans les affaires de l'État, les négociations pour le choix de son directeur doivent déboucher sur un consensus. Compte tenu des circonstances particulières – le décès de Francis Mayer et la proximité d'une élection –, Jacques Chirac aurait pu laisser le soin au futur président ou à la future présidente de désigner le successeur. La logique institutionnelle aurait voulu que Dominique Marcel tienne la boutique jusqu'à l'élection de mai. Mais

Jacques Chirac avait un intérêt particulier à voir son protégé gagner la partie.

Le président enverra dans la foulée, et pour services rendus, Dominique Marcel, l'ancien numéro 1bis, à la tête d'un organisme d'État aux jetons de présence et au salaire intéressants: la Compagnie des Alpes, où il retrouvera l'avocat Francis Szpiner, un autre ami de la chiraquie. À charge pour eux de gérer les domaines skiables français, et quelques parcs de loisirs. Selon des sources internes et fiables, Dominique Marcel – poussé par la rue de Solférino – aurait dû rester numéro 2. Nicolas Sarkozy n'en aurait pas voulu… D'où le placard doré.

Nous avons sollicité Dominique Marcel à plusieurs reprises, en particulier en lui envoyant un mail détaillé où nous l'interrogions sur son rôle dans le rachat de Quick: « Deux versions s'affrontent concernant la vente de Quick. L'une nous assure que les actionnaires des deux FCPR sont principalement des investisseurs institutionnels. L'autre, venant d'une instruction judiciaire belge, livre des noms de personnes physiques du monde économique et politique français. Avez-vous eu connaissance de ces éléments et qu'en pensez-vous ? Est-il plausible, possible, que la liste de ces actionnaires soit gardée secrète dans un "coffre" à la Caisse des dépôts ? De manière plus globale, avez-vous supervisé le travail de la CDC CI ? » Nous l'interrogions aussi sur l'influence qu'aurait pu avoir Albert Frère sur le montant de la transaction, trop élevé à notre goût. « Nous ne sommes pas dans l'urgence mais aimerions tirer ces éléments au clair. Nous avons bien entendu interrogé les divers protagonistes de cette transaction avant de reprendre contact avec vous. Et les réponses qui nous ont été faites nous sont apparues incertaines. » L'ex-numéro 2 de la Caisse a fini par nous répondre début juillet 2018 : « La décision d'investir dans Quick n'est pas "venue d'en haut", elle a été entièrement instruite et prise par la société de gestion CDC Capital Investissement, entité de *private equity* – conformément aux règles s'appliquant à la gestion pour compte de tiers – et non par l'établissement public CDC qui s'est contenté d'apporter un financement relais très transitoire. Le prix, qu'on peut toujours discuter *a posteriori*, a été fixé sur une base de marché dans le cadre d'une OPA et approuvé par les autorités boursières belges. La thèse d'une prétendue collusion de la CDC (et de ses dirigeants qui auraient agi sur ordre...) avec Albert Frère, qu'on a pu lire ici ou là, est bien sûr totalement dénuée de fondement et pour tout dire ridicule. » Dominique Marcel nous a également fait savoir qu'en ce qui le concernait il n'avait pas eu affaire avec, ni à intervenir directement sur les différentes opérations et montages (en particulier concernant les fonds communs de placement à risque). Dont acte.

9

HAMBURGERS DE MALHEUR

À partir de février 2007, l'équipe de la CDC CI prend la barre de Quick. Elle a beau dépendre d'une banque publique tournée vers l'intérêt général, elle va se comporter comme n'importe quel investisseur en LBO, et chercher la rentabilité. Il faut d'abord rembourser la dette colossale dont Quick vient d'hériter en raison de son rachat. Les LBO ont ceci de merveilleux que ce ne sont pas les acheteurs qui portent l'intégralité de la dette, mais l'entreprise qu'ils achètent. Le montage financier qui permet l'opération prévoit la création d'un véhicule d'acquisition qui va loger la dette contractée pour l'achat. Celle-ci sera remboursée grâce aux bénéfices dégagés par l'entreprise.

Conclusion : la richesse produite par l'entreprise sert directement à rembourser les banques. Pour les salariés, c'est la double peine : non seulement leur entreprise est lourdement endettée, mais, en plus, les actionnaires comptent sur eux pour rembourser la somme et très vite empocher des dividendes. Pour cela, plans de restructuration et autres opérations de rationalisation s'enchaînent. Il faut en fabriquer, des hamburgers, pour faire diminuer la fameuse dette qui plombe à présent les comptes de l'entreprise...

En 2006, année de son acquisition, la dette de Quick est basse: 38,4 millions d'euros. Trop basse, même. Dans le monde financier, une dette si ridicule aiguise les appétits. Elle émet un signal de trois petites lettres: LBO. En 2007, l'année qui suit l'opération, la dette de Quick porte les séquelles de l'opération d'achat: elle grimpe à 430 millions. Les lois de la finance sont curieuses et pénétrables quand on y prête attention. L'entreprise à qui l'on reprochait une dette trop légère se retrouve avec une dette trop lourde. Elle doit très vite entamer une cure d'amaigrissement pour prouver qu'elle est en bonne santé.

L'objectif reste de verser les dividendes promis à ses actionnaires. Jean-Paul Brayer, le manager, présente dans le rapport annuel 2007 le plan ambitieux de la nouvelle équipe: « Notre objectif de croissance 2008 sera important, et nous devrions pouvoir ouvrir, tous pays confondus, près de 50 nouveaux restaurants quel qu'en soit le mode d'exploitation, soit trois fois la vitesse de 2007... Il s'agit d'un développement structuré, assurant un revenu sur investissement normatif à tous nos actionnaires, et une pérennité à l'entreprise grâce à une ambition contrôlée. » Langage formaté pour dire que, même si l'équipe a changé, la recette des hamburgers reste identique et doit répondre au goût des investisseurs.

Quelques mois après l'achat, l'entreprise se lance dans la conquête internationale annoncée. Dès mars 2007, le groupe Bertrand[1], master franchisé en Algérie, ouvre le premier Quick au centre d'Alger, sur la place Émir-Abdel-Kader. 450 mètres carrés au logo blanc et rouge, 2 étages et 160 places pour déguster des hamburgers *halal*. Suivent la Russie, l'Arménie et la Hongrie... En France, l'enseigne poursuit son expansion avec l'ouverture de 17 restaurants en 2007. En même temps, elle soigne son image en poursuivant un « programme goût et nutrition », pour montrer que l'on peut concilier fast-food et environnement. Nouveaux emballages, optimisation de la consommation d'eau, réduction des émissions de CO_2, information sur les produits contenus dans les hamburgers... L'entreprise met l'accent sur la qualité et ne lésine pas sur « l'innovation ».

Elle cherche à se démarquer de son concurrent direct, McDonald's, qui reste le champion hors catégorie de la restauration rapide dans l'Hexagone. Le match est inégal : en 2009, l'enseigne à tête de clown enregistre un chiffre d'affaires de 3,6 milliards d'euros et compte 1 161 restaurants. La marque Quick est loin derrière, avec seulement 1,028 milliard de chiffre d'affaires et 371 restaurants en France. Malgré cette concurrence écrasante, la chaîne maintenant française mène son petit bonhomme de chemin. En 2010, elle enregistre une progression de 11 % de son chiffre d'affaires par rapport à l'année précédente. La dette, quant à elle, se maintient péniblement à 511,3 millions d'euros.

La méthode de la CDC CI semble porter ses fruits du côté des chiffres et des rapports financiers. Côté salariés,

1. Propriétaire de la célèbre brasserie Lipp, des salons de thé Angelina et de la chaîne de restauration rapide Bert's. Propriétaire de la franchise Burger King en France, il a racheté Quick à la CDC fin 2015.

c'est une autre histoire. Ils turbinent en salle et en cuisine, mais la courbe des salaires ne suit pas. Le problème avec les LBO reste le circuit de l'argent. Il part de la base pour monter directement dans la poche des actionnaires, mais il y a comme un souci sur le chemin du retour. « On faisait des belles années, pourtant on ne touchait pas grand-chose. L'argent gagné n'était pas redistribué. En bas, il n'apparaissait nulle part », regrette Odette[1], une salariée syndicaliste qui travaille depuis 1998 dans un restaurant situé en banlieue parisienne.

Les directives prônant optimisation et productivité trouvent, elles, le chemin jusqu'aux salariés. « Le responsable régional de Quick qui faisait descendre les informations du siège ne regardait qu'une chose : le chiffre d'affaires et le nombre d'heures réalisées par les salariés. Même si on faisait un bon chiffre, on ne pouvait pas embaucher, car ça augmentait les charges. Ça a toujours été le problème avec la CDC CI », raconte-t-elle. Les horaires flexibles et troués, la surcharge de travail, le manque de personnel provoquent un fort absentéisme. « On n'est pas assez nombreux, on oublie des produits, les gens râlent... Et comme on ne peut pas embaucher, les conditions de travail empirent. Ils nous disaient qu'une heure de salaire en plus avait des conséquences directes sur l'EBITDA », ajoute Odette, effrayée de voir se profiler cette terrible perspective.

EBITDA signifie « *earnings before interest, taxes, depreciation, and amortization* ». En français : « bénéfice avant intérêts, impôts, dépréciation et amortissement ». Ce sigle barbare est à l'image du capitalisme financier. Dès qu'un

1. Le nom de ce témoin a été changé. Là aussi, on préfère éviter les ennuis en restant anonyme, même en étant syndiquée.

fonds d'investissement s'attaque à une société, il cherche à faire évoluer son EBITDA. Cet indice mesure les bénéfices que l'on peut attendre d'une entreprise sans prendre en compte les charges liées à sa dette, ni les coûts liés à ses investissements et aux contraintes fiscales. L'EBITDA est une divinité de la mythologie libérale. Elle est célébrée et honorée par les actionnaires, crainte et incomprise par les salariés.

On découvre ainsi qu'une filiale de la Caisse, censée œuvrer pour le bien public, devient un laboratoire libéral shooté à l'EBITDA. Les dirigeants de Quick obéissent à la loi de rentabilité. Et les salariés empilent, sans rechigner, frites et hamburgers sur la file des plateaux.

En 2010, tout le monde respire, l'EBITDA augmente de 25 %. La marque s'offre le luxe de faire la une des médias en lançant les premiers sandwichs halals à Toulouse. Le traditionnel bacon est remplacé par de la dinde fermière, précipitant polémistes, laïcistes et journalistes dans ses cuisines.

En janvier 2011, pourtant, un événement va contrarier l'évolution de la courbe des bénéfices. Benjamin Orset, quatorze ans, meurt à la suite d'une intoxication alimentaire après un repas pris en famille dans un Quick du centre commercial Cap Sud à Avignon. L'autopsie révèle une infection alimentaire due à un staphylocoque doré. Même si, à l'époque, la marque et le gérant du restaurant incriminé se défendent d'avoir un lien avec le décès du jeune homme, le mal est fait. Quick est en fâcheuse posture sur le marché de la restauration rapide[1].

1. L'ancien gérant du restaurant a été condamné en juin 2017 à deux ans de prison avec sursis pour homicide involontaire. Il devra verser 98 000 euros

Après l'euphorie de l'année 2010, 2011 est une année de crise. Les dirigeants réagissent promptement. Cédric Dugardin, le directeur général adjoint, dans le rapport annuel de Quick, assure : « Dès le 1er février, Quick a mis en place un plan d'économies opérant une coupe de 50 % dans un plan d'investissement, et une réduction de 9 millions d'euros de ses frais généraux. » Quelques lignes plus loin, il précise que la déesse EBITDA a souffert, mais que le pire a été évité : « L'EBITDA est en recul de 14 %, à 86 millions d'euros, ce qui demeure néanmoins la deuxième meilleure performance historique du groupe. » Salariés, dirigeants et investisseurs peuvent être soulagés, l'orage semble passé...

La filiale financière de la Caisse va-t-elle se ressaisir et faire preuve de mansuétude à l'égard de son personnel essoré ? Tous ces pauvres étudiants payés 800 euros par mois qui ont servi d'alibis pour justifier le rachat à Albert Frère ? Pas vraiment !

En 2012, la dette de Quick s'élève toujours à 374,8 millions d'euros. Elle va être restructurée, et la Caisse va remettre la main au pot : 30 millions d'euros sont versés

---

de dommages et intérêts à la famille de la victime. Les contrôles réalisés le jour du décès avaient décelé quatorze non-conformités, dont cinq majeures, comme le mauvais état du congélateur ou l'absence de lave-main dans la cuisine. Quelques semaines avant les faits, un contrôleur interne, mandaté par l'entreprise, avait noté la qualité de l'établissement à 66 %, alors que le seuil d'alerte est à 75 %. Il avait déclaré au *Midi libre* : « J'ai été choqué de voir tant de problèmes sur la zone de préparation. Je pense que c'est l'une des plus mauvaises notes que j'ai mises. Il y a du laisser-aller ou un manque de moyens. » Le tribunal correctionnel d'Avignon a également condamné à une amende de 50 000 euros la société qui gérait le restaurant, dans lequel une douzaine de manquements à l'hygiène avaient été relevés. Le gérant et la société propriétaire du restaurant ont fait appel. L'affaire est toujours en cours. (Sources : François Barrère, « Décès d'un ado au Quick d'Avignon : dix-huit mois avec sursis requis », *Le Midi libre* ; Murielle Kasprzak, « Le gérant d'un Quick jugé après la mort d'un adolescent », *Le Parisien*, 17 mai 2017 ; journal de France Bleu, 28 juin 2017.)

à Quick. 2013 révèle que les efforts ont été payants : la firme renoue avec la rentabilité. Sa valeur est estimée (par les dirigeants de Quick) à 1 milliard d'euros, car son EBITDA est en pleine forme. « L'EBITDA a bondi de 26 %, à 102,4 millions d'euros, faisant de 2013 une année de record », plaide Céline Vercollier, directrice administrative et financière du groupe dans le rapport annuel.

Toujours nulle trace de ces belles performances en salle et en cuisine. « Même en 2013, qui a été une bonne année, on n'a rien touché », a confié, dépitée, Odette. Interrogé par les journalistes au sujet des salariés et de leurs conditions de travail, un représentant de Qualium avait eu, pour toute réponse, un bref haussement d'épaules. Les rapports annuels n'étaient guère plus bavards. Le mot « salarié » était employé deux fois en 2010. Le mot « EBITDA » une dizaine de fois…

On a souvent des difficultés à montrer comment la finance imprime nos vies et nous asservit. La vérité se niche dans des détails et des enchaînements. Albert Frère rachète la firme naissante après un voyage aux États-Unis. Il l'introduit en Europe et permet son expansion. Il la revend cinq années plus tard, avec une énorme plus-value, imposant des cadences de dingue aux salariés. Grâce à lui, non seulement on mange mal, mais on vit mal. Albert Frère, mauvais génie du fast-food, s'enrichit sur notre passivité.

Mais le pire est ailleurs. Il ne peut réussir ce hold-up que grâce au soutien actif des États belge et français. Rien d'illégal *a priori* dans ce travail de fond. C'est le boulot de tous les bons milliardaires. Préparer leurs coups, s'appuyer sur des hommes à eux dans les appareils. Exercer de l'influence. Dans ce genre d'histoires, ce qui surprend (et chagrine), c'est moins l'attitude du milliardaire que la faiblesse de nos réactions. Le capitalisme financier pousse à des merveilles d'absurdité. L'État ne nous a en aucun cas protégés.

Pire. La Caisse et ses dirigeants ont activement participé à notre asservissement et à notre conditionnement à la malbouffe. Un soir, en sortant d'un Quick de la banlieue messine, le journaliste envoie à sa comparse la photo d'un hamburger spongieux entouré de frites grasses, avec ce commentaire : « Non seulement ils nous font bouffer de la merde, mais, en plus, ils se servent de notre argent pour la fabriquer et nous la vendre. »

10

LA MÉCANIQUE KUHN

Quand Jean-Marie Kuhn appelle les journalistes – et il a fait le tour de tout ce que ce pays compte comme investigateurs, il a même débordé sur la Belgique et le Canada –, notre homme se pose en lanceur d'alerte et en victime personnelle d'une arnaque liée à la revente de Quick. Alors que pas vraiment. Même s'il a acheté quelques actions de Quick pour tenter de se positionner comme un petit actionnaire lésé, Jean-Marie Kuhn, depuis quinze ans, n'a qu'une idée en tête, et il ne s'en cache plus quand on évoque avec lui la question : se venger d'Albert Frère. Son orgueil a été mis à mal par le dédain dont il a été la victime. Son portefeuille aussi. Il aimerait – et cela paraît normal quand on sait la genèse de ses griefs contre le magnat belge – récupérer le montant de son préjudice, plus intérêts si possible. Soit, en gros, une vingtaine de millions d'euros.

Début avril 2007, il lance ses premières salves publiques. Scandalisé par la vente de Quick et par le rôle que pourrait jouer Albert Frère en cas de victoire de Nicolas Sarkozy, il écrit au député de sa circonscription, l'UMP Alain Marty, à Jean-Claude Gaudin, le vice-président du Sénat, à Pierre Méhaignerie, alors président de la commission des Finances à l'Assemblée nationale. Il écrit également à Claude Guéant, directeur de campagne de Nicolas Sarkozy, et à David Martinon, son directeur de cabinet. Il écrit encore à Thierry Breton et, surtout, à Dominique de Villepin, encore Premier ministre.

Toutes ses lettres ont à peu près la même teneur: «J'ai l'honneur de solliciter par la présente une audience, afin de trouver une solution au litige qui m'oppose à la société GIB appartenant au groupe Albert Frère... J'ai été informé d'agissements particulièrement troublants relatifs à des opérations réalisées en 2006 par Albert Frère avec l'État français...» Le scribe énervé évoque la vente de Quick, le rôle trouble de la Caisse des dépôts et le bénéfice réalisé par le magnat belge. Il cherche une «solution à l'amiable» et aimerait récupérer les 22,5 millions d'euros que lui promettait la convention signée six ans plus tôt. Jean-Marie Kuhn profite de cette période électorale et d'appuis à l'UMP pour faire passer des messages. Il fournit quantité de pièces jointes à ces mails qui doublonnent souvent avec les lettres recommandées.

Le cabinet du Premier ministre transmet l'encombrant dossier Kuhn à la chancellerie. Trois mois plus tard, une conseillère du cabinet de Rachida Dati, nouvelle garde des Sceaux, élude les accusations contre la vente de Quick et répond: «Monsieur, vous avez bien voulu attirer l'attention du garde des Sceaux, ministre de la Justice, sur le différend qui vous oppose à la société GIB et à son actionnaire la société Albert Frère. Au regard des indications fournies, il apparaît qu'il s'agit d'un différend de nature commerciale, qui a déjà fait l'objet d'un protocole d'accord amiable. Que ce protocole ait ou non produit ses effets, j'ai le regret de vous indiquer qu'il n'appartient pas au ministère de la Justice d'intervenir dans un litige opposant deux personnes morales de droit privé, dont les tribunaux compétents peuvent être saisis. »

Ces échanges marquent le début d'une très longue série de courriers, dans lesquels l'entrepreneur lésé va cultiver sa colère et son incompréhension en multipliant les angles d'attaque. Il va prendre l'habitude d'écrire aux élus et aux protagonistes du dossier. Une des particularités de cette affaire, c'est le nombre effrayant de lettres envoyées par l'entrepreneur lorrain. L'Élysée en a reçu une vingtaine. Matignon tout autant. La chancellerie et la Caisse des dépôts encore plus. Cette quantité de courriers au ton comminatoire, l'arrogance de Kuhn dans ses courriers et la difficulté à cerner ses motivations vont jouer contre lui.

Mais à force d'écrire, de la chancellerie à la Caisse en passant par le Sénat et l'Assemblée nationale, JMK va recevoir en retour des informations qui lui permettront d'affiner ses accusations.

En mai 2007, un nouveau président débarque à l'Élysée. Ségolène Royal retourne en Poitou-Charente. Jacques et Bernadette Chirac partent en retraite et en villégiature dans l'appartement prêté par Rafic Hariri à Paris. Et François Hollande rêve d'un prochain tour. DSK est déjà favori. À la soirée du Fouquet's, qui fête l'élection de Nicolas Sarkozy, Albert Frère et Paul Desmarais dansent avec Alain Minc et Bernard Arnault. Ils ont raison de danser. Dans quelques semaines, GDF va perdre son monopole. Ils se rêvent sans doute en nouveaux propriétaires...

Entre-temps, on forme les cabinets ministériels. Frère et Desmarais s'activent en coulisse. Patrick Ouart, un magistrat ayant fait ses classes à l'APM[1], est alors le secrétaire général de Suez. Il est très proche d'Albert Frère. Il est son conseiller juridique chargé de l'éthique. Il est également celui qui a fait la une des journaux en 2007, car il est inculpé en Belgique pour avoir été soupçonné d'espionner, pour le compte de Frère, un cadre dirigeant d'Electrabel, une société d'électricité que lorgne son patron. L'affaire se soldera, après de nombreuses péripéties, par un non-lieu. « On n'aurait pas parlé de cette affaire si je n'avais pas été nommé à l'Élysée. C'est une affaire dans laquelle il n'y a pas de plainte, pas de victime, pas de préjudice, et où j'interviens dans le cadre strict des fonctions que j'occupais alors en qualité de secrétaire général de Suez », se défend l'ex-magistrat[2].

À l'Élysée, Ouart occupe le poste très convoité de conseiller justice du président. Il est en contact permanent avec un autre proche d'Albert Frère, nommé, lui, directeur adjoint au cabinet de François Fillon, le Premier ministre. Il s'agit d'Antoine Gosset-Grainville, qui a officié pendant cinq ans (de 2002 à sa nomination en 2007) comme responsable à Bruxelles du cabinet d'avocats Gide Loyrette Nouel, le cabinet attitré d'Albert Frère. Gosset-Grainville fera partie du petit groupe des trois hauts fonctionnaires (avec le représentant de l'Élysée, François Pérol, et celui de Bercy, Stéphane Richard) qui sera chargé de piloter la fusion entre Suez et GDF.

Au moment où Nicolas Sarkozy va prendre ses marques à l'Élysée, et après avoir massivement investi dans Suez,

1. Association professionnelle des magistrats, marquée à droite.
2. « Un proche de Sarkozy inculpé », *Le Journal du dimanche*, 19 mai 2007.

Albert Frère et Paul Desmarais sont déjà milliardaires, mais ils naviguent encore assez loin du peloton de tête de la liste de *Forbes*. Albert cachetonne alors à 3 milliards. Paul au double. « Le montant de sa fameuse galette s'établit à près de 3 milliards d'euros en propre, et autour de 20 milliards avec les Desmarais – dans une proportion impossible à établir –, dont près du tiers investi chez Total (presque 6 milliards), presque autant chez Suez (plus de 4,5 milliards), puis Lafarge (3 milliards), Imerys (2,3 milliards), Arkema (plus de 100 millions), le groupe Flo (quelques dizaines de millions) et depuis peu Pernod Ricard (1 milliard). La première fortune de Belgique n'est plus seulement une curiosité dotée d'un fort accent wallon et d'un visage rubicond, c'est un acteur majeur du capitalisme français », révèle un article du *Monde*[1].

Paul et Albert sont très riches, ont de quoi rouler en Falcon et en limousine plaquée diamant, de quoi naviguer sur des yachts avec parking à Saint-Trop ou Marbella, de quoi faire vivre des générations de petits Frère et de petits Desmarais, mais ils n'ont pas encore vraiment donné toute la mesure de leur capacité à gagner des montagnes de dollars, d'euros. Ils entreraient soudainement dans leur trésorerie et approcheraient le gotha. Peut-être même doubler Warren Buffett… Monter d'un coup de cent places dans le classement *Forbes*. Quand on est septuagénaire, de droite, très riche et libéral, qu'on n'aime pas particulièrement la musique ou la lecture, le cinéma ou la peinture, qu'est-ce qui peut encore exciter ses neurones, sinon gagner des milliards ?

1. Portrait de Frédéric Lemaître et Jean-Pierre Stroobants, « Albert Frère, le roi belge du CAC 40 », 1er mars 2007.

L'Élysée et Matignon ne sont pas les seuls lieux où Frère et Desmarais vont placer des hommes de confiance. Ils savent les rouages des États et les *places to be*. La liste est longue des hommes – énarques, fonctionnaires, politiques – qu'ils ont arrosés ou qu'ils arrosent à Bercy, à l'Assemblée, au Sénat… Partout où des décisions risquent d'être prises en matière d'énergie. L'électricité, le gaz, le pétrole, l'uranium. Leur pactole. Leur promesse de grimper au hit-parade de nos calamités.

Jean-Marie Kuhn va profiter de ces nominations sarkozistes pour poursuivre son pilonnage épistolaire et demander des rendez-vous à l'Élysée et à Matignon. En vain. Alerté, Alain Juppé lui conseille de porter plainte. L'été 2007 sera celui des tractations qui vont aboutir à la fusion GDF-Suez. Albert Frère saura jouer de son influence. Fillon, conseillé par Gosset-Grainville, se déclare favorable à la fusion. Du côté de Bercy et de Christine Lagarde, c'est plus compliqué. La ministre craint de heurter Bruxelles et Neelie Kroes, la commissaire chargée de la concurrence, qui vient de refuser une fusion du même genre au Portugal. Il va falloir faire preuve de doigté.

François Fillon et le nouveau ministre des Affaires européennes, un certain Jean-Pierre Jouyet, se chargent du lobbying. Un des points d'achoppement concerne la branche environnement de Suez. Pour que la fusion passe, Bruxelles et l'Élysée insistent pour que Suez s'en sépare. Gérard Mestrallet, le P.-D.G. de Suez, finira par accepter.

Le mariage entre Suez et GDF, pas encore officiellement signé, sera annoncé le 3 septembre 2007, à l'hôtel Hilton Arc de Triomphe de Paris, par les P.-D.G. des deux groupes, Gérard Mestrallet pour Suez, Jean-François Cirelli pour GDF. « Ils font penser à un couple qui panse ses plaies après une dispute qui est allée un peu trop loin. Surtout, ne pas risquer de blesser l'autre à nouveau. On se couvre d'attentions, de formules de politesse. "Si tu es d'accord, Jean-François", "Merci, Gérard"... Tout cela ne sonne pas très juste, mais, après tout, qu'importe », écrit Étienne Gernelle dans un long papier au cœur de la « machine Sarkozy[1] ». « Jean-François Cirelli et Gérard Mestrallet jouent aux jeunes mariés devant les caméras. Gaz de France et Suez vont finalement fusionner. Épilogue inattendu d'un long parcours d'obstacles de dix-huit mois. Les réconciliés se congratulent, mais l'un des deux plastronne plus que l'autre. Alors que Mestrallet répond d'un air sérieux aux questions financières, Cirelli cherche des regards dans la foule, et distribue clins d'œil et sourires. Mestrallet, lui, a plus souffert, laissant s'éloigner sa branche environnement. Il médite sans doute les leçons de ces trois derniers mois. Celle-ci, en particulier, soufflée par un des protagonistes de l'affaire : "À la fin, c'est toujours le roi qui gagne." »

Le roi, en l'occurrence, c'est Nicolas Sarkozy. Et son conseiller le plus influent, un vieux Belge prénommé Albert, ex-champion du hamburger : « Durant cette période, deux ombres planent sur les négociations. La première se nomme Michel Pébereau. Le président du conseil d'administration de BNP Paribas (et banque historique d'Albert Frère) joue les *go-between*, fidèle à sa réputation de parrain des affaires. Et puis, surtout, il y a Albert Frère. Il est le mieux placé pour raisonner Mestrallet. Nicolas Sarkozy l'a rencontré en personne à l'Élysée pour parler du sujet[2]... »

1. *Le Point*, 6 septembre 2013.
2. Étienne Gernelle, *op. cit.*

Pour parachever ce joli travail, l'État choisit le cabinet d'avocats d'Albert Frère, Gide Loyrette Nouel, pour rédiger et superviser la fusion. Le cabinet embauche – sans doute un hasard de calendrier – un nouvel avocat pour un salaire de 20 000 euros par mois. Ce dernier est député UMP et ancien ministre du Budget. Jean-François Copé est une recrue de choix, au carnet d'adresses imposant. Comme porte-parole du gouvernement Chirac, il s'est toujours déclaré favorable à la fusion entre GDF et Suez, la jugeant « pertinente », et insistant pour que GDF se « soumette » aux décisions du gouvernement.

Autre soutien naturel d'Albert Frère et de la fusion : le président du groupe UMP au Sénat, Gérard Longuet. Ce dernier a été rémunéré pendant quinze mois par Suez pour une mission de « consultation sur le déploiement du nucléaire en France et à l'international », alors qu'il officiera jusqu'en 2010 au Sénat dans un groupe chargé de réfléchir à la libéralisation de l'énergie[1].

Le 5 décembre 2007, Jean-Marie Kuhn décroche un rendez-vous avec une magistrate chargée des affaires juridiques au cabinet de Christine Lagarde, alors ministre de l'Économie et des Finances. Cette dernière lui conseille

1. Gérard Longuet a admis cette mission mais assure qu'il n'a pas participé au vote et aux discussions sénatoriales. Selon *Le Monde* (article du 29 juillet 2010) et divers autres titres, dont *Mediapart* qui a révélé ce qui ressemble à un conflit d'intérêts, le sénateur est intervenu à plusieurs reprises en 2006, lors du débat sur l'énergie, et a manifesté son approbation à l'ouverture du capital de GDF et sa fusion avec Suez. Il a même signé une tribune à ce propos dans *Le Figaro* (qui n'est plus accessible sur le site du journal). Dans son article, la journaliste de *Mediapart*, Martine Orange, explique que le sénateur aurait perçu 450 000 euros de Suez *via* sa société de conseil Sokrates, qui n'avait pas « déposé ses comptes depuis 2009 ». Suez a admis la transaction, mais n'a pas confirmé le montant. (Sources : *Mediapart*, 28 juillet 2010, et *Finissons-en*, collectif, Don Quichote, 2012.)

de déposer une plainte argumentée auprès du parquet de Paris. Kuhn y évoque pour la première fois un « probable pacte de corruption » mêlant la fusion entre Suez et GDF et la vente de Quick aux FCPR de la Caisse des dépôts. Fidèle à sa stratégie du sulfatage tous azimuts, il commence par transmettre son projet de plainte à Bercy, à la chancellerie, mais aussi à l'Élysée et à Matignon. Pour avis... Face à l'absence de réaction, sa plainte sera déposée et traitée avec célérité par le parquet de Paris.

Classement sans suite, décrète Jean-Claude Marin, procureur de Paris – réputé proche de Nicolas Sarkozy.

11

LE MARIAGE D'UNE CARPE ET D'UN LAPIN

Le mariage entre la vieille entreprise publique Gaz de France et la multinationale franco-belge Suez, fondée pour permettre à Ferdinand de Lesseps de creuser son canal, fut inespéré, chaotique, improbable et contre-nature. La guerre a fait rage entre 1996, où l'idée d'un rapprochement entre GDF et Suez est née, et 2008, où la fusion a été opérée. Une succession de batailles entre les dirigeants des deux groupes, entre hommes politiques de droite et de gauche, entre concurrents italiens, américains et allemands plus ou moins instrumentalisés, entre syndicalistes, actionnaires et fonctionnaires européens, entre conseillers de l'ombre soufflant le chaud et le froid.

L'un d'eux, Alain Minc, le consultant multicarte, l'ami de Nicolas Sarkozy et d'Albert Frère, a été au cœur des intrigues, passant d'un camp à l'autre. Douze ans de disputes, de coups bas, de trafic d'influence et d'intox, pour arriver miraculeusement à la constitution du plus grand groupe privé de l'énergie en Europe, et du second groupe mondial : GDF Suez, qui deviendra Engie en 2015.

Son chiffre d'affaires approche les 70 milliards d'euros fin 2016, et ses effectifs flirtent avec les 220 000 salariés (dont la moitié est hors de France).

Le groupe Suez, à la tête duquel Gérard Mestrallet était à la manœuvre, a fini par gagner la partie et échapper à la déconfiture. Mestrallet a travaillé avec Jacques Delors, avant d'entrer chez Suez en 1984 et de gravir tous les échelons pour arriver au sommet. C'est un opposant déclaré au financement public de tout ce qui touche aux énergies renouvelables.

En novembre 2002, l'endettement de Suez était à son apogée – 28 milliards d'euros – pour un chiffre d'affaires de 46 milliards. Paul Desmarais et Albert Frère, les deux actionnaires les plus importants du groupe, voulaient vendre leurs parts, mais ils n'y parvenaient pas. Albert Frère, pour la première fois de sa vie de *dealer*, pouvait penser qu'il avait fait une mauvaise affaire en achetant des parts dans Suez... Incapable de les revendre, il allait changer de stratégie et exercer, avec Paul Desmarais, une pression soutenue et tous azimuts pour capter à bon prix le gazier français. Les résistances étaient nombreuses visant à empêcher la privatisation du groupe français. Parmi elles, Jean-François Cirelli, un ancien collaborateur de Jean-Pierre Raffarin, nommé à la tête de GDF en 2004, était favorable à une privatisation, mais pas à ouvrir les vannes et les compteurs à Suez. Il y voyait la perte de son leadership, mais aussi un marché de dupes. Il est devenu le vice-président du groupe.

Dans un livre d'enquête sur la fusion[1], le journaliste du *Soir* Joan Condijts et celle du *Figaro* Feryel Gadhoum[2] racontent que le 25 février 2006, alors que le Premier ministre Dominique de Villepin devait s'envoler vers la Réunion, où l'épidémie de chikungunya faisait des ravages, il a reçu, en urgence, Gérard Mestrallet et Jean-François Cirelli. Une rumeur insistante circulait, selon laquelle le groupe italien Enel était sur le point de réussir un raid sur Suez. Alain Minc, chaud partisan de la fusion, était aux manettes et conseillait les protagonistes du dossier. La rumeur de raid s'avérera infondée, mais Villepin ne s'en doutait pas. Le Premier ministre était alors, selon la presse économique, l'avocat d'une participation croisée entre GDF et Suez. Il était opposé à une fusion. Cirelli et Mestrallet plaidaient ce jour-là pour un autre schéma :

« Il n'y a donc que la fusion, aurait pronostiqué Villepin. C'est un choix difficile. Je dois partir à la Réunion. Nous verrons cela en début de semaine.

– Cela risque d'être trop tard, aurait enchaîné le patron de Suez. Le conseil d'administration d'Enel se réunit demain soir… »

« La crinière argentée se fige un instant. Les yeux gris bleuté fouillent les silhouettes présentes en quête d'une réponse », rapportent les deux journalistes, qui ont obtenu les confidences d'un des protagonistes de cette rencontre. Dominique de Villepin aurait fini par accepter la fusion et demandé à son directeur de cabinet de rendre publique la nouvelle. Cette version de la première annonce officielle de la fusion entre GDF et Suez n'a jamais été remise en

1. *GDF Suez : le dossier secret de la fusion*, Michalon, 2008.
2. Joan Condijts est, depuis, rédacteur en chef au quotidien belge *L'Écho*. Feryel Gadhoum s'occupe de la communication de Veolia.

cause par aucune des personnes présentes ce jour-là à ce rendez-vous.

Une heure plus tard, le Premier ministre improvise sur le perron de Matignon un discours resté célèbre, dans lequel il avoue vivre un « rêve vieux de dix ans » : « Avec cette fusion, nous avons l'ambition de créer un des tout premiers groupes mondiaux de l'énergie, en particulier dans le secteur du gaz : cette entreprise sera en effet le premier acteur mondial du gaz naturel liquéfié, renforçant la vocation industrielle mondiale de notre pays. » Fermez le ban. Albert et Paul ont réussi leur coup, moins de deux mois seulement après leur achat d'actions Suez.

Même si la fusion entre la carpe GDF et le lapin Suez n'est pas encore gravée dans le marbre, elle vient de franchir une étape cruciale. La France, par la prise de position de son Premier ministre, l'a officialisée. Plusieurs mois de tractations, d'intrigues et d'huile à mettre dans les rouages de la machine politique seront encore nécessaires pour faire passer ce mariage entre l'un des fleurons du service public français et une multinationale aux finances plombées. Dans toutes les affaires – celles qui réussissent comme celles qui ratent –, le plus compliqué consiste à rendre l'huile (dans les rouages) la moins visible possible. Nicolas Sarkozy avait juré que jamais il ne privatiserait GDF, puis que jamais l'État ne descendrait sous les 70 %. Pourquoi va-t-il changer d'avis ? Quel rôle ont joué Albert Frère et Paul Desmarais ? Pourquoi Alain Minc, Gérard Longuet ou Jean-François Copé vont-ils être aussi déterminés et persuasifs en coulisse, du Sénat à l'Assemblée, pour faire passer la pilule auprès des députés et des sénateurs ? Pourquoi le Parti socialiste, après avoir été si virulent pour lutter contre la fusion avec le dépôt de 155 000 amendements à l'Assemblée nationale – un record –, est-il devenu si mou sur cette question et celle du prix du gaz depuis que François Hollande est à l'Élysée ?

De nombreux abonnés du gaz sont menacés par huissiers quand ils ont des retards de paiement. Ce n'était pas le cas quand la fourniture de gaz était un service public. Malgré les réglementations, en dix ans, depuis la prise en main par Suez, le prix du gaz s'est envolé pour les ménages. Entre 80 et 110 % d'augmentation, selon les méthodes de calcul et les sources. Le service recouvrement d'Engie[1] est probablement l'un des plus agressifs du paysage. Nos deux journalistes l'ont expérimenté. S'ils sont motivés dans leur enquête, ils le doivent en partie aux hôtesses et aux robots téléphoniques du groupe gazier, qui leur téléphonent à chaque retard, même de quelques jours, pour menacer de pénalités, puis de saisies…

Les dirigeants d'Engie et les politiques (français et européens) ont réussi le tour de force, quelques mois après la fusion, d'indexer le prix du gaz sur celui du pétrole. Alors que les deux sources d'énergie n'ont rien de commun. On trouve du gaz partout. On trouve de moins en moins de pétrole. Une des bonnes raisons de cette indexation, c'est d'enrichir les actionnaires de Suez, dont ses deux principaux : Albert Frère et Paul Desmarais. Et leur P.-D.G., Gérard Mestrallet, l'ancien patron de Suez, celui qui, après Albert et Paul, a le plus voulu cette fusion. Comment et pourquoi trois présidents de la République, et une bonne frange de l'UMP et du PS, ont-ils fini par vendre ce qui faisait partie de notre patrimoine à ces milliardaires ? Pourquoi avoir bradé le chauffage, cette chaleur pour tous ?

1. Le nouveau nom de GDF Suez.

L'argent laisse des traces, des contrats, des accords cachés, des alliances déshonorantes, des liens familiaux ou amicaux qu'on ne décelait pas, des virements bancaires, des fonds communs de placement à risque... Même les coffres les plus blindés – et celui de la Caisse est un modèle du genre – peuvent laisser échapper des secrets. Il suffit qu'un homme ou une femme se mette à parler. Il suffit d'une fuite, d'un début d'explication, pour que les pièces du puzzle s'emboîtent miraculeusement. Et que l'on mesure l'ampleur du désastre.

Même si Gérard Mestrallet et Alain Minc, le premier conseil d'Albert Frère, s'activaient en coulisse, même si ce dernier réclamait aussi cette fusion qu'il préparait méticuleusement, rien n'était bouclé en ce début d'année 2007. Les syndicats de GDF veillaient au grain. Ils avaient déposé une plainte pointant l'illégitimité du conseil d'administration ayant voté le rapprochement avec Suez. Après l'annonce du mariage précipité en février 2006 par Dominique de Villepin, la commission de Bruxelles multipliera les auditions et les tracasseries. La cour d'appel de Paris jugera recevable la plainte des syndicats. Et le Conseil constitutionnel d'en rajouter une couche, rappelant que, si la fusion devait avoir lieu, elle ne pourrait pas se faire avant que GDF ne perde l'exclusivité de la fourniture en gaz des ménages. Soit pas avant juillet 2007.

Quand ils investissent 800 millions d'euros pour monter dans le capital de Suez, Frère et Desmarais connaissent cette situation. Ils n'avaient pourtant pas l'air de douter de l'issue de ce bras de fer. Pour Suez, la décision d'ajournement du Conseil constitutionnel est une bonne nouvelle. Mestrallet et ses actionnaires craignaient un veto de la part des Sages, ou une impossibilité de rompre le contrat d'exclusivité de GDF, qui aurait fait monter les enchères.

Fin janvier 2007, il restait quatre mois de présidence pour Jacques Chirac, qui finissait son mandat sur les rotules, sans marge de manœuvre, sinon quelques nominations négociées âprement avec Nicolas Sarkozy. Dont celle du leadership à la Caisse, qui prendra plus de temps que prévu tant l'institution, clé de voûte et d'influence de l'État, est sujette à pressions. Chirac est obligé de composer avec son ennemi intime, qui a le vent en poupe. Dominique de Villepin, le Premier ministre, empêtré dans l'affaire Clearstream, a perdu son bras de fer. Nicolas Sarkozy, sur le point de quitter le ministère de l'Intérieur, a su rassembler l'UMP et préparer sa triomphale conquête de l'Élysée. Au PS, rares sont ceux qui croient encore aux chances de Ségolène Royal. François Hollande est l'animateur en coulisse d'une campagne vouée à l'échec.

Frère et Desmarais sont des capitalistes. Ils capitalisent donc, et investissent dans des sociétés et des hommes. Certains sont leurs amis. En tout cas, les deux *tycoons* communiquent largement sur leur amitié à l'égard de Nicolas Sarkozy, qui le leur rend bien.

Albert Frère a rencontré le favori des sondages à la présidentielle de 2007 vingt ans plus tôt, quand le jeune Nicolas était maire de Neuilly. Les deux hommes ne se sont plus quittés. Le baron voit dans le fougueux élu parisien de la graine de futur champion, un as de la modernité en politique, une « chance incroyable pour la France et pour l'Europe », dit-il. Pour le candidat à l'Élysée, Albert Frère et Paul Desmarais sont d'indéfectibles soutiens, des pourvoyeurs d'idées, des entremetteurs, et, sans doute, des figures paternelles. Lors de sa traversée du désert de 1995, après la défaite de Balladur contre Chirac, Nicolas Sarkozy a souvent raconté que Paul Desmarais – en l'invitant dans son immense domaine québécois – avait su lui remonter le moral et lui faire croire, lors de longues balades au milieu des séquoias, en son destin de présidentiable.

Nicolas Sarkozy et Paul Desmarais se sont connus grâce Albert Frère. « On m'a présenté cet homme politique encore tout jeune, et j'ai trouvé en lui une énergie formidable, et une force de conviction telle que je me suis dit : c'est quelqu'un qui serait bien pour la France », a expliqué le patron canadien dans un entretien à *La Presse*[1], un journal de son groupe. Les trois hommes se voient et se téléphonent régulièrement, déjeunent, échangent.

Nicolas Sarkozy a fait valoir au début du quinquennat de Jacques Chirac, chaque fois qu'on lui posait la question, qu'il était opposé à toute fusion entre Suez et GDF. Il a lâché du lest en 2004, alors qu'il était ministre de l'Économie de Raffarin, faisant voter une loi visant à une privatisation partielle de GDF, mais avec pas moins de 70 % de participation pour l'État. Il est resté deux années sur cette ligne, avant de changer d'avis en août 2006, et d'appeler la fusion de ses vœux. Comment s'étonner, malgré des déclarations rassurantes pour les syndicats, de ce revirement ? Nicolas Sarkozy a indiqué qu'il avait « réfléchi » et qu'à la demande de Jacques Chirac il était maintenant « favorable à la création d'un grand pôle énergétique français ». Ce serait bien la première fois que Nicolas Sarkozy, alors leader incontesté de l'UMP, aurait concédé une faveur à un Chirac vieillissant et sans pouvoir, surtout sur un terrain aussi miné...

À l'époque, les rapports entre Chirac et Sarkozy sont exécrables. Le 14 juillet 2004, en pleine affaire Clearstream,

1. *La Presse*, le 10 octobre 2013.

alors que Chirac et Villepin pensent tenir Sarkozy grâce aux listings truqués, le président Chirac lâche: «Je commande, il exécute.» Sarkozy assurera plus tard, en 2006, qu'il souhaitait rester le plus longtemps possible au ministère de l'Intérieur pour éviter les coups bas montés par les chiraquiens. Si Nicolas Sarkozy, en campagne électorale, a pris le risque de dire qu'il fusionnerait GDF et Suez, ce n'était assurément pas pour plaire à Jacques Chirac. C'est le contraire qui aurait dû se passer. Pour que Nicolas Sarkozy change d'avis, on peut penser qu'une autre raison et un autre intérêt ont dû dicter sa conduite.

À gauche, depuis sa victoire écrasante aux primaires socialistes, Ségolène Royal tient la corde. Elle reste opposée à toute idée de fusion, même si, au PS, les avis divergent sur la méthode. Laurent Fabius est favorable à une fusion, mais en nationalisant Suez. François Hollande refuse toute idée de rapprochement entre les deux entreprises, qui léserait forcément le service public. Jean-Marc Ayrault, alors président du groupe socialiste à l'Assemblée, prône, lui, un arrêt des hostilités à l'Assemblée nationale, où le ton monte entre les pour et les contre. À l'UMP, de nombreux députés de droite ne trouvent pas judicieuse cette idée de marier GDF avec Suez. Pierre Lellouche est l'un des plus virulents opposants à cette fusion. «Pourquoi GDF divorcerait d'EDF, si c'est pour nous expliquer qu'il y a une urgence à s'allier avec un autre électricien? Il y a là une logique qui m'échappe», plaide avec justesse le très libéral député parisien.

Chacune des parties use et abuse de la presse pour faire passer des messages. Les deux journalistes collectionnent les citations et se demandent ce qui pousse les élus à œuvrer dans un sens ou dans un autre. Le débat n'est pas seulement animé par l'idéologie ou le pragmatisme politique.

En janvier 2007, Albert Frère et Paul Desmarais, alors devenus les plus gros actionnaires non institutionnels de Suez, n'étaient pas encore assurés de gagner la manche. Ils imaginaient sans doute qu'une fois l'élection présidentielle passée ce serait plus facile. Les *papys brothers* de la finance ont du flair, des moyens illimités, des appuis, des idées, des budgets et des projets d'investissement au long cours. Ils ont misé, depuis longtemps, sur le bon cheval.

Peu de temps après l'élection de Sarkozy, quand GDF et Suez fusionneront, le prix des actions de Suez sera multiplié par dix. C'est un peu comme jouer au Loto ou aux jeux à gratter. Vous misez 1 euro, vous en gagnez 10. Sauf que les très riches ne s'embarrassent pas de carte à gratter... Ils sont dans un autre espace-temps. Et ils s'arrangent très bien entre eux. La part de l'État dans le nouveau groupe est rapidement tombée à 36 %. Mais bizarrement, comme le remarquent Monique Pinçon-Charlot et Michel Pinçon[1] l'État n'a qu'un seul représentant au « comité des rémunérations », le sacro-saint lieu où se répartissent salaires, jetons de présence et richesses. Et les salariés, aucun. Ce qui permet aux dividendes d'enfler aussi vite que le salaire du P.-D.G. Gérard Mestrallet, qui touchait quand même 257 414 euros par mois en 2012...

Frère et Desmarais avaient racheté 1 798 actions avec le produit de la vente des actions Quick et Eiffage. En six mois, leurs actions vont valoir 5 milliards. De quoi grimper encore et encore dans le classement de *Forbes*.

1. *La Violence des riches*, La Découverte, 2013.

12

LES RÉPONSES DE LA JUSTICE BELGE

Pour démontrer la justesse de sa thèse, Jean-Marie Kuhn n'a pas ménagé sa peine, même si, dans sa volonté de faire éclater sa vérité, il a manqué de tact. Il s'est agité en tous sens, arrosant de mails, de fax et de lettres tous les hommes politiques susceptibles de s'intéresser de près ou de loin à cette affaire. Il s'est directement adressé à Dominique de Villepin dès le début de l'année 2007, quelques mois après la conclusion du deal. Il comptait sur l'animosité du Premier ministre, empêtré dans la deuxième affaire Clearstream, pour faire éclater une affaire impliquant Nicolas Sarkozy. Selon lui, Villepin aurait saisi la chancellerie. Mais le *timing* est mauvais : entre-temps, Sarkozy est élu, et la tentative échoue.

Kuhn s'obstine et contacte le Premier ministre de l'époque, François Fillon. Celui-ci, sensible à ses arguments, lui aurait proposé un rendez-vous avec Antoine

Gosset-Grainville, son directeur adjoint de cabinet. Faut-il le rappeler ? Antoine Gosset-Grainville est cet ancien membre du cabinet d'avocats Gide Loyrette Nouel, conseil régulier d'Albert Frère. Il est aussi le futur directeur par intérim de la Caisse. La conversation promettait d'être intéressante. Elle n'aura jamais lieu. L'Élysée, selon Kuhn, s'y serait opposé.

L'entrepreneur frustré gesticule, envoie pas moins de quatre-vingts mails et une dizaine de courriers aux hommes et femmes susceptibles de faire avancer sa cause dans le monde politique. En vain. Seul Alain Juppé lui aurait conseillé de porter l'affaire en justice.

C'est auprès d'un collaborateur de Christine Lagarde, ministre de l'Économie et des Finances, que Kuhn trouve l'oreille la plus attentive. Le dossier est pris en charge dès août 2007 par Philippe Logak, un conseiller de la ministre. Après avoir échangé des dizaines de mails avec l'épuisant lanceur d'alerte, celui-ci l'aurait orienté vers Nicole Planchon, sous-directrice aux affaires juridiques du ministère. L'ancienne magistrate l'aurait reçu le 5 décembre et lui aurait conseillé de porter plainte contre X. Le « haut niveau d'implication politique ne permettant pas au MINEFI[1] de le faire lui-même ».

Entre-temps, deux enquêtes auraient été lancées au niveau du ministère : l'une par la direction juridique, l'autre par la direction financière. D'après Kuhn, la Cour des comptes se serait également penchée sur la question... Malheureusement, les rapports de ces trois institutions demeurent inaccessibles. Le fait qu'ils demeurent, encore à ce jour, introuvables ne signifie pas que ces enquêtes n'existent pas ou qu'elles n'ont abouti à rien.

1. Diminutif de ministre des Finances.

À peine sorti du bureau de Nicole Planchon, Kuhn porte l'affaire en justice et dépose plainte au parquet de Paris. Le 24 décembre 2007, il saisit le procureur de la République Jean-Claude Marin. Dans une plainte de plus de dix pages « à l'encontre de X et du groupe Albert Frère », il dénonce un « acte de corruption » impliquant la Caisse des dépôts, le milliardaire belge et l'administration française, coupable, selon lui, d'avoir autorisé l'opération Quick. La réponse du procureur arrive juste après les fêtes de fin d'année, elle est sans appel : « J'ai l'honneur de vous faire connaître que la procédure visée en référence a fait l'objet d'un classement sans suite. En effet, l'examen de cette procédure n'a pas permis de caractériser suffisamment l'infraction. » La justice française n'ira pas plus loin. En France, il n'y aura pas d'affaire Albert Frère. D'après le magistrat, Kuhn n'étant pas vraiment lésé par l'affaire Quick dans la revente à la CDC, le préjudice n'est pas établi.

On aurait pu imaginer une enquête préliminaire pour vérifier pourquoi la Caisse avait à l'évidence surpayé une usine à hamburgers... Rien ne s'est passé. En deux semaines, le dossier était clos. Bouclé.

Il en faut plus pour stopper la fougue d'un homme en colère. Conseillé par son avocat Yves Kevers, Kuhn décide de porter l'affaire en justice dans le pays d'origine du milliardaire. Là où il a créé son siège social principal et où il a son lieu d'habitation : Gerpinnes. Le 24 juillet 2009, il porte plainte au tribunal de Charleroi, la ville natale d'Albert Frère, en qualité d'actionnaire de plusieurs sociétés concernées par l'affaire. Même scénario qu'en France, sauf que les acteurs ne sont pas les mêmes. Les faits qu'il invoque tournent principalement autour du prix d'achat de Quick. Les faits sont têtus, et l'équation ne tient pas : comment une boîte qui ne valait que 300 millions d'euros en 2004 peut-elle être vendue 760 millions d'euros en 2006 ? Kuhn le martèle : les chiffres ont été trafiqués. « La présentation des résultats a été modifiée, sans que cette modification soit expliquée, avec pour résultat d'augmenter sensiblement le montant du chiffre d'affaires », s'évertue-t-il à expliquer dans sa plainte. L'argument, qui avait fait « pschitt » en France, fait mouche en Belgique.

Le parquet de Charleroi est tenu par des magistrats coriaces, épaulés par un groupe nouvellement constitué de policiers anti-corruption. France Baeckeland, la juge d'instruction chargée du dossier, a la réputation d'être bosseuse, discrète et efficace. Arrivée en 2005 à son poste, elle est abonnée aux affaires politico-judiciaires, et tout ce que la circonscription compte de responsables politiques est passé dans son bureau. Concentrée sur les piles de dossiers qui encombrent son bureau et ses armoires, fuyant les médias, elle a inculpé des notables à la chaîne : du bourgmestre à des patrons de clubs sportifs, en passant par des hauts fonctionnaires. Albert Frère ne la fera pas ciller. En décembre, contrairement à ses homologues français, elle décide d'instruire la plainte déposée par l'entrepreneur lorrain pour « faux et usage de faux, faux bilans et usage de faux bilans dans l'établissement des comptes de la SA Quick Restaurants ».

Pour les enquêtes, elle peut s'appuyer sur une équipe d'officiers de police judiciaire (OPJ) de choc. Créé en 2009, ce groupe d'une trentaine de policiers, détaché de l'Office central pour la répression de la corruption (OCRC), basé à Bruxelles, est chargé de faire du « nettoyage », selon l'expression employée par un ancien de la bande, rencontré par notre duo. Très vite, la « cellule de Jumet », comme on l'appelle alors – du nom de l'arrondissement de Charleroi où elle est installée –, fait ce pour quoi elle a été créée : elle nettoie. Dès 2011, le député-bourgmestre Patrick Moriau est inculpé pour corruption passive. Et les enquêtes se suivent, ne laissant aucun répit à la baronnie locale. France Baeckeland enchaîne, instruisant méticuleusement les dossiers. L'ambiance est studieuse au parquet de Charleroi.

Albert Frère, tout enfant du pays et milliardaire qu'il est, n'effraie pas les policiers. La magistrate commence par demander une expertise comptable « pour les comptes de la SA Quick Restaurants pour les années 2004, 2005 et 2006 ». Méticuleusement, les policiers décryptent les bilans comptables de Quick, comparant les comptes annuels consolidés, les bilans, les bénéfices et les ventes à l'enseigne.

Le 13 janvier 2010, un policier, Jacques Ray, rend ses conclusions dans un procès-verbal : « À la lecture des constatations reprises ci-dessus, nous nous posons des questions quant au véritable chiffre d'affaires du groupe Quick, de la SA Quick Restaurants, et de ses diverses entités. » Le flic détaille : « Il se pourrait que les chiffres des franchisés aient été incorporés dans la notion vague de "ventes à l'enseigne". » Et, plus loin dans ses conclusions, il soutient : « En outre, les chiffres mentionnés pour le bilan au 31 décembre 2005 ne semblent pas correspondre aux montants mentionnés de l'exercice précédent. Il en est de même pour les chiffres du bilan consolidé au 31 décembre 2006. »

Bref, une recherche approfondie dans les entrailles comptables de la chaîne de hamburgers accrédite ce que Kuhn serine depuis des mois : les comptes de Quick auraient été maquillés pour justifier le prix d'achat exorbitant proposé à la filiale de la Caisse des dépôts et consignations. Comment, pourquoi, grâce à qui ? L'officier veut des réponses. Et il demande l'éclairage d'un expert pour « asseoir ses constatations ».

De bilan comptable en prospectus financier, de rapport annuel en lecture de mail, il aboutit à une autre conclusion, qu'il rapporte dans un procès-verbal du 8 mars 2010 : les méthodes et conditions de valorisation de Quick sont bien floues. Et, souligne-t-il, « il n'y a pas que lui qui le pense ». Il relève qu'à l'époque la CBFA (Commission bancaire, financière et des assurances), le gendarme belge de la place financière, s'en « étonne » elle aussi. En novembre 2006, lorsque la CBFA reçoit le prospectus qui présente l'OPA que compte réaliser la CDC CI sur Quick, elle estime que les calculs liés à la valorisation ne sont pas suffisamment détaillés. À tel point qu'elle questionne à ce propos le cabinet d'avocats chargé du volet juridique de la transaction, Freshfields, une pointure mondiale dans ce type de transaction. En novembre 2006, elle lui demande des éclaircissements : « Pourriez-vous nous communiquer vos documents de travail concernant la valorisation de Quick ? »

Ce à quoi le cabinet d'avocats répond, avec aplomb : « La discussion sur le prix a fait l'objet d'une négociation avec l'actionnaire de référence, en vue d'obtenir son adhésion sur les conditions de l'offre. Il n'y a pas de document de travail relevant à communiquer dans ce cadre. » Freshfields oppose une fin de non-recevoir à l'autorité de contrôle. En langage courant, cela s'appelle envoyer balader son interlocuteur.

La CBFA, ou du moins le fonctionnaire chargé du dossier, un brin agacé, essaie à nouveau, un mois plus tard : « Le prospectus devrait au moins reprendre un calcul du prix sur base d'une méthode DCF, avec indication des paramètres et hypothèses envisagées. » Sans plus de succès. Laconique, Jacques Ray commente : « Il semble donc, au vu de ce qui précède, que la valorisation de Quick a été faite, sans document de travail, entre l'offrant la Financière Gallop et l'actionnaire de référence GIB. »

À ce stade de l'enquête, il apparaît que la valorisation de Quick a été réalisée avec la plus grande légèreté. Et la plus grande opacité. Non seulement les comptes auraient été « arrangés » pour justifier un prix de vente à 760 millions au lieu de 300, mais, en plus, lorsque l'autorité de contrôle demande *comment* la valorisation de la boîte a été faite, les conseils de la CDC CI estiment ne pas avoir à répondre. Ils expliquent, le plus tranquillement du monde, que le prix a été fixé lors d'une discussion entre GIB et la CDC CI – donc entre Gilles Samyn, le vendeur et bras droit d'Albert Frère, et René Maury, l'acheteur et patron de CDC CI –, sans s'appuyer sur un quelconque document de travail. Et, même si un tel document existait, ils estiment ne pas avoir à le communiquer à l'autorité de contrôle belge.

Fort de ces constats, Jacques Ray conclut : « Les deux points qui précèdent semblent correspondre aux assertions avancées par M. Kuhn. » L'entrepreneur lésé par Albert Frère n'est plus seul à crier dans le désert. Les policiers en charge de l'enquête à la cellule de Jumet rejoignent son analyse. C'est ce qu'ils indiquent au juge et au parquet de Charleroi.

13

LE RAPPORT KROCKAERT

Jacques Ray a levé un bout du voile sur la transaction Quick. Pour continuer le boulot, il demande l'éclairage d'un expert, ce que la juge France Baeckeland lui accorde volontiers.

Raymond Krockaert, président émérite de l'Ordre des experts-comptables et comptables, sommité belge de l'expertise, débarque alors dans le dossier. Il a plus de soixante-dix ans, mais son savoir et ses analyses sont respectés dans les tribunaux belges. Il s'attelle au décryptage du montage Quick, qu'il qualifie de « hautement sophistiqué ». Des opérations de ce type, il en a vu défiler... Mais ce qu'il découvre avec le montage Quick dépasse, selon ses dires, « l'entendement ». Il détaille son analyse dans un rapport de plus de soixante pages qui laisse peu de place au doute quant à la volonté de dissimuler de ceux qui ont monté cette opération. Tout serait hors norme et organisé pour masquer l'opération de départ.

En premier lieu, le prix d'achat. Jean-Marie Kuhn et Jacques Ray, le policier, s'étonnaient qu'il soit passé de moins de 300 millions à 760 millions en deux ans. Raymond Krockaert montre que l'ascension du prix a été encore plus fulgurante. En 2005, Quick SA aurait acheté ses propres actions[1] au prix de 26,10 euros l'unité. Un an plus tard, au moment de la transaction, la CDC CI achète l'action Quick à 37,80 euros : 40 % plus cher… L'expert note qu'« aucun élément de croissance de valeur pour la SA Quick Restaurants n'est intervenu entre ces deux dates ». Non sans ironie, il avance que les actionnaires se seraient peut-être fait avoir en 2005… L'enquêteur et l'expert expliquent que les comptes de Quick auraient été maquillés pour permettre aux actionnaires, au premier rang desquels Albert Frère, de se faire une confortable plus-value.

Jusque-là, on était en terrain connu. Mais Krockaert poursuit le raisonnement et déroule la pelote en passant à la question suivante : comment est-il possible de créer autour de 500 millions d'euros « comme ça, *ex nihilo* » ? Il faut que cette valeur que l'on peut qualifier *a priori* de « fictive » corresponde à quelque chose de réel.

Nous entrons là dans les arcanes du capitalisme financier. L'exemple Quick et le rapport Krokaert deviennent alors emblématiques. Nous ne sommes pas dans un rapport économique aux choses, au savoir-faire d'une équipe, à la qualité d'un produit. Nous sommes dans la spéculation, dans le jeu d'écriture, dans la mainmise des financiers sur les entrepreneurs. Rappelons que, derrière la transaction, un acheteur a cautionné un prêt bancaire

1. Opération courante d'une entreprise cotée qui peut investir dans ses propres titres.

et a payé : il s'agit des fameux FCPR de la CDC CI. René Maury et Olivier Boyadjian, les cadres dirigeants de la CDC CI, vont emprunter, au nom des FCPR, la plus grosse partie de la somme pour réaliser cet achat. L'opération doit donc être rentable, car ils vont devoir rembourser la banque. Problème : comment espérer réaliser une opération fructueuse quand on a surpayé une société entre 400 et 500 millions au-dessus du prix du marché ? Là commence le jeu de piste suivi par Krockaert.

Après avoir décortiqué les comptes, l'expert décrète : « Des éléments que nous avons passés sous revue, il apparaît que Quick n'a pas modifié ses comptes pour "rendre la mariée belle" *avant* la conclusion de l'OPA, mais bien *après* que celle-ci a été clôturée. » Avec cet avis, Krockaert opère une révolution copernicienne dans l'affaire Quick. Il change d'angle de vue. Il ne regarde plus les opérations de camouflage réalisées *avant* l'opération, mais celles réalisées *après* la vente, c'est-à-dire quand les souscripteurs des FCPR, sous couvert de CDC CI, en sont devenus propriétaires. L'expert explique que tout le montage financier de l'opération consisterait à justifier, après coup, la valeur de 760 millions d'euros. Le but est double : justifier le prix déboursé pour acquérir l'enseigne et permettre à l'acheteur de se rembourser.

Et ce n'est pas tout. L'expert estime que ce montage est le fruit d'une entente préalable entre le vendeur et l'acheteur : « Nous estimons que les opérations financières qui ont été enregistrées par le nouvel actionnaire de la SA Quick Restaurants, étant, au 31 décembre 2007, la SA financière Quick[1] détenant 19 499 797 actions sur 19 499 798 actions émises, font vraisemblablement partie

1. Ex-Financière Gallop.

de la stratégie mise au point entre les actionnaires cédants et les acquéreurs de leurs actions. »

En un mot, l'équipe de la CDC CI et Albert Frère auraient mis au point un schéma pour créer du cash pour les vendeurs et pour les acheteurs. Il n'est pas beau, le capitalisme financier ? Tandis que le commun des mortels (et des entrepreneurs) continue à travailler pour gagner un salaire (et des dividendes), les traders d'État de la Caisse inventent la richesse *ex nihilo*.

Krockaert fouille la montagne de documents. « L'astuce était, depuis le début, étalée au grand jour », pense-t-il. L'expert déniche un indice dans le prospectus adressé à la CBFA qui détaille les mécanismes de l'OPA. Parmi les allers et retours entre la CBFA et le cabinet d'avocats Freshfield (mandaté par Quick), il détecte cette pépite : « Une fois l'offre clôturée, l'offrant a l'intention de faire procéder à la cession par Quick de la totalité des actions qu'elle détient dans France Quick SAS… En vue d'une recentralisation des activités de Quick en France. » Traduction : une fois que la vente sera faite, la CDC CI envisage de vendre la filiale française de Quick. Et le produit de cette vente sera versé, tout de suite, aux actionnaires. On peut le lire en toutes lettres dans le prospectus édictant les règles de l'OPA : « Tout ou partie du produit de la cession du pôle français devrait ensuite faire l'objet d'une distribution exceptionnelle de dividendes par Quick à l'ensemble de ses actionnaires. »

Normalement, les actionnaires des FCPR ne sont censés recevoir leurs profits que lorsque l'entreprise est revendue au bout de cinq ans, selon les règles qui prévalent. Jamais quelques mois après la transaction ! « Très curieusement se trouve prévu dans le prospectus d'acquisition que le groupe, après clôture de l'opération, pourra distribuer un dividende de 29,80 euros par action, alors que les dividendes distribués étaient des plus réduits», note l'expert qui sent que quelque chose cloche.

Minutieux, il reprend le montant des dividendes versés depuis 2004: il ne dépasse pas 0,60 euro par action. Là, le montage prévoit de distribuer, tout de suite après la vente, 29,80 euros, c'est-à-dire cinquante-quatre fois plus que ce qui est versé habituellement. Sans se départir de son ironie, Krockaert qualifie l'opération d'«alchimie financière». Décidé à découvrir la formule qui transforme les hamburgers en or, il poursuit son exploration.

Il finit alors par découvrir une nouvelle perle dans le rapport du conseil d'administration de la SA Quick Restaurants daté du 12 septembre 2007, une fois la transaction bouclée. Comme prévu, après que la vente a été signée, la CDC CI a préparé la vente de la branche française, qu'elle fait évaluer. En faisant appel à un expert d'un genre bien particulier...

Krokaert découvre que l'évaluation aurait été réalisée par un expert qui n'est pas identifié (par un ordre ou la justice). De plus, la méthodologie qu'il aurait utilisée pour estimer le prix de la filiale française n'est pas détaillée. Ses calculs aboutissent pourtant à une réévaluation de 395 890 000 euros de la branche française de Quick. Krockaert soulève ainsi qu'un spécialiste indépendant à l'identité inconnue – son nom ne figure dans aucun document, de sorte qu'on est en droit de se poser la question de son existence – et aux calculs obscurs aurait estimé que la branche française valait 400 millions de plus que sa valeur. Avec une ironie très belge, Krokaert ne peut s'empêcher d'ajouter: «Il serait particulièrement intéressant de pouvoir disposer de pareil rapport.»

Mais ses découvertes ne s'arrêtent pas là. En poursuivant ses investigations, l'expert découvre que le produit de cette réévaluation aurait été directement injecté dans les capitaux propres de Quick, qui gonflent de 400 millions. Grâce à cette astuce, l'affaire est dans le sac : la valeur de Quick passe de 300 à 700 millions en un coup de réévaluation magique ! La CDC CI aurait ainsi réalisé son tour de bonneteau : grâce à l'évaluation par un expert non identifié, elle aurait justifié, après coup, le prix déboursé pour Quick. Il ne lui reste plus, à présent, qu'à trouver un moyen de se rembourser.

Nos deux journalistes font un rapide calcul. L'équipe de la CDC CI rachète Quick 760 millions d'euros, soit autour de 500 millions au-dessus de sa valeur supposée. Fin 2006, elle va contracter un emprunt à court terme de 760 millions d'euros auprès d'ING (qui a racheté la Banque Bruxelles Lambert, qui appartenait auparavant à Albert Frère) pour financer l'opération. Comment va-t-elle rembourser la banque alors qu'elle affiche une perte potentielle de 500 millions, écart entre la valeur réelle de l'entreprise et le prix qu'elle l'a réellement payée ?

Krockaert doit gratter encore. Il finira bien par trouver une autre machine à cash dissimulée quelque part dans cet ingénieux montage. Là est le génie du capitalisme financier. Plus c'est gros, mieux ça passe. Et ça se cache. La boulette, selon l'expert belge, apparaîtrait dans le rapport du conseil d'administration sur les comptes consolidés de 2007 de Quick. Cette fois, il s'agit de la vente d'immeubles appartenant à Quick. (Rappelons que l'enseigne possède des biens immobiliers qu'elle loue à ses franchisés contre le versement d'un loyer.) Le montage prévoit la cession de 99 bâtiments. Krockaert estime que cette vente a permis de rapporter près de 250 millions à la CDC CI pour rembourser sa dette.

L'expert repère deux nouvelles manœuvres qui achèvent de remplir le porte-monnaie des nouveaux actionnaires. Dès février 2007, comme nous l'avons vu, Quick est radié de la cote Euronext. La société est retirée du marché boursier. Cette opération permet de réaliser une économie immédiate de plus de 40 millions d'euros à la nouvelle équipe (puisque l'enseigne n'a plus à payer les frais d'une cotation en Bourse). Enfin, celle-ci, de manière totalement inédite et dérogatoire, décide de faire porter les frais de l'OPA à Quick, alors que c'est la CDC CI qui aurait dû payer la note. Le rapport Krokaert s'achève sur une addition bringuebalante qui permet, sans braquer aucune banque ni *a priori* enfreindre la loi, de fabriquer un peu plus de 300 millions d'euros de valeur... Il en manque un peu pour arriver à la somme totale, mais les deux journalistes se disent qu'on n'est plus à 100 millions près. Et qu'en cherchant, ils finiront par trouver et comprendre.

Si le lecteur, à ce point du raisonnement, trouve l'histoire nébuleuse, les auteurs ne peuvent que convenir que tout n'est pas encore très clair. Y compris pour eux. Et qu'il leur faut encore gratter. La journaliste envoie le 20 décembre 2017 un SMS à son partenaire: « Ce rapport, c'est une drogue dure. Plus je me plonge dans les détails, plus j'ai envie d'y retourner. J'ai l'impression que la clé du deal est là, ça me rend dingue. » Il tape: « Personne ne nous a demandé de faire un truc pareil. Je ne sais plus trop où on va... » Elle répond: « C'est plus fort que moi. »

À ce stade de leurs recherches, ils ont quand même compris deux ou trois choses. La première est que la CDC CI et GIB – donc Albert Frère – ont probablement scellé un pacte pour augmenter le prix de Quick. La deuxième, c'est que, lors de la vente de Quick, GIB a encaissé une plus-value hors norme. Et la troisième, c'est que la CDC CI aurait camouflé l'opération après coup. N'empêche, beaucoup de questions trottent encore dans leurs têtes. Comment la Caisse peut-elle s'engager sans garantie dans une pareille affaire ? Pourquoi concocter un tel montage ? Qui est impliqué ? Quel est l'intérêt des protagonistes ?

En septembre 2010, un an après le lancement de l'instruction belge, Jean-Marie Kuhn voit quelques-unes de ses hypothèses confirmées. Le policier Jacques Ray d'abord, Raymond Krockaert à sa suite ont en partie démonté les rouages d'une mécanique huilée qui aurait été mise au point entre les actionnaires de Quick et l'équipe de la CDC CI. Qui sont les heureux bénéficiaires de la culbute réalisée après la vente ? France Baeckeland estime en savoir assez pour lancer une commission rogatoire en France, ce qu'elle entreprend en janvier 2011. Le but : récupérer un maximum d'éléments auprès de la Caisse pour identifier ceux qui ont empoché les dividendes. Ceux qui se cachent dans les FCPR. Sont-ils des hommes politiques, des hommes d'affaires, des intermédiaires, des hommes de main, des seconds couteaux, des banques, des salariés de la Caisse ?

Jean-Marie Kuhn ne tarde pas à confier une liste à la magistrate, curieux patchwork de VIP de la politique, des affaires, et des anonymes tâcherons ayant participé au montage. Aux auteurs, il explique que cette liste lui a été fournie par un cadre de la Caisse souhaitant « faire exploser le scandale ». Il ajoute que cette liste – comme d'autres documents sensibles, essentiellement des investissements troubles de la Caisse – est enfermée dans un

« coffre-fort électronique » auquel seuls quelques dirigeants importants ont accès. L'un d'eux serait donc, d'après lui, son informateur. Et il ne pourrait livrer le document sous peine d'être démasqué. Son intrusion dans le coffre ayant fatalement été repérée par les autres... Si la justice française répond positivement à la commission rogatoire belge, la magistrate pourrait percer le mystère. Jean-Marie Kuhn se prend à rêver et à imaginer les journalistes louer enfin ses qualités de lanceur d'alerte. Mais des vents contraires vont souffler très fort.

En juillet 2011, les policiers de la « cellule de Jumet », à l'origine de l'enquête et des découvertes mettant en cause le montage financier de Quick, sont pris dans une tourmente. Depuis deux ans, on les a laissés faire le ménage dans les rangs des partis au pouvoir en Belgique. En cet été 2011, leurs cibles montent d'un cran dans l'échelle de la mondanité et des affaires politico-mafieuses. Ils s'attaquent à des figures du business et de la politique. Leurs ennuis commencent à cette période. La police fédérale, dont ils dépendent à Bruxelles, décide de suspendre le remboursement de leurs frais de déplacement et de repas. Motif invoqué : ces officiers d'élite auraient, pendant des années, rempli le mauvais formulaire pour leurs notes de frais. Le F007 au lieu du F021.

L'affaire va prendre une tournure inquiétante sous l'impulsion du directeur général par intérim de la police judiciaire au niveau fédéral : un haut fonctionnaire proche du PS wallon, dont les membres les plus en vue sont visés par les enquêtes policières. Ce dernier lance une procédure « préalable » qui peut déboucher sur des infractions disciplinaires. L'équipe de Jumet est dans le viseur. Les policiers sont entendus dans le cadre de l'enquête et doivent justifier *a posteriori* de remboursements de frais de restaurant, d'hôtel, de taxi ou d'avion. Des rumeurs, des articles de presse, du stress... Ils seront finalement innocentés[1], mais l'affaire sonnera le glas des investigations de la cellule de Jumet.

À la fin de l'année 2012, le cœur n'y est plus. L'ancienne *dream team* est démotivée, certains hommes dépriment, d'autres frisent le *burn-out*. Le baron de Charleroi et les édiles politiques peuvent dormir tranquille. Les policiers ne vont plus faire de zèle.

Autre mauvais signe pour la justice belge, le parquet de Paris ne répond pas à ses demandes concernant la Caisse. Dans la foulée, Christian De Valkeneer (le procureur) et France Baeckeland (la juge) quittent Charleroi pour une mutation à Liège. Ils laissent derrière eux les bouillants dossiers carolos et, en particulier, celui d'Albert Frère. De l'avis de tous, la juge laisse un vide au parquet de Charleroi. Est-ce que sa nomination à Liège a un lien avec l'instruction du dossier Frère ? Jointe par notre duo, la magistrate se refuse à commenter. « Je n'ai plus la mémoire de ces faits, je suis désolée. » Tout juste leur confie-t-elle que sa mutation « était dans l'ordre des choses ».

Jean-Marie Kuhn n'est qu'au début de ses déconvenues. Au mois d'avril, Sylviane Pichuèque est la nouvelle juge d'instruction chargée du dossier d'Albert Frère. Il n'avancera plus. Quelques mois après son arrivée, Kuhn demande des « devoirs complémentaires », c'est-à-dire une enquête supplémentaire pour connaître l'identité des actionnaires qui ont touché les faramineux dividendes. Après tout, Jacques Ray a accrédité sa thèse, Raymond Krockaert est

1. Par une décision judiciaire de juin 2013.

même allé plus loin en décryptant un montage financier, et France Baeckeland a lancé une commission rogatoire en France. Kuhn demande que la justice belge obtienne l'identité des personnes qui ont touché les « dividendes extraordinaires ». La réponse de Sylviane Pichuèque est claire : la commission rogatoire lancée en France n'ayant rien donné, il lui apparaît « prématuré » de faire de nouvelles investigations.

Mais ce n'est pas tout. En juin, JMK est entendu par un officier de la police judiciaire, nouveau venu sur le dossier. L'audition a pour but de s'assurer des préjudices qu'il a subis. Il a déjà répondu à cette question trois ans plus tôt, en octobre 2009, au début de ses démarches en Belgique. Il avait alors versé des pièces aux policiers. À la suite de leur analyse, la conclusion donnée par France Baeckeland et Christian De Valkeneer avait été que sa demande était recevable. Pourquoi tout reprendre à zéro ?

Kuhn adresse un courrier incendiaire au policier, avec copie à Pichuèque. « Ce retour en arrière me fait craindre que des pressions ou des manœuvres aient été exercées sur l'enquête », écrit-il le 8 juin 2012. Ces allusions ne sont pas du goût de la magistrate, qui, piquée, répond par fax à JMK : « J'attire votre attention sur le fait que j'apprécie la pertinence des devoirs de l'enquête, *en toute indépendance* sans subir aucune pression ou influence, de qui que ce soit. » La discussion est momentanément close.

Dans les mois qui suivent, l'instruction suit un cours incertain… En novembre, un nouveau policier apporte sa pierre à l'édifice. Selon lui, le montage visant au rachat de Quick « a pour but d'échapper à l'impôt ». Il préconise, lui aussi, la recherche de tous les documents relatifs aux revalorisations et autres cessions comprises dans l'opération financière. L'enquête emprunte un nouveau chemin, celui de la fraude fiscale… Sylviane Pichuèque demande au substitut du procureur du roi d'étendre la saisine aux chefs de fraude fiscale. Mais, sourd aux efforts de la magistrate, le parquet refuse l'étendue de la saisine. L'enquête s'enlise.

Début décembre 2012, Kuhn décide de bousculer cette torpeur et tente d'obtenir les devoirs complémentaires auprès de la cour d'appel de Mons. Une lueur d'espoir pointe enfin au bout du tunnel : Catherine Badot, le procureur général, estime l'appel recevable. Selon elle, « il convient de vérifier que l'apparence donnée au montage financier correspond à une réelle volonté des parties, ce qui implique l'audition et l'identification des parties intervenantes dans ce montage financier, et notamment l'identification des réels investisseurs ». Visiblement, Catherine Badot a décidé de lever les masques.

Kuhn saisit la balle au bond et formule, *via* son avocat, en novembre 2013, une nouvelle demande de devoirs complémentaires, qu'il adresse, une seconde fois, à Sylviane Pichuèque. Malgré l'appui affiché par la cour d'appel, la juge ne varie pas d'un pouce sa stratégie et oppose un nouveau refus. Le coup de grâce sera rendu quelques mois plus tard. Cette fois, Kafka est de la partie. Le procureur du roi, Marc Depasse, conteste la qualité de l'entrepreneur lorrain à porter plainte, au motif qu'il n'aurait acquis qu'en 2009 les actions Quick dont il se prévaut pour avoir la qualité de plaignant, c'est-à-dire deux ans après les faits qu'il dénonce. La demande de Kuhn est jugée « irrecevable ». La cour d'appel de Mons ne peut plus rien pour lui.

Par quelle magie procédurale une demande jugée recevable devient-elle irrecevable quatre ans plus tard ? Comment se fait-il que le parquet se renie lui-même sur ce point ? Kuhn a beau avoir rencontré tous ces journalistes de France et de Belgique, écrit des lettres à tous les hommes politiques qu'il estimait concernés, avoir harcelé avocats et magistrats, la justice belge le déboute.

Le dossier Quick-Frère est transmis à l'Inspection spéciale des impôts (ISI), l'administration fiscale belge. Elle arrivera à la conclusion « qu'aucun indice ne permet de conclure à une fraude fiscale ». Le rideau tombe sur la scène où Kuhn se voyait en héros. La morale des sagas capitalistes est souvent la même : à la fin, c'est le milliardaire qui gagne. Et la justice qui regarde ailleurs.

14

SE PAYER SUR LA BÊTE

Le 22 janvier 2017, à 8h34, elle lui écrit : « Frère et Desmarais. Leur convoitise n'a aucune limite, ils assoient leur roi et visent son coffre-fort. » À 16h22, il lui répond : « Tout a été fait pour brouiller les pistes. Même Kuhn nous embrouille. »

La liste des FCPR permettrait de percer le mystère. Le journaliste s'accroche à cette idée comme une bernique à son rocher, quitte à multiplier les rencontres – souvent pénibles – avec Jean-Marie Kuhn. Pour elle, la clé se trouve dans le montage opaque, qu'elle s'acharne à décortiquer depuis des mois. Chacun persévère dans son idée. Le système à décrypter est si complexe et inatteignable à leur sens (puisque des milliers d'informations restent cachées) qu'ils en sont réduits à formuler des hypothèses et à les tester.

Les pistes creusées par le rapport Krockaert ont permis de comprendre une partie du deal. Mais de nombreuses zones d'ombre restent à explorer. Qui, comment, combien ?

Ces questions tournent en boucle dans leurs cerveaux embrouillés. Jusqu'à ce que la conjonction des planètes leur devienne favorable et mette un fiscaliste belge sur leur chemin… L'homme, à la retraite, a travaillé dans l'administration fiscale sur les opérations offshore. Il leur propose un coup de main. Seule condition de leur nouvel allié : ne pas être cité nommément.

Ils lui envoient des piles de documents achetés sur Infogreffe, principalement les bilans comptables de Quick. Le fiscaliste belge est rapide, efficace et compétent. Moins de vingt-quatre heures après avoir reçu le dossier, il envoie un premier mail : « Aujourd'hui, j'ai parcouru une part significative des documents et effectué quelques recherches. Voici mes premières conclusions. » Leur correspondance, étalée sur plusieurs semaines, va permettre d'aboutir à la construction d'un scénario plausible. Il propose une architecture d'ensemble à la transaction : « Vu le côté particulièrement écœurant de l'opération, je vous conseille le seau près de l'ordinateur. »

La question de départ est toujours la même : comment une société qui ne valait que 300 millions en 2004 peut-elle être vendue 760 millions en 2006 ? D'après le fiscaliste, et comme le pensait également Krockaert, les vendeurs ou les acheteurs ont dû concocter un tour de passe-passe pour que le prix d'acquisition paraisse plausible au marché et, accessoirement, aux autorités de contrôle belges. Il fallait créer de la valeur là où il n'y en avait pas. Il rejoint Krockaert dans l'idée qu'une des clés du deal se niche dans la scission – envisagée – de la branche française. Et dans l'intervention d'un expert externe chargé de surévaluer sa valeur.

Le Belge va plus loin : selon lui, la scission n'a jamais eu lieu et n'a jamais été sérieusement envisagée. « Je suis persuadé que l'annonce de la cession du pôle français était un leurre pour justifier la réévaluation comptable. Elle était destinée à masquer le gonflement artificiel du prix de cession par et pour les actionnaires cédants, et ce au préjudice de la société Quick Restaurants. » Voilà comment le prix d'achat de Quick aurait été fixé et accepté par la filiale financière de la Caisse. Fin du premier acte.

L'argent tombe directement dans les poches des vendeurs, parmi lesquels Albert Frère. Pourquoi les dirigeants de la CDC CI ont-ils accepté un tel deal ? Soit ils sont naïfs et ont pris un risque énorme. Soit ils pensaient se refaire. En avaient-ils discuté avec les vendeurs ? Les banques – qui avaient forcément sorti leurs calculettes – ont-elles joué au tampon ? Quel est leur niveau de complicité ? Tous – Caisse, banques, vendeurs – avaient-ils un plan dès le départ, qui consistait à se rembourser sur le dos de Quick ?

Début du deuxième acte : d'après le fiscaliste, les acheteurs vont « pomper » Quick et se rembourser grâce à tous les actifs disponibles de l'entreprise, selon le bon vieux principe du LBO. Là, la CDC CI et ses conseils ont fait preuve d'ingéniosité.

Leur plan ne viserait qu'un seul objectif : générer du cash rapidement. Première phase, vendre en 2007, juste après l'OPA, les immeubles détenus par Quick. À cette époque, près de 80 % de l'activité de l'entreprise est réalisée par des franchisés, auxquels Quick loue des bâtiments contre le versement d'un loyer. L'équipe de CDC CI décide de vendre 99 biens du parc immobilier au prix fort. D'après les recherches du fiscaliste, ils auraient été vendus 203 % de leur valeur d'achat, pour dégager une plus-value nette de 208 174 174 €.

Plusieurs indices indiquent qu'ils auraient été vendus à un prix largement supérieur à la valeur du marché immobilier. La Foncière des régions, une société anonyme dont l'actionnaire principal est le groupe luxembourgeois Delfin, s'est portée acquéreur. Le Crédit agricole et les assurances du Crédit mutuel sont également des actionnaires minoritaires de ce géant de la promotion immobilière. Delfin appartient à un collègue de Paul Desmarais et d'Albert Frère : le milliardaire Leonardo Del Vecchio, que les Italiens ont surnommé « Golden Papy ». Il est entre autres le propriétaire de Ray-Ban ou d'Oakley. C'est la seconde fortune d'Italie, juste derrière Berlusconi. En 2016, avec 18 milliards de pactole estimé, il était 37e au classement *Forbes*, devant Frère et les héritiers de Paul Desmarais. Les 200 millions et quelques lâchés pour les immeubles de Quick font office de pourboire, pour un magnat de ce calibre. Mais les affaires étant les affaires, on se demande pourquoi avoir accepté de payer une telle somme.

Hypothèse du fiscaliste belge : parce qu'il y aurait eu des compensations. Il en est toujours ainsi avec les milliardaires. Ces gars-là dépensent beaucoup de temps et d'ingéniosité à se renvoyer des ascenseurs. Nous, on se dit que 200 millions, c'est une sacrée somme, même pour 99 murs de restaurants. Mais eux, ça les fait marrer. Ça leur prend cinq minutes. On note ici que le capitalisme financier produit des mondes parallèles et des réactions en chaîne. Des mondes où le travail des hommes et l'économie réelle ne sont jamais pris en compte. Seuls prévalent les intérêts de la caste. On peut évoquer ici la théorie du ruissellement, sauf que les plus-values ruissellent entre les milliardaires et leurs affidés. Et s'arrêtent net dès qu'on sort du sérail.

La somme lâchée par la Foncière des régions sera vite remboursée. Quick a souscrit pour la location de ses restaurants un bail ferme de douze ans. La Foncière des régions est donc assurée de toucher l'intégralité des loyers sur cette période, soit 18 millions d'euros garantis par an. Une rente. Et ce n'est pas tout. Si on se réfère au tableau comparatif des biens de la Foncière des régions en 2013, on peut constater que le groupe Quick paie 413,20 euros de loyer au mètre carré, tandis que le groupe Club Med ne paie par exemple que 74 euros... Le fiscaliste belge en conclut: « Il y a un risque majeur, compte tenu du contexte général du rachat, que le prix de cession ait été gonflé et compensé par un gonflement de même proportion au niveau du loyer. » Autrement dit, la Foncière des régions aurait accepté de payer un prix supérieur au marché parce qu'elle était assurée d'encaisser des loyers astronomiques pendant douze ans. Le groupe Quick et, par ricochet, les franchisés auraient ainsi renfloué une partie des dettes de la CDC CI...

Cette thèse est à rapprocher d'autres données recueillies au cours de l'enquête. D'abord, celles de sources internes à la Caisse. À propos des biens immobiliers détenus par Quick, l'une d'elles avait confié qu'ils avaient « été approchés, en 2004, par Gilles Samyn, lequel voulait vendre Quick à 300 millions. Après avoir étudié sérieusement la proposition, nous avons refusé. Vous croyez que si Quick avait possédé de tels biens on aurait dit non? On est des pros du LBO, si cette valeur-là avait existé, on l'aurait vue ». Est-ce que cette source insinuait par là qu'à cette époque les biens immobiliers ne valaient pas – encore – ce prix?

Quant à la thèse du gonflement des loyers, elle avait été sous-entendue par une source proche des franchisés – désirant rester anonyme là encore. « Ils ont financé leur

LBO par le biais de la vente des immeubles. Et le loyer a été répercuté sur les franchisés. L'accord avec la Foncière est opaque… Les franchisés n'ont jamais réussi à obtenir leurs baux. »

2007, l'année de la vente des immeubles, le montant des dividendes est extraordinaire. Cette année-là, comme l'avait soulevé Krockaert, les actionnaires touchent 192 665 000 euros de dividendes, alors que, à titre de comparaison, ils n'avaient touché qu'un peu plus de 17 millions en 2006. Sur la base des bilans publiés, le fiscaliste belge chiffre le montant total des dividendes distribués par le groupe Quick à ses actionnaires de 2007 à 2015 à 329 068 624 euros.

Le fiscaliste a pu détecter quatre autres voies ayant permis un retour sur investissement rapide et lucratif. 41 580 000 euros ont été remboursés aux actionnaires par des réductions de capital des sociétés opérationnelles du groupe Quick. 93 829 393 euros auraient été engrangés par ces mêmes actionnaires *via* un mécanisme, complexe mais légal, d'intégration fiscale. L'opération se serait réalisée au détriment du Trésor public français. Ce qui ne manque pas de sel venant d'une des filiales de la Caisse. Par un système de facturation de prestations entre filiales de la Caisse, 24 559 967 euros vont être également soustraits à Quick. Enfin, cerise sur le gâteau, le paiement des frais de l'OPA, soit 14 100 000 euros, va être porté par Quick. Cette pratique est contraire aux usages. « Cela équivaut à demander à un condamné de payer la corde pour le pendre », commente le fiscaliste belge. Total du cash pompé sur le dos de Quick et du Trésor français par la CDC CI *via* ces différentes voies de pompage : 503 137 984 euros. Fin du deuxième acte.

Combien ont touché les propriétaires de Quick dans l'opération ? D'après les calculs minutieux de l'expert, GIB (holding détenue à 50-50 par la Compagnie nationale à portefeuille d'Albert Frère et par le groupe Ackermans & van Haaren), qui possédait 57,8 % de Quick, a touché 364 320 832 euros de plus-value. La CNP aurait donc logiquement remporté 182 160 416 euros. Mais la totalité de cette somme ne serait pas allée dans les poches d'Albert Frère. Toujours d'après les recherches du fiscaliste, à cette époque, la CNP n'était pas totalement détenue par le milliardaire. Elle appartenait également à la BNP à hauteur de 21,24 % et à d'autres actionnaires à hauteur de 31,17 %. En bout de course, Albert Frère n'aurait donc touché « que » 86 690 142 euros. On est ici très loin des calculs avancés par Jean-Marie Kuhn, qui tablaient sur près de dix fois cette somme.

Si on fait un zoom arrière, on note qu'Albert Frère a lâché 13 024 314 euros en 2002, lorsqu'il a acheté Quick. Il aurait donc récupéré six fois sa mise en moins de cinq ans. On peut estimer, même si l'on est très loin des chiffres avancés par Kuhn, que c'est un beau coup. « Soit un effet levier de 520 %, ce qui est totalement hors norme », insiste le fiscaliste. Il faut resituer cette opération dans un contexte plus large, où Albert et ses amis multiplient ce type de transactions avec des sociétés comme Eiffage, Iberdrola, mais aussi, nous le verrons, à une plus grande échelle, auprès du groupe pétrolier brésilien Petrobras, et peut-être auprès de la société minière canadienne Uramin... On ne parle ici que d'opérations connues. Qui sait s'il n'y en a pas d'autres qui traînent ?

Albert est malin. Il est sans doute resté le maraudeur rusé qui camouflait ses bidons d'essence destinés à l'armée, pour arrondir ses fins de mois. 80 millions par-ci,

100 millions par-là, 20 millions encore. Par petites valises de millions, discrètement, dans les couloirs feutrés de chez Rothschild et de chez Lazard, il bâtit et fait prospérer sa fortune. Avec cette idée basique : plus on mise, plus on est ingénieux, mieux on gagne. Si la vie des hommes était semblable à une compétition de football, les milliardaires comme Frère ou Del Vecchio se tireraient des bourres dans une ligue mondiale, alors que des petits joueurs comme Kuhn se casseraient les chevilles tous les dimanches en championnat de district. Au départ, Frère jouait aussi en championnat de district.

Du côté de la Caisse, quel est le solde de l'opération ? D'après le fiscaliste, le montant total « pompé » au préjudice du groupe Quick entre 2007, date de l'achat par CDC CI, et 2015, année de sa revente (à Burger King), s'élèverait à 503 137 984 euros. Qui les a perçus et pour quoi faire ? Unique moyen de le savoir : déchiffrer les bilans de chacune des entreprises satellites du montage. Ceux de Quick France SA, de Quick Restaurants SA (branche belge), de Quick Restaurants (branche française), de la Financière Gallop (SAS qui porte la dette), d'Univers 1 et Univers 2, qui logent les FCPR...

Une montagne de documents à décrypter. Mission totalement impossible pour qui n'est pas accompagné d'un guide expérimenté. Les journalistes ont vérifié à cette occasion la manière dont l'accès aux informations financières est freiné en France. Alors que les documents sont gratuits en Belgique, en France, il faut débourser 13,90 euros pour avoir le moindre bilan comptable. Une fois achetées, leurs données sont illisibles par le citoyen lambda, n'étant qu'une suite de chiffres non traduits. Enfin, elles sont incomplètes : il faut recouper les données de plusieurs documents (et donc payer encore) pour espérer suivre le parcours de l'argent. En France, les milliardaires peuvent dormir tranquilles. Leurs secrets sont bien gardés.

Alors, où sont passés les 503 137 984 euros récupérés par la CDC CI ? Le fiscaliste belge conclut qu'ils auraient été versés aux actionnaires pour rembourser les emprunts contractés auprès des banques et pour percevoir des intérêts de 10 % sur les sommes qu'ils avaient prêtées. En gros, CDC CI aurait consciencieusement « siphonné » l'entreprise (selon le terme employé par l'expert) pour faire face aux remboursements des emprunts qui ont permis l'achat des parts Quick. Cette thèse exclut un financement occulte ou politique, sauf à imaginer que des particuliers ou des prête-noms se soient cachés dans les FCPR...

Parallèlement, les capitaux propres de Quick chutent de manière vertigineuse. La boîte a été amputée de 99 immeubles et les dividendes attribués ont vidé le groupe Quick de ses liquidités. L'enseigne Quick subit les coups de boutoir que lui inflige sans pitié CDC CI. Sa valeur plonge et nécessite une gestion au cordeau. Mauvaise passe pour les hommes et les femmes en tablier qui s'affairent au-dessus des friteuses et des fourneaux. Pour eux, les conséquences du pompage sont peu réjouissantes : flexibilité, restriction budgétaire, promotion au compte-gouttes... Et honneurs à saint EBITDA. Sous l'ère de la CDC CI, le destin des salariés est de transformer les hamburgers en euros, qui se transforment en dividendes. Miracle de l'alchimie financière. D'ailleurs, en 2009, la CDC CI va changer de nom et devenir Qualium, une société financière qui « porte pleinement les valeurs de la Caisse en adoptant une politique d'investissement responsable ». C'est ce qu'énonce la publicité de son luxueux site. Comme s'il y avait là un premier signe envoyé par la Caisse, pour ne plus être nominativement attachée à ses activités spéculatives.

Pendant dix ans, les directeurs vont se succéder à la tête de la Caisse. Si Augustin de Romanet puis Jean-Pierre Jouyet vont s'accommoder de Qualium et de Quick sans jamais questionner la pertinence de cette dernière acquisition, Pierre-René Lemas va remettre la maison en ordre. Sous sa direction, la Caisse va, avant l'échéance de son mandat, fin 2017, se débarrasser de Quick et se séparer de sa branche financière, rendant son autonomie à Qualium. C'est ce qu'il écrira aux journalistes: «J'ai cherché, quand je suis arrivé à la Caisse, des éléments sur l'origine de cette histoire... Et je n'ai rien trouvé au sein de l'établissement. Je trouve, et je crois l'avoir dit, tout cela pour le moins choquant [...]. Les équipes du Qualium d'aujourd'hui ont plutôt bien géré la sortie, et ce sont de bons professionnels. Ce n'est pas l'existence d'une filiale chargée de capital-investissement dans un groupe public qui est contestable. C'est la transaction d'origine sur Quick. Au demeurant, j'ai engagé l'an passé le processus de sortie de Qualium du groupe CDC[1]... »

Les années précédant cette séparation vont être tumultueuses. Et si Pierre-René Lemas n'a pas réussi à percer les mystères du rachat de Quick alors qu'il était aux manettes de la Caisse, nos deux journalistes se disent que la partie n'est pas encore gagnée. Grâce à l'éclairage du fiscaliste, un scénario se profile. L'affaire Quick serait une vulgaire opération de LBO greffée sur un prix d'achat exorbitant. Tout dans ce scénario apparaît immoral, mais pas

1. Échange de mails des 20 et 21 mars 2018.

franchement illégal. Est-ce juridiquement répréhensible de vendre ou d'acheter une boîte 4 ou 500 millions au-dessus de sa valeur de marché ? À partir du moment où l'entreprise convoitée n'est plus cotée, c'est la loi de l'offre et de la demande qui va fixer le prix. Si les dirigeants de Qualium étaient assez audacieux pour réaliser un tel pari, quel est le problème ? À moins que...

Se pourrait-il que les dirigeants de la Caisse, et plus particulièrement ceux de sa filiale financière, aient accepté d'acheter Quick plus cher que sa valeur en toute connaissance de cause ? Se pourrait-il qu'ils aient monté un plan en concertation avec Albert Frère ? Qu'en échange, épaulés par des experts, ils aient entrepris de désosser Quick ? Se pourrait-il que la Caisse des dépôts, organisme public, ait abrité pareille pratique ? Au détriment du Trésor public ? 93 millions d'euros de préjudice pour les contribuables, quand même. Et, surtout, une captation d'actifs au détriment de ceux grâce auxquels toute cette manigance a été rendue possible : les salariés de Quick. Ceux qui triment dans les cuisines pour un salaire de misère.

15

REPORTAGE DANS LE SUD

Pour avoir une réponse à leurs nombreuses questions, ils ont rendez-vous avec un ancien dirigeant de la CDC CI. Elle s'y colle. Retraité, éloigné du monde des affaires, l'homme est retourné sur ses terres d'origine, pour devenir président d'une coopérative viticole. C'est un bon client, sorti du circuit, qui peut avoir envie de s'épancher auprès d'une oreille attentive. Elle l'a repéré depuis longtemps et se demande si le bonhomme se laissera amadouer. L'approche se révèle d'une facilité déconcertante : elle appelle sa cave et lui parle directement. Il accepte, sans hésiter, le principe d'une rencontre, avec une amabilité désarmante. Rendez-vous est donné quelques jours plus tard, sur le quai d'une gare. Avant de raccrocher, il précise gentiment à la journaliste qu'il porte toujours un chapeau.

Elle débarque donc le jour dit, par 38 °C. Poignée de main chaleureuse, visage ouvert, l'homme l'emmène d'autorité dans sa voiture climatisée pour la mener dans un restaurant une étoile, « le seul de la région dans lequel on se sent bien », lui précise-t-il. Chemin faisant, sur les routes écrasées de chaleur, il l'interroge sur son parcours, les raisons qui l'ont poussée à s'intéresser à la finance et à faire ce livre dont elle lui a parlé. Bientôt, ils arrivent au fameux restaurant, tenu par la fille d'un ami.

La bâtisse, un ancien château, est imposante, et l'ambiance empesée. En habitué des lieux, il fait les présentations, et la patronne les conduit vers une petite salle à l'écart, dont les fenêtres donnent sur la forêt alentour. « Merci infiniment d'avoir accepté que nous venions déjeuner alors que le restaurant est aujourd'hui fermé », glisse l'ancien dirigeant de la CDC CI à la jeune femme. Elle s'empresse de répondre que *c'est bien normal*. Intriguée, la journaliste s'assied et consulte la carte. « Pas la peine, j'ai vu avec le patron. Il nous a concocté un menu spécial », déclare l'ex-salarié de la Caisse. Et il commande deux verres de vin blanc, en provenance de sa cave. La journaliste n'a d'autre choix que de se laisser guider, mais se promet qu'elle en restera à un seul verre.

Elle l'observe. Ses manières policées mais décidées, son visage souriant qui parfois se durcit, ses yeux qui pétillent et la fixent par intermittence. Ils commencent par se jauger. Ils entament la conversation d'un ton badin, elle l'interroge sur la culture viticole de la région et l'histoire du château, tout en appréciant la fraîcheur du chenin blanc. Tous deux font semblant de croire que tout ceci est follement intéressant. Jusqu'au moment où elle estime qu'il est temps de s'y mettre.

L'homme se plie, avec un plaisir apparent, à l'exercice de la biographie. Il lui raconte son parcours avec force détails, revenant avec délectation sur ses premiers pas de haut fonctionnaire, à dix-neuf ans à peine, et sa rencontre avec des hommes illustres tels Jean-Claude Trichet – qui lui remettra la Légion d'honneur – ou Jacques Attali, « un esprit remarquable ». La conversation roule, il détaille son passage au Comité interministériel de restructuration industrielle (CIRI), où il a accompagné de grandes entreprises en difficulté et... croisé Dominique Marcel, le numéro 2 de la Caisse quand il y est[1]. Il raconte la pression, les nuits blanches, les conversations serrées avec Pierre Bérégovoy et Édith Cresson sur les gros dossiers. Enfin, son échappée dans le privé, pour fuir l'esprit de caste des grands corps, son arrivée dans un fonds d'investissement doté de plusieurs centaines de millions de dollars...

La journaliste écoute attentivement. Elle perçoit sous ces paroles le caractère affirmé et volontiers cassant de son interlocuteur. Elle se dit que nombre de ses collaborateurs ont dû passer de sales quarts d'heure coincés dans son bureau. Son regard se pose sur sa montre, l'heure avance, il faut aborder le sujet Quick. Elle essaie de trouver un chemin, dans toutes ces paroles, qui pourrait l'amener à l'interroger sur les hamburgers. Elle avale, sans les savourer, les morceaux de foie gras au miel, en se tenant prête à saisir la moindre perche. En homme bien élevé, il lui épargne cette peine.

Après lui avoir expliqué que c'est Francis Mayer lui-même qui lui a demandé de venir à la Caisse pour se débarrasser d'une équipe de « voyous » (les jeunes banquiers aux yeux pleins de dollars), il en arrive au fait : « C'est René Maury qui a pris la décision de racheter Quick. » Tous deux savaient très bien qu'elle était venue pour Quick. La jeune femme se concentre sur sa prise de notes, feignant de ne

1. De 1986 à 1987.

pas porter plus d'intérêt à la transaction Quick. Puis elle lève le regard et, bien sûr, s'engouffre dans la brèche.

Elle demande comment s'est passé cet achat. D'un ton affable, il répète plusieurs fois – il a l'air d'y tenir – que Maury a pris seul la décision d'acheter Quick. Il précise que la banque Rothschild l'a contacté directement. « L'équipe des vendeurs était inquiète... Ils avaient peur que le deal se passe mal comme la dernière fois, ils nous ont demandé si on était prêts à y aller avant la mise en vente officielle. » Il explique qu'il s'était répandu dans toute la place de Paris, en disant qu'il avait un fonds d'investissement de 800 millions à la recherche de bonnes affaires, et qu'il lui avait semblé naturel que la banque d'affaires songe à la CDC CI.

Après une réunion avec l'équipe resserrée de la filiale, décision est prise d'acheter Quick à Albert Frère. « Tout cela, raconte-t-il, se fait très rapidement, puisqu'il faut faire une offre avant même que l'annonce de la mise en vente soit faite. » L'homme fait partie du petit cercle qui va négocier directement avec Gilles Samyn, bras droit d'Albert Frère. La proposition à 760 millions d'euros aurait été le fait des dirigeants de la CDC CI. Gilles Samyn, bien entendu, accepte. La signature se fait en grande pompe, réunissant plus de soixante personnes – les conseils, les avocats, les banquiers, les vendeurs et les acheteurs – dans une salle de 300 mètres carrés.

La journaliste manifeste son étonnement quant au rachat par la filiale d'un organisme public d'une chaîne de restauration rapide belge, dont les hamburgers sont à des années-lumière de ce délicieux saint-pierre à l'huile d'olive qui régale leurs papilles. Il comprend l'interrogation, mais, enfin, déclare-t-il, « il s'agit de la transmission d'une entreprise que la filiale compte bien garder sur du long terme, et dont les profits vont venir nourrir les missions d'intérêt général de la Caisse».

Elle note que son interlocuteur a préparé l'entrevue. Huit années se sont écoulées depuis son départ de la Caisse, et tout est si présent dans sa mémoire... Elle contre-attaque sur le prix d'achat, «bien au-dessus du prix du marché». Elle revient sur le fait que Quick n'avait pas trouvé preneur, trois ans plus tôt, à 300 millions. Là encore, il acquiesce et argumente, avec patience, qu'il n'a fait que proposer une prime de 20% au-dessus du cours de la Bourse, que la somme correspondait à huit fois l'EBITDA, ce qui serait la norme. Et qu'il fallait bien convaincre le régulateur belge de céder ce fleuron belge aux Français. À bout d'arguments, il finit par avouer: «*A posteriori*, je pense qu'on a payé un peu cher. Mais je n'ai pas à rougir de ce qu'on a fait...»

«Et Mayer, et Sarkozy, et Albert Frère, quelles étaient leurs influences là-dedans?» tente la journaliste. A-t-il entendu parler de l'hypothèse suggérant «une entente entre ces trois-là»? Elle demande à son hôte s'il est au courant de la plainte déposée par Jean-Marie Kuhn, de l'instruction en France – avortée – et, surtout, de l'instruction belge. Elle évoque même le rapport Krockaert. Sans se départir de son flegme, l'ancien cadre de la Caisse répond sur le ton de l'évidence que, bien sûr, il connaît ce rapport. Il l'a consulté, dit-il, après l'avoir «fort opportunément reçu par La Poste sous pli, envoyé par un expéditeur bien intentionné mais malheureusement anonyme». La jeune femme n'arrive pas à en savoir plus sur cet envoi. L'homme évoque des «services spécialisés». Il précise que Gilles Samyn, le bras droit de Frère, est un «dur de dur, un tueur en affaires, sans foi ni loi», et il répète que non seulement l'Élysée n'est pas à l'origine de cet achat, mais qu'en plus l'entourage de Nicolas Sarkozy se serait ému que la Caisse ait racheté une chaîne de hamburgers. Il relate, à deux reprises, la réaction de Francis Mayer, qui aurait lâché : « On s'en fout, on n'a pas d'ordres à recevoir de l'Élysée. » Quant à la présence de particuliers dans les FCPR, il la nie farouchement et trouve grotesque la liste exhibée par Kuhn. Sentant que cette voie est épuisée, l'interlocutrice dirige la conversation vers le fameux montage financier.

Le témoin, auparavant prolixe, devient alors plus flottant. Tandis qu'elle évoque les FCPR, les dividendes versés, les deux périodes comptables dérogatoires, le montage qualifié de « curieux » par le rapport, la revalorisation de la branche française, elle se heurte à un mur. Il répond par signes : soit il lève les yeux au ciel en déplorant une mémoire défaillante, soit il éclate de rire pour signifier combien la thèse lui paraît saugrenue, soit il la fixe avec des yeux rieurs devant tant de choses incongrues. « Que voulez-vous, les experts belges n'ont rien compris, ils sont incompétents. Ces montages sont quand même très complexes. » Par moments, il lui lâche des chiffres, des sommes, des montants, un nom de banque. Mais rien ne colle avec les données en sa possession. Et quand elle le lui fait remarquer, elle se heurte à son silence amusé.

Une bataille se livre, dans ce restaurant aux nappes blanches repassées et aux murs tapissés de peintures d'ancêtres. Une bataille sans bruit, aux règles policées et aux manières affectées. La journaliste provoque, tente une avancée, insiste. Son interlocuteur esquisse, fait un pas de côté, feinte. C'est un soldat rompu à ce genre d'exercice, il en a vécu, des batailles, et il n'est pas prêt à se rendre. En fin de discussion, sans doute fatigué – ou sous l'effet du chenin blanc –, il s'interroge tout haut. « Aurions-nous été victimes d'une manipulation ? »

La serveuse sonne la fin du combat. Il est l'heure de quitter la salle du restaurant pour rejoindre le petit salon d'à côté. Les adversaires se regardent et se lèvent d'un commun accord. C'est l'heure de siroter le café de la trêve. La conversation reprend sur la Caisse d'un ton plus léger. Bientôt, le vieux retraité devenu jeune vigneron invite la jeune femme à visiter ses vignes. La journaliste s'y rend de bonne grâce, elle adore le vin. Lorsqu'elle monte en voiture, elle reprend le fil de son entretien, mais n'y croit plus vraiment. Elle se résout à l'écouter parler de ses vignes au sol minéral, qui accueillent du chenin blanc, cépage normalement élevé en Anjou. Au milieu des terrains vallonnés, puis dans la fraîcheur de son chai, il évoque son œnologue, véritable star dans le milieu, qui a la gentillesse de l'aider à révéler ses vignes et son vin pour « presque rien ». Elle se dit que cet homme fonctionne étrangement, soufflant le chaud et le glacial. Est-il venu oublier son passé dans les vignes ?

En la raccompagnant à la gare, il lui fait comprendre que ces quelques heures passées en sa compagnie n'ont pas vraiment eu lieu. Il lui glisse avoir collé des procès sans hésiter à certains de ses salariés. C'est cette phrase, parmi toutes les autres, qui l'accompagnera jusqu'à son arrivée gare d'Austerlitz, où elle le remercie pour le repas par SMS. Puis, le soir, elle lui envoie un long mail récapitulant le contenu de leur échange en lui posant de nouvelles questions. Il y répondra de bonne grâce, sans varier sur sa version, évoquant, quand les questions deviennent trop gênantes, des problèmes de mémoire.

Le lendemain du rendez-vous, les journalistes ont contacté le directeur de CDC CI et cheville ouvrière des

FCPR Olivier Boyadjian, pour recueillir sa version[1]. Ils se sont heurtés au barrage de sa secrétaire. Leurs mails et messages sont restés sans réponse.

Il leur faut maintenant contacter et interroger les nouveaux dirigeants de Qualium, ceux qui ont hérité de Quick et qui cherchent depuis à revendre. Ils obtiennent le numéro de portable d'un des dirigeants. Il décroche sans se méfier. La journaliste lui parle tout de suite de la transaction Quick et de sa volonté de tirer cette affaire au clair. Au départ, son interlocuteur lui assure que tout est *clean* et qu'il mettra tous les documents nécessaires à sa disposition. Puis son humeur change. Il s'agace de ses questions: «Je ne vois pas pourquoi vous vous intéressez à cette vieille affaire. Je n'ai plus envie d'en parler. C'est de l'histoire ancienne.» Elle dégaine son joker: «C'est dommage, dit-elle, j'ai rencontré un de vos prédécesseurs qui m'a donné sa version… J'aurais aimé avoir la vôtre…» Est-ce l'évocation de l'ancien dirigeant de la CDC CI? Son interlocuteur fait volte-face et accepte une rencontre.

La journaliste arrive au 41, avenue de Friedland. Dans ces immeubles proches de la place de l'Étoile ont élu domicile les plus riches de nos concitoyens. Concentré de grosses bagnoles, de grands appartements, de chaussures Louboutin et de comptes en banque bien garnis. C'est ici que la Caisse des dépôts a implanté sa filiale business. Elle pousse la porte et gravit l'escalier. Les murs sont recouverts

1. Après sa sortie de la filiale Capital Investissement de la Caisse, Boyadjian va persévérer dans la branche en créant sa propre structure de conseil, puis en gérant le fonds américain HIG Capital. Son but affiché: redresser les entreprises en difficulté. La réalité est plus trouble. L'investisseur va se retrouver impliqué dans plusieurs reprises de sociétés malmenées par la justice ou la presse, comme Molex, Olkypay ou Alteo, qui sera responsable du déversement des boues rouges de Gardanne.

d'une tapisserie qui semble d'époque haussmannienne aux motifs sombres et brillants. Elle est accueillie par le modèle éternel de la secrétaire, discrète et aimable, qui lui indique les canapés à l'accueil en lui proposant un café. Elle s'assied et feuillette un numéro du *Magazine des affaires* consacré à l'énergie. Le titre: «Jusqu'où ira la transition énergétique?» On est bien dans un fonds d'investissement qui flaire les bonnes affaires...

Finalement, son interlocuteur arrive et la conduit dans son bureau. Comme tous ceux qu'elle a rencontrés, il lui demande l'anonymat. Elle s'assied et observe. Il est habillé «casual», pull en cachemire, pantalon en toile. Nul costume-cravate, la tenue de rigueur dans un fonds d'investissement. Elle trouve sympathique sa manière de parler, chaleureuse et directe. Sa gestuelle, souple et cordiale. Elle reste cependant sur ses gardes.

Il commence par lui demander si elle a une idée du modèle de financement de la Caisse. «Vaguement», répond-elle – mensonge, car elle le connaît dans les moindres détails. Elle veut voir où il veut en venir. Le message de son interlocuteur est simple: les profits réalisés par Qualium sont bénéfiques pour la Caisse des dépôts. Ils participent au financement du modèle. Bref, la filiale finance, indirectement, l'intérêt général. Elle acquiesce sans faire de commentaire. Reçu cinq sur cinq, on peut passer au point suivant.

D'abord, comment justifie-t-il le prix d'achat de Quick? L'homme a préparé son argumentaire. L'affaire a beau être un peu ancienne, elle est assez importante à ses yeux pour qu'il se soit replongé dans le dossier. Il avance des arguments qu'elle connaît bien pour les avoir entendus dans le restaurant une étoile. Le prix d'achat remplit les critères usuels – prime de 23% au-dessus de la valeur de marché;

il représente huit fois la valeur de l'EBITDA, qui s'élevait à l'époque à 93 millions d'euros. Enfin, l'homme insiste sur la particularité de la transaction : Quick possédait « cent restaurants détenus en propre pour 246 millions. Ils ont été affectés au remboursement de la dette. C'était un deal *corporate* et immobilier », conclut-il.

Bref, selon lui, le deal Quick est dans les clous, et le prix payé par la filiale tout à fait justifié. La valeur de l'enseigne n'a pas pu faire l'objet d'un maquillage quelconque. « Un comptable ne compterait jamais le chiffre d'affaires des franchisés dans le CA de Quick. » La valeur de l'enseigne est le fruit d'une loi immuable : l'offre et la demande.

D'après lui, l'affaire aurait pu être gagnante. Il explique que la courbe de Quick a été ascendante de 2007 à 2010, date à laquelle Qualium a décidé de vendre l'enseigne. L'équipe a donc mandaté la banque d'affaires Rothschild – encore elle – pour trouver de potentiels acquéreurs. C'est l'un des plus gros fonds d'investissement américain, KKR[1], qui était le mieux placé. Mais l'homme, joueur, prend un risque : il reporte la vente, car il espère en tirer un meilleur prix.

Peut-être aurait-il gagné si un événement dramatique n'avait pas bousculé ses pronostics en 2011 : la mort par intoxication du jeune client de Quick. À partir de cette date, c'est, selon notre informateur, la descente aux enfers pour Qualium et son équipe. Arrivé à cette partie de l'histoire, l'homme est visiblement affecté par de pénibles souvenirs. Il raconte la pression subie sur la filiale, les négociations avec les banques prêteuses, le chiffre d'affaires en baisse, la restructuration de la dette et la courbe de Quick qui s'écrase au sol. Il assure que la valeur de la chaîne de fast-food a frôlé le zéro. Et Qualium la catastrophe.

1. Kohlberg Kravis Roberts.

En 2014, l'équipe dirigeante de Quick est renouvelée, les chiffres se redressent. Il faut vendre tant qu'il en est encore temps. L'interlocuteur reprend des couleurs: «À l'été 2014, j'ai reçu un coup de fil de José Cil. Il était intéressé.» José Cil, président de Burger King pour l'Europe, le Moyen-Orient et l'Afrique, enseigne de fast-food détenue, depuis 2010, par 3G, un fonds d'investissement brésilien. En France, c'est le groupe Bertrand qui détient la franchise Burger King. C'est donc lui l'acquéreur officiel de Quick. Autant dire que c'est une occasion inespérée pour Qualium de se sortir de cette histoire. Rendez-vous aurait été pris chez Lazard, la banque conseil de BK. «BK voulait aller vite», précise l'homme encore épaté par une telle aubaine. À partir de là, tout est bouclé rapidement.

La journaliste interrompt le récit de ce conte financier: «Toutes sortes de chiffres circulent sur cette transaction. Des spécialistes de la restauration rapide évaluent la valeur de Quick à 25 millions d'euros maximum au moment de la vente, alors que le groupe Bertrand a communiqué sur un prix de 600 millions d'euros. Qu'en est-il?...» La réponse de son interlocuteur, qui s'est remis de ses émotions, est précise: «Les actions de Quick valaient 175 millions d'euros, et la dette s'élevait à 500 millions.» On arriverait donc, si l'on en croit le dirigeant de Qualium et si l'on comptabilise la dette d'une société comme une valeur positive, à un prix supérieur à 600 millions d'euros...

L'entretien touche à sa fin. Le dirigeant de Qualium a passé le grand oral haut la main. Instillant une petite touche d'émotion en prime. Reste à poser *la* question: qui sont les investisseurs qui se cachent dans les FCPR? «Est-ce que ce sont des particuliers ou des institutionnels?» L'homme répond tranquillement, jouant avec les nerfs de la journaliste: «La liste est là. Dans un tiroir. Je pourrais vous la montrer, mais je vais me contenter de vous citer le nom de ceux qui y apparaissent. Il s'agit d'investisseurs institutionnels, uniquement. La CNP, la CE, la BPI[1] et ARCIS, un fonds d'investissement américain.»

La journaliste tente le coup: «Vous pourriez me montrer la liste? Cela prouverait ce que vous me dites et discréditerait la rumeur qui veut qu'il y ait des hommes politiques et de hauts dirigeants financiers et économiques.» L'homme sourit mais n'en fait rien. «Croyez-moi sur parole!»

C'était beaucoup demander...

1. La Caisse nationale de prévoyance, la Caisse d'épargne, la Banque publique d'investissement. La BPI a été créée bien après le deal. Étant une émanation de la Caisse, elle aurait ainsi récupéré les parts de cette dernière.

16

LE CAS JMK

Pendant qu'elle enquête auprès de la Caisse, lui va s'intéresser à Jean-Marie Kuhn et aux raisons pour lesquelles ce dernier s'y prend si mal.

Son histoire avec Kuhn remonte à une dizaine d'années. L'entrepreneur lorrain était venu le voir pour qu'il s'intéresse à son affaire avec Albert Frère. Ce qu'il avait fait. La saga lui paraissait exemplaire, mais sans arrêt il butait sur les listes des bénéficiaires des fonds communs de placement à risque.

Le scénario de JMK était huilé. En résumé, Albert Frère aurait fait deux lots comme autant de FCPR. Le premier – Univers 1 – pour les huiles (hommes politiques, patrons de groupes intéressés par le deal), le second – Univers 2 – pour les seconds couteaux (cadres de Quick, personnel corrompu – selon Kuhn – de la Caisse). Dans Univers 1, ils étaient peu nombreux, selon Kuhn ; une quinzaine, et ils touchaient le pactole. Dans Univers 2, ils étaient nombreux et récupéraient les miettes (mais des miettes conséquentes, quelques dizaines de milliers d'euros par personne).

Kuhn avait sorti de son cartable les deux listes, avec un vrai casting VIP et des sommes en face des noms. Un document tapé sur une page blanche. Il lui avait montré aussi des dizaines d'articles faisant référence aux personnalités de la liste, accessibles en trois clics sur Internet. Le casting semblait adapté aux présidentielles de 2007 : des socialistes proches de François Hollande et de Ségolène Royal, des chiraquiens pur sucre, un ancien Premier ministre, des sarkozistes... La plupart étaient liés à la privatisation de GDF. Pour agrémenter l'ensemble, les noms de trois patrons du CAC 40 étaient cochés avec une grosse somme en face... Kuhn avait une explication pour chacun des noms inscrits sur son papier. Cohérente, l'explication. On était dans une affaire de corruption basique, avec cette idée que l'argent de la plus-value de Quick – autour de 500 millions d'euros –, après quelques menus remboursements d'emprunts, avait arrosé des partenaires du deal Quick pour acheter leur silence et des décideurs de la revente de GDF pour leur vendre Suez. Le marionnettiste était, selon Kuhn et à l'évidence, Albert Frère.

Le journaliste s'était fendu de deux appels vers deux des noms couchés sur la liste. Les personnes s'étaient égosillées au téléphone. Elles juraient n'avoir jamais pris une seule part dans les FCPR de la Caisse, et n'avoir rien à faire de Quick et d'Albert Frère. Le journaliste avait demandé pourquoi, dans ce cas, ne pas porter plainte en diffamation contre le dénonciateur. « Parce que rien n'est public, et que ce serait faire de la publicité à un fou », avaient justifié, quasiment à l'unisson, les deux interlocuteurs (un député socialiste et un patron du CAC).

Le journaliste avait fait part de ces réactions à Kuhn, qui en avait ri. Face à l'insistance du journaliste pour accéder à l'original des listes, l'entrepreneur avait fini par convoquer un avocat et rédiger une « convention de collaboration et de confidentialité ». Il lui avait expliqué que les listes *secrètes* lui avaient été données par un dirigeant de la Caisse, qui craignait d'être découvert. Il ajoutait que seule la signature d'une convention lui permettrait de voir les listes qui se trouvaient alors, selon Kuhn, dans le coffre d'un avocat luxembourgeois, intermédiaire entre Kuhn et le dirigeant de la Caisse. Le journaliste fut étonné par la requête mais était prêt à beaucoup de concessions pour voir jusqu'où Kuhn irait dans ce qui lui apparaissait comme un délire procédurier.

Kuhn lui remit donc une convention à signer, dans laquelle le journaliste devait accepter « expressément que certaines pièces et éléments ne puissent pas faire l'objet de copies, et qu'il devrait se contenter de les consulter sur place ». Le journaliste avait demandé que cette consultation se fasse avec l'aide d'experts (deux au maximum), choisis avec l'accord de Jean-Marie Kuhn. Par ailleurs, le journaliste devait s'engager à « accorder un droit de lecture sur le manuscrit définitif de son enquête. Ce dernier pourrait ainsi rectifier les éventuelles erreurs matérielles, et suggérer des corrections dans un délai raisonnable (une semaine après réception du manuscrit) ». Rien de mercantile jusque-là, sauf qu'en cas de documentaire Kuhn souhaitait toucher « des droits à hauteur de 50 % ». Kuhn, qui, décidément, était prévoyant, avait ajouté en fin de convention une ultime clause : « Les signataires ont une grande confiance mutuelle assise sur leur éthique personnelle, et largement confortée par leur parcours de lanceur d'alerte... Mais si par impossible des désaccords apparaissaient, les parties les soumettraient à un collège de trois arbitres, chaque signataire de la présente en nommant un, les deux arbitres désignant ensuite le troisième. La procédure d'arbitrage devra être engagée dans le mois qui suit le constat de désaccord signifié à l'autre partie par lettre recommandée avec accusé de réception. » Jamais le journaliste n'avait vu pareil luxe de précaution. Il s'en amusait. Il donna un accord verbal à Kuhn, indiquant qu'il lui remettrait la convention signée le jour du rendez-vous chez l'avocat. Ce que l'entrepreneur accepta sans broncher.

La suite fut un long chapelet de rendez-vous manqués. Chaque fois qu'ils se voyaient, le petit homme aux yeux bleus avait une nouvelle excuse pour retarder la rencontre avec l'avocat. Un désaccord de l'avocat, puis le transfert du document vers un cabinet notarial en Bretagne, puis un retour à Luxembourg. Mais le journaliste était patient. Face à un simulateur, il fallait d'abord mesurer la taille et les raisons de la fourberie. Il n'avait pas inventé l'histoire abracadabrante des FCPR, ni le rôle ambigu de la Caisse dans cette histoire, ni le surcoût payé pour Quick. Le mensonge hypothétique portait sur les noms couchés sur les deux listes et sur leur existence même. Peut-être y en avait-il de vrais ? Peut-être étaient-ils tous inventés ?

L'autre omission portait sur l'état civil de l'entrepreneur qui voulait absolument passer pour un lanceur d'alerte. Kuhn traînait sa part d'ombre. Le journaliste lui avait très tôt dit qu'il voulait écrire un livre sur son histoire. Puis il lui avait expliqué que ce livre, il allait l'écrire avec quelqu'un. Une femme. JMK semblait moins emballé par l'arrivée d'un tiers. Le journaliste était pressé de lui présenter sa partenaire. C'était un peu comme dans une expérience chimique. La rencontre entre deux corps antagonistes pouvait déboucher sur une explosion.

Ils avaient pris rendez-vous dans un restaurant messin, en avril 2017. Elle et lui étaient arrivés vers 13 heures. Ils avaient commandé un brouilly « nature », frais et fruité, en l'attendant. Ils avaient eu le temps de manger l'entrée et le début de leur plat. À 13 h 45, toujours pas de Jean-Marie Kuhn. Elle commençait à s'impatienter, mais lui n'avait pas l'air étonné ni agacé que leur invité soit en retard. Ce dernier était arrivé, flanqué de son fils. JMK se déplaçait rarement seul. Il était toujours accompagné de sa femme ou de son fils. Parfois des deux. Le fils, jeune homme d'une trentaine d'années, et le père semblaient bien s'entendre et riaient de leurs plaisanteries mutuelles. JMK avait saisi une chaise, émis des doutes sur la pertinence de s'installer précisément à cette table, avait remonté ses manches, regardé autour de lui. Ses yeux étaient tombés sur la patronne. Quand elle était venue prendre sa commande, il lui avait soufflé qu'elle était « resplendissante ».

La journaliste n'avait pas envie d'intervenir ni de bousculer le manège qui se mettait en place. Jean-Marie Kuhn la regardait à peine. Le journaliste semblait navré de la mise à l'écart de sa partenaire. Il expliquait son projet brièvement et lui précisait qu'il en était le « personnage principal ». JMK acquiesçait en avalant une bouchée de steak tartare, comme si ce statut était dans l'ordre des choses.

Il se mit alors à parler de son affaire, vite, avec des mots pressés. Il s'adressait à elle, mais son regard la fuyait. Il était précis sur les dates, les noms des personnes, les détails techniques. Il maîtrisait son sujet. Il en connaissait les infimes recoins. Pourtant, il n'était pas prêt à la partager. Lorsqu'elle émit l'idée de prendre des notes, il eut un air agacé. Il s'en prit aussi au journaliste, lui attribuant les raisons du retard pour consulter les listes des FCPR : « Le fait que tu téléphones à ces deux personnes de la liste a foutu une merde noire. Tout le monde a peur de parler», indiqua Kuhn.

L'attitude de Kuhn énervait la jeune femme. Elle se demandait comment son collègue avait pu supporter autant de suffisance. Elle était face à l'une des sources essentielles de leur travail, et il refusait de livrer ses informations. Elle en fut déçue et frustrée. Par ce petit jeu, il lui avait fait comprendre qu'il n'avait pas confiance en elle et qu'il était inutile de poser des questions auxquelles il ne donnerait pas de réponse.

Elle comprit qu'elle n'obtiendrait rien et que cette rencontre n'avait d'autre intérêt que celui d'observer Kuhn. Alors elle observa. Elle observait la manière dont il affectait une proximité appuyée avec son partenaire. Elle observait sa nervosité et ses calculs. Elle observait qu'il était une mine d'informations, mais qu'il leur en interdisait l'accès. Elle n'en comprenait pas les raisons. Il avait déjà livré l'essentiel de son affaire sur Internet et à des dizaines de journalistes. Il lançait des pistes pour mieux les semer. Il développait des parties intéressantes de son histoire et s'arrêtait au moment crucial, suspendant son explication en lançant un «bien, c'est ainsi, bien». Et hop, c'en était fini. Il retirait la part du gâteau. Ils étaient agacés et se consolaient avec le brouilly.

Elle continuait tout de même à poser des questions, elle obéissait à son radar automatique. Plusieurs fois, il signifiait qu'elles étaient absurdes ou naïves, ses questions. «Elle est toujours comme ça?» demanda-t-il d'un air complice. Le partenaire était ennuyé. Il restait stoïque, cherchait à comprendre les raisons de cette fuite en avant. Elle lui répondait, sèchement, qu'elle ne faisait que vérifier ses sources. Cela eut pour effet momentané de l'adoucir. Il la taclait définitivement en lui faisant comprendre qu'elle ne faisait pas partie de leur monde, car eux n'étaient pas que des journalistes, mais ils livraient un noble et douloureux combat contre l'hydre financière.

Leur rencontre ne menait à rien, cela devenait évident. JMK était venu leur dire que leur enquête arrivait trop tard, qu'il avait suffisamment attendu et que, maintenant, il allait prendre les choses en main seul. Sur le même ton pressé, il avait expliqué qu'il allait publier sur Internet le livre qu'il avait écrit lui-même, agrémenté d'une bande dessinée. « C'est le moment », précisait-il. « Là, entre les deux tours de l'élection présidentielle. Après il sera trop tard. Il faut que cette corruption cesse. » Il brandissait son projet comme une menace. Il pensait – peut-être sincèrement – que son affaire pouvait changer le sort de la présidentielle. Il était déconnecté de la réalité politique et judiciaire du pays. Il était enfermé dans un monde fantasmé. Il était peu crédible. L'histoire qu'il portait l'était pourtant.

Son fils et lui affichaient une mine victorieuse. Galvanisé, il leur précisa que, bien sûr, le livre donnerait lieu à un documentaire puis à un film. « Évidemment, nos deux projets sont complémentaires. Le mien lancera le vôtre », disait-il. Il demanda ensuite si le journaliste serait intéressé pour en rédiger la préface. Elle mesurait la fatuité de cet homme qui quémandait une préface en la présentant comme une faveur.

Ils s'étaient quittés sur le trottoir devant le restaurant. Leur rencontre avait duré deux heures. Le journaliste était épuisé et déçu. Elle était en colère.

Pourtant, JMK menait un combat de titan depuis de longues années, et son histoire était extraordinaire. Mais l'homme ne se battait pas pour les bonnes raisons. Il souhaitait devenir un héros moderne, comme Antoine Deltour, Raphaël Halet ou Irène Frachon. Sa bataille était perdue. Il était tellement centré sur lui-même qu'il ne percevait visiblement pas la valeur du combat qu'il portait. Il n'en saisissait ni la puissance sociétale ni le potentiel journalistique. Son ego détruisait ses chances de gagner. Il avait écrit à la France entière en criant au complot. Ce faisant, il avait anéanti sa crédibilité et servi le parti de ses adversaires. Aujourd'hui, sa seule chance d'être entendu, c'était eux, leur livre. Mais le petit homme, aveuglé par sa soif de reconnaissance, pensait devenir célèbre seul, grâce à son livre, son film ou sa BD.

Elle était sortie du déjeuner en décrétant que JMK était décevant. Lui n'avait rien dit. Il cherchait toujours, ce jour-là encore, un moyen de récupérer la liste des actionnaires des FCPR, et Kuhn était le rare chemin qui pouvait les mener à ces documents.

Au lendemain de ce déjeuner, ils étaient passés à l'offensive auprès des dirigeants de la Caisse et avaient envoyé leurs premiers mails demandant des précisions quant au rachat de Quick, à la liste des FCPR. Ils avaient cité JMK dans leur mail. Ils obtinrent assez vite un rendez-vous discret avec l'un des dirigeants de la Caisse. Ce dernier avait travaillé sur le deal entre CDC CI et le groupe d'Albert Frère. Lui non plus ne voulait pas apparaître. Il avait confirmé le fait que les actionnaires des FCPR étaient les réels propriétaires de Quick, mais avait balayé toute idée de corruption. « Les actionnaires des FCPR veulent garder l'anonymat, et c'est leur droit », avait-il dit, reconnaissant du bout des lèvres une petite dizaine d'actionnaires. « Rien que des personnes morales, des banques, des sociétés d'assurance, des institutionnels. » Il avait lâché quelques noms en faisant promettre qu'ils ne seraient pas cités. Selon ce dirigeant, JMK était un escroc doublé d'un maître chanteur. Pour étayer ses dires, il avait sorti de sa mallette un jugement du tribunal de Paris qui faisait état d'une condamnation pour escroquerie de JMK et de sa « concubine ».

Que JMK ait été condamné dans une affaire d'escroquerie n'était pas une surprise. La rapidité avec laquelle le dirigeant avait donné ce jugement était néanmoins suspecte, car il n'avait pas répondu à leurs interrogations et n'avait aucun document qui attestait de la véracité de ses propos quant à la composition des FCPR. Si vous ne parvenez pas à tuer le message, liquidez le messager, dit l'adage. Ainsi, selon les deux journalistes, la balle revenait au centre du terrain.

De retour à son bureau, le journaliste lut attentivement le jugement. Il était daté du 5 septembre 2008 et portait sur une affaire d'escroquerie. La compagne de Kuhn avait été embauchée comme directrice administrative d'une société de conseil en haute technologie réalisant 150 millions d'euros de chiffre d'affaires pour 2 000 salariés. Elle était dirigée par un « chef d'entreprise d'un certain âge, essentiellement préoccupé par le développement de son entreprise » : « Sa vulnérabilité tenait à la confiance qu'il avait dans ses collaborateurs, et dans son peu d'intérêt pour l'aspect financier et administratif. » L'escroquerie portait sur des détournements de fonds pour un montant de 5 579 886 euros, opérés sur deux années grâce à des falsifications de signatures et de faux ordres de virement. Kuhn avait encaissé les fonds sur deux sociétés immobilières entre 2002 et 2004. « C'était un contrat de confiance entre mon épouse et son patron. J'ai la conscience tranquille », avait plaidé Kuhn, invoquant un prêt et un accord du chef d'entreprise devant le tribunal – qui n'en avait pas cru un mot. Un témoignage avait particulièrement intéressé le journaliste. Celui d'un cadre de la société, qui avait signé des documents à la demande de Kuhn et de sa compagne : « Progressivement, j'ai été enfermé dans un processus psychologique », expliquait-il, racontant les invitations et le faste de ses rendez-vous avec le couple Kuhn.

« Il apparaît que M. Kuhn ne pouvait ignorer le mécanisme des escroqueries mises en place par Mme B. (sa compagne). La version qu'elle lui a soi-disant fournie et qu'il reprend à son compte est incohérente et invraisemblable », stipule le jugement, qui conclut que les faits reprochés à JMK « sont graves dans la mesure où il a aidé » sa compagne dans son entreprise, et qu'il en a « largement bénéficié ». Jean-Marie Kuhn avait, avec la somme détournée, acheté des propriétés à Paris et dans le Var. Il a été condamné pour recel de biens obtenus à l'aide d'une escroquerie à un an de prison avec sursis, trois ans de mise à l'épreuve, le remboursement des sommes détournées et une forte amende. Sa compagne a fait quelques mois de prison et a été condamnée solidairement.

Le journaliste décida de ne plus avoir de contact avec Jean-Marie Kuhn. Ce fut un gain de temps. Il en conclut provisoirement que, si le montage douteux du rachat de Quick paraissait avéré, les fameuses listes exhibées par le seul Kuhn, et reprises sur le Net et dans la procédure judiciaire belge, étaient vraisemblablement des constructions faites *a posteriori* par l'intéressé. Bref, des faux. Il se dit aussi qu'il fallait avoir une mentalité bien tordue pour tenter de piéger de la sorte un milliardaire aussi retors qu'Albert Frère, mais que cela ne suffisait pas. Les deux journalistes envoyèrent un mail à Jean-Marie Kuhn pour lui signifier qu'ils étaient au courant de sa condamnation et lui demander s'il avait fait appel. Ils voulaient savoir s'il avait une explication à fournir quant à cette escroquerie.

« Cher JMK,

Nous terminons le livre où la vente de Quick, le rôle de la CDC et votre rôle occupent une bonne place. Je ne vais pas vous redemander ce que vous nous avez refusé par le passé, c'est-à-dire la liste et les documents attestant de l'identité de ces mystérieux actionnaires des FCPR. Nous mettrons dans le livre votre thèse et celle de la Caisse, qui insiste sur la présence de banques et d'institutionnels dont nous avons eu connaissance. Je vous écris surtout aujourd'hui pour avoir des précisions sur votre condamnation en 2008 à un an de prison avec sursis, avec remboursement des victimes et cette forte amende pour recel d'escroquerie. Vous et votre épouse, avez-vous fait appel de cette décision judiciaire ? Vous êtes-vous acquitté de ces amendes et remboursements ? Ces questions ne visent nullement à vous embarrasser. Dans le souci d'informer le plus justement possible nos lecteurs, nous ne voudrions pas commettre de bévues. Dans l'attente, *blablabla*... »

Ils n'obtinrent pas de réponse, malgré plusieurs relances.

17

UNE RAFFINERIE À PASADENA

Les deux journalistes tiraient sur leur fil. La vente de Quick les menait à Frère et Desmarais. Ils lisaient tout ce qui concernait les deux milliardaires, rencontraient des journalistes ayant travaillé sur ces sujets, des chercheurs, des avocats et des financiers. Les alertes Google et la lecture de sites économiques français et étrangers les aidaient à constituer une toile autour du baron belge et du fringant Canadien.

Mais, pendant qu'ils tiraient les fils de la saga Quick, deux affaires grossissaient dans leurs archives numériques. L'une concernait une mine d'uranium en Afrique, l'autre une raffinerie de pétrole au Texas. Uramin et Petrobras. Les similitudes étaient trop nombreuses avec l'affaire Quick pour qu'ils ne s'y intéressent pas. Outre l'ombre de Frère et Desmarais dès l'origine de ces rachats de sociétés, le prix exorbitant payé par des entreprises publiques pour acquérir une mine ou une raffinerie avait attiré leur attention.

En lisant la presse et en consultant des rapports, ils avaient trouvé d'autres similitudes. Comme pour Quick, des experts financiers étaient intervenus, afin de surévaluer la valeur des sociétés et leur potentiel de développement. Comme pour Quick, des hommes avaient pris place dans des appareils d'État et avaient joué le jeu d'intérêts privés. Pour aboutir à un résultat similaire : de l'argent public finit par atterrir dans les poches des milliardaires…

Le sauvetage d'entreprises, la *private equity* ou le capital-investissement avaient bon dos. Avec Paul et Albert, nos deux journalistes pensaient tenir des spécimens exemplaires de milliardaires. Limite modélisables. Les deux hommes avaient le même profil et étaient partis de rien, ou presque. Ils n'étaient pas des inventeurs. Ils n'étaient pas des héritiers, ou alors ils n'avaient hérité que des entreprises paternelles qui ne valaient pas un clou. En bons libéraux, investissant dans les meilleurs juristes des meilleures banques d'affaires, ils avaient bâti une partie de leur fortune sur le dos des États. Leurs patrimoines n'avaient fait que croître. Il devait y avoir une recette que se partageaient entre eux certains spécimens comme Paul et Albert. Nos deux journalistes étaient mus par cette quête. Ils pensaient avec un brin de naïveté que, s'ils parvenaient à décrypter le jeu de Frère et celui de Desmarais dans des affaires qui les avaient enrichis à milliards, leur savoir pouvait aider la communauté des hommes qui eux n'étaient pas des milliardaires. À s'en défendre.

Frère et Desmarais, peu de temps avant l'élection présidentielle française de 2007, avaient conjointement décidé de vendre une grande partie de leurs actifs dans des sociétés comme Quick, pour investir massivement dans Suez et dans l'énergie. Ils étaient alors sans doute persuadés que leur ami Nicolas Sarkozy allait être élu et qu'il allait les aider à acquérir le fleuron qu'ils cherchaient : Gaz de France.

Contrairement à ce que nos journalistes avaient imaginé, influencés qu'ils étaient alors par Jean-Marie Kuhn, la vente de Quick, même si elle allait rapporter à Frère près de 100 millions d'euros, n'était pas suffisante pour financer sa prise de pouvoir à Suez. Ils s'étaient alors intéressés à l'affaire Petrobras[1], un scandale politique sans précédent au Brésil. Une affaire de corruption énorme qui, à ce jour, a fait chuter Dilma Rousseff, présidente au moment des faits, et Lula, son prédécesseur. Toujours en cours, elle pourrait aussi faire tomber l'actuel président, Michel Temer.

L'enquête judiciaire, lancée en mars 2014, a révélé un vaste réseau de surfacturation et de blanchiment d'argent, dans lequel ont trempé des hommes politiques de haut rang et les principales entreprises de BTP du pays, organisées en cartel. Les appels d'offres étaient partagés entre chaque entreprise, qui surfacturait les travaux d'environ 3 %. Les sommes gagnées revenaient aux hommes du parti politique au pouvoir, le Parti des travailleurs, et ceux qui le soutenaient. « Parmi [les entreprises incriminées] figurent quelques-uns des plus importants employeurs du pays, soit au total plus de 400 000 salariés », détaille un article du *Monde*[2].

Pendant des mois, l'affaire Petrobras s'est immiscée dans les foyers et a fait la une des journaux. Tous les jours, des

1. Premier groupe énergétique brésilien, créé en 1953, employant 80 000 personnes, dont le CA était de 150 milliards d'euros en 2012, Petrobras appartient à l'État brésilien.

2. Nicolas Bourcier, « Petrobras, le scandale qui éclabousse le Brésil », *Le Monde*, 29 janvier 2015.

hommes sont tombés, ont nié puis avoué. Les Brésiliens ont découvert, horrifiés, un vaste système de corruption qui impliquait, pêle-mêle, des fonctionnaires, des politiciens de tous bords, des entrepreneurs, des intermédiaires et, accessoirement, la présidente et son prédécesseur.

Et qui retrouve-t-on derrière ce chaos ? Qui a été parmi les premiers à approcher le géant Petrobras ? Qui a réussi, avec habileté, à s'enrichir grâce au mastodonte public et à se faire oublier, aidé par l'immense fracas du scandale ?... Albert Frère.

Le baron de Gerpinnes est à l'origine du tourbillon qui a déclenché le scandale. Frère était aux manettes dans la vente de la raffinerie de Pasadena à Petrobras. Il faut maintenant relire ce deal à l'aune de ce que nous connaissons de l'affaire Quick.

En 2006, une raffinerie, détenue par un holding financier appartenant à Albert Frère, a été vendue à Petrobras à un prix exorbitant. En 2010, quatre ans plus tard, Tractebel, filiale de GDF Suez, dont Albert est l'actionnaire principal, versera 1 million de réaux (242 000 euros) à Dilma Rousseff, pour financer sa campagne électorale[1]. Petite précision : Dilma Rousseff était présidente du conseil d'administration de Petrobras lors de l'achat de la raffinerie.

Le 17 mars 2014, un immense coup de filet mené par 400 policiers marque pour l'opinion mondiale le début de l'affaire Petrobras. Mais tout avait commencé le 12 juillet 2012 pour le public brésilien. Ce jour-là, *O Estado de S. Paulo*, l'un des quatre principaux quotidiens

1. *O Globo* révèle l'information dans son édition du 7 avril 2014. Papier non signé, « Dilma et Serra ont reçu des dons d'un homme d'affaires belge ».

du Brésil, révèle que Petrobras, le géant de l'énergie, un groupe nationalisé, a acquis la raffinerie de Pasadena pour un montant de 1,18 milliard de dollars alors qu'elle avait été achetée sept ans plus tôt 42,5 millions de dollars par l'ancien propriétaire, Astra Oil, un groupe belge appartenant à Albert Frère. Soit une incroyable culbute de 1 600 %.

Le 13 mars 2013, une enquête est lancée par le ministère public à Rio, pour éclairer cette mystérieuse transaction. L'instruction suit son cours pendant un an et démêle une sombre histoire de pots-de-vin et de comptes offshore. Mars 2014 marque un tournant dans l'enquête : le nom de Dilma Rousseff apparaît pour la première fois, et l'affaire Petrobras commence à enflammer le Brésil.

O Estado de S. Paulo révèle des documents inédits, qui montrent que la chef d'État, et donc présidente du conseil d'administration de Petrobras, a approuvé le rachat de la raffinerie. L'article titre : « Dilma a appuyé l'achat de la raffinerie en 2006 ». Comment a-t-elle pu accepter de s'acquitter d'une somme si délirante ? Dilma Rousseff réplique qu'elle a pris sa décision à partir d'« informations incomplètes » et d'un document « technique et juridiquement faux[1] ». Elle peine à convaincre, et le poison du doute s'insinue dans les médias et chez les magistrats. D'arrestation de dirigeants et de fonctionnaires en révélation sur des pots-de-vin, Dilma Rousseff a beau se défendre, se défausser sur ses collaborateurs, invoquer sa méconnaissance des termes de la vente de la raffinerie, clamer sa probité, rien n'y fait.

Entre-temps, l'affaire a pris de l'ampleur. Les Brésiliens découvrent l'implication de dizaines d'entreprises, d'hommes politiques et de dirigeants. Des manifestations

1. Révélation *O Estado de S. Paulo*, un article de Sabrina Valle, « Petrobras a peut-être perdu des millions aux États-Unis », 12 juillet 2012.

sont organisées contre celle qui incarnait l'espoir et qui symbolise alors les mesures d'austérité et la corruption politique.

Dilma Rousseff, malgré une défense plausible, est destituée par le Sénat brésilien pour avoir maquillé les comptes publics afin d'alléger le déficit du pays. Michel Temer, son vice-président, lui succède. Il ne tardera pas, lui aussi, à être inquiété par la tornade Petrobras pour le financement de sa campagne et, surtout, pour avoir acheté le silence d'un député.

Albert Frère se fait alors discret. Et pour cause... Un article de *Veja*, grand hebdomadaire brésilien, en mars 2014, le met en cause pour la première fois très directement : « Si l'achat de la raffinerie de Pasadena s'est soldé par un préjudice de 1,18 milliard de dollars au minimum pour Petrobras, l'autre partenaire de cette affaire n'a pas de raison de se plaindre. La *pirouette* du groupe belge Astra, qui a gagné 1 590 % sur ses investissements de départ de 42 millions de dollars, a contribué à augmenter encore plus le patrimoine déjà bien étendu de son patron, le milliardaire Albert Frère[1]. »

Pour appréhender les détails de cette transaction hors norme, notre duo de journalistes a une arme fatale : elle a passé plusieurs années au Brésil et lit le portugais. Elle s'est donc plongée dans deux rapports d'enquête détaillés qui relatent, étape par étape, le deal passé entre Petrobras et Astra Oil, l'entreprise belge propriétaire de la raffinerie : le « Rapport sur l'acquisition de la raffinerie de Pasadena, Texas », publié en décembre 2014 par le « contrôleur général de l'Union », pour le secrétariat fédéral du Contrôle

1. « L'ex-partenaire de Petrobras à Pasadena est le Warren Buffett de l'Europe », *Veja*, 21 mars 2014 (article non signé).

interne, l'instance anti-corruption du pays[1]. Et le rapport réalisé au sein de Petrobras par une commission d'enquête interne au groupe nationalisé. Ce second rapport a lui aussi été publié en fin d'année 2014[2]. Ces rapports n'ont jamais été publiés, semble-t-il, en Europe et l'ont été, de manière parcellaire, au Brésil.

Elle l'appelle tous les jours pour lui faire part de l'avancée de ses découvertes, effarée qu'elle était de trouver des liens de plus en plus manifestes dans les manières d'opérer du milliardaire belge pour dénicher la bonne affaire, acheter au prix faible et vendre au prix fort. Quick-Petrobras : même *modus operandi*, même montage, même chiffres affolants, même flirt avec la loi… Un scénario machiavélique se dessinait sous leurs yeux. Elle lui disait souvent qu'elle avait l'impression de lire un polar.

Un soir, elle écrit : « C'est un monstrueux deal. Je me dis que je rêve, que tout cela n'est pas possible. Comment un système aussi sophistiqué et efficace peut-il avoir été conçu puis mis en pratique ? Comment Astra Oil a-t-elle pu agir avec une telle impunité ? » Il lui répond : « Tu veux dire que sans Albert, Dilma serait toujours en poste ? » Silence. Puis : « Ça l'a bien abîmée. »

Première multinationale du pays, huitième entreprise mondiale d'après le classement du magazine *Forbes* en 2000, Petrobras extrait, raffine, transporte et vend du pétrole. Le groupe public doit sa fortune à la découverte d'or noir sur les côtes de Rio de Janeiro et de São Paulo. Il

1. Cette commission de contrôle dépend du ministère de la Transparence et du Contrôle général. C'est un organe fédéral chargé de défendre le patrimoine public. Elle a tout pouvoir pour entreprendre des contrôles internes, y compris dans l'administration des ministères et de la présidence.

2. Son objet était « d'analyser les faits et les données relatives au processus d'acquisition de la raffinerie de Pasadena ».

est sous les projecteurs de toutes les bourses, de tous les magazines économiques, de toutes les places financières. Son trésor scintille dans le ciel de Rio comme les feux d'artifice un soir de carnaval. C'est, pour un prédateur comme Albert, une cible idéale. Le vieux renard a dû repérer la bonne affaire, comme il avait repéré le potentiel de la Caisse des dépôts en France.

Au fil des pages de rapports et d'articles de presse, une hypothèse se dessine. Si l'on se réfère à la chronologie des raids menés par le milliardaire belge, Petrobras figure en tête de liste. Est-ce à cette occasion qu'il a conçu et huilé sa manière de faire ? L'opération Petrobras est-elle un modèle du genre ? Elle contient tous les ingrédients retrouvés dans les affaires à venir : une entreprise publique pour cible, des hommes avertis à l'intérieur, un montage financier opaque, une méthode d'évaluation floue et inexpliquée, des politiques complices et un prix de vente qui explose. Toute la mécanique se met en place et opère en n'enfreignant jamais clairement la loi. De l'horlogerie fine...

Question de départ : comment le petit groupe belge est-il entré en connexion avec le géant brésilien ? Les rapports montrent qu'au début des années 2000 Petrobras cherche une piste pour développer ses activités aux États-Unis, au Canada et dans les Caraïbes. Un cabinet d'experts, Aegis Muse, a été mandaté pour explorer les opportunités et nourrir un projet baptisé « Raffinage en extérieur ». En 2002, le cabinet fournit aux instances dirigeantes de Petrobras un classement des raffineries potentiellement intéressantes. Parmi celles-ci, l'une d'elles, en quatorzième position, est basée à Pasadena, près de Houston, au Texas. D'après le rapport interne, les experts ont noté à son propos : « actif de basse qualité nécessitant des investissements pour traiter le pétrole lourd ».

Parallèlement, au début de l'année 2004, Transcor Astra, une multinationale active dans le domaine pétrolier, tente une approche auprès de la Crown Central Petroleum, l'heureuse propriétaire de la raffinerie texane. Transcor Astra est détenue majoritairement par la holding d'Albert Frère, la CNP. Les deux entreprises nouent d'abord un partenariat puis, au bout d'un an, Transcor Astra propose de racheter la raffinerie. La journaliste, plongée dans les rapports, constate que l'affaire a été rondement menée. Trois ans seulement après que la raffinerie de Pasadena apparaît sur les radars de Petrobras, Transcor Astra l'acquiert pour 42,5 millions de dollars *via* sa filiale Astra Oil. Comme si Albert Frère avait fait main basse sur une raffinerie qu'il savait convoitée par le géant brésilien. Pour réaliser sa captation, la multinationale belge a mis tous les atouts de son côté : Alberto Feilhaber, vingt ans de direction chez Petrobras (de 1983 à 1995), figure parmi les dirigeants d'Astra. Voilà pour l'hameçon destiné au géant pétrolier, pensent les journalistes. Encore faut-il que la cible soit docile, et qu'elle y morde sans sourciller. Les faits relatés dans les rapports dessinent une stratégie implacable.

Pour blinder le deal et préparer l'opération, une rencontre aurait été organisée entre les responsables de Petrobras et ceux d'Astra Oil, pour étudier les termes d'une éventuelle offre d'Astra à Petrobras. Un des rapports indique que cette rencontre aurait eu lieu à Houston, en octobre 2004, c'est-à-dire au moment même où Astra Oil envisage d'acheter la raffinerie… Doit-on en conclure qu'avant même de posséder la raffinerie de Pasadena, Astra Oil envisageait de la revendre à Petrobras ? Un détail attire l'attention de la journaliste. En juin 2004, une nouvelle entité est créée au sein de la direction internationale de Petrobras, la « gérance exécutive du développement des affaires », dont le but est de développer les activités à l'extérieur de Petrobras. À la tête de la direction internationale, un certain Nestor Cervero, l'homme par lequel passeront toutes les tractations concernant l'achat de la raffinerie de Pasadena. Ces faits rappellent l'arrivée d'une nouvelle équipe à la CDC CI en septembre 2004, dans l'optique du rachat de Quick par la Caisse. Les dates sont peut-être fortuites. Mais dans les deux cas, Albert Frère est dans les coulisses, et un rachat est en vue.

Nestor Cervero est rompu aux négociations en tous genres : arrivé à Petrobras en 1975, il est passé par différents postes. Une sorte de haut fonctionnaire à la brésilienne, qui gravit les échelons jusqu'au sommet. L'homme a une particularité : son œil gauche est beaucoup plus bas que le droit. Distinction peu banale qui fait de lui une figure repérable pour tous les médias brésiliens. La direction internationale qu'il dirige aurait agi dans la plus grande indépendance lors de tout le processus d'achat, contrairement à ce qui était prévu : « Lors du projet d'acquisition de la raffinerie de Pasadena, conduit intégralement par l'équipe de la direction internationale, l'interaction avec le service Nouvelles Affaires n'a jamais eu lieu », note le rapport interne de Petrobras. Elle n'aurait respecté aucun des protocoles décisionnels internes à Petrobras, transmettant certaines informations, et pas d'autres, à la direction exécutive. Bref, la direction internationale est un électron libre, chapeauté par un homme de poigne. Tout comme le sera l'équipe de la CDC CI, menée par René Maury, qui gérera seule les détails de la transaction avec Quick en France.

Tous les éléments sont en place : Petrobras est prêt, l'hameçon gigote, les éléments du contrat ont été discutés. Il ne reste plus qu'à donner l'assaut. Le 23 février 2005, un mois après l'achat de la raffinerie de Pasadena par Astra Oil, son vice-président, Alberto Feilhaber, fin connaisseur des rouages de la grosse machine Petrobras, envoie un courrier à l'entreprise publique brésilienne pour proposer un partenariat global dans lequel la raffinerie est citée comme un des éléments du marché : « Après une étude scrupuleuse du plan stratégique de Petrobras, et considérant la forte présence d'Astra sur les marchés américains du pétrole [...], nous avons identifié des opportunités commerciales que nos deux compagnies pourraient exploiter et développer sur une base commune. »

Sans surprise, Petrobras est intéressé ; un mois plus tard, ses dirigeants envoient un groupe d'experts au Texas pour étudier la question. Ceux-ci pensent que c'est une bonne opportunité, mais ils mettent leurs dirigeants en garde : la raffinerie ne respecte pas les normes techniques généralement exigées par Petrobras. Ils suggèrent donc une évaluation pointilleuse du bien pour jauger le montant des investissements nécessaires. L'avis des experts maison ne semble pas refroidir Petrobras : l'entreprise signe un accord de confidentialité avec Astra Oil dès le 30 mars 2005.

Début avril, Muse Stancil, un cabinet d'experts de renommée internationale, est mandaté par Petrobras pour évaluer la valeur de la raffinerie. Là réside le nœud de l'affaire : comme pour Quick, le but d'Albert Frère est de vendre la raffinerie de Pasadena au prix maximal. On retrouve là l'ingéniosité et la connaissance du terreau humain du vendeur de clous carolo. Muse Stancil livre ses conclusions : la raffinerie vaut 429 millions de dollars en l'état actuel, mais sa valeur pourrait passer à 877 millions de dollars si on réalisait les investissements nécessaires. Le prix de la raffinerie, achetée seulement 42,5 millions de dollars à peine un an plus tôt, a déjà été multiplié par dix... Est-ce parce qu'Astra Oil a prévu d'investir 112 millions entre 2004 et 2006 ? Ou bien parce que le marché est porteur ? Toujours est-il que les deux journalistes ont compris que, dans les transactions financières, tout se joue lors des évaluations qui fixent le prix de vente. Elles sont complexes, mystérieuses, fragiles et aléatoires. Mais les financiers semblent y croire comme les Grecs à leur pythie. L'affaire Petrobras, avec ses chiffres mirobolants, n'échappe pas à la règle.

Pourtant, la fameuse raffinerie de Pasadena n'est pas de la première main. D'après les rapports consultés par la journaliste, elle serait « au bord de la faillite ». Son ancien propriétaire, la société Crown Central Petroleum, a subi de « nombreuses crises financières » depuis son acquisition en 1996. Elle n'aurait réalisé aucun investissement, alors que les normes de respect de la qualité de l'air et de l'eau sont de plus en plus exigeantes. Le groupe technique diligenté par Petrobras, envoyé sur place pour réaliser une étude en mars 2005, aurait constaté que « de nombreux équipements sont rouillés, que la peinture s'écaille ». Les installations sont décrites comme obsolètes et ne respectant ni les normes environnementales ni celles de santé publique américaines.

Après réalisation d'une nouvelle évaluation par des équipes internes, l'estimation initiale est revue à la baisse... Le prix de la raffinerie en l'état plafonne à 258 millions de dollars (au lieu de 429 millions), et à 745 millions si des investissements sont réalisés.

C'est maintenant à la direction internationale de jouer. Le 18 août 2005, son directeur, Nestor Cervero, va présenter la proposition d'achat à la direction exécutive. Il prend les commandes de la transaction. Il aurait contourné la procédure interne d'acquisition formalisée au sein de Petrobras et n'aurait pas sollicité la division « Stratégie et Performance » de l'entreprise. Il aurait ainsi négligé un élément déterminant, bien identifié dans les procédures définies par Petrobras : les acquisitions doivent être évaluées à leur valeur actuelle, c'est-à-dire en l'état. Leur prix ne doit, en aucun cas, être fixé en fonction des investissements qui sont à réaliser « de façon à ce que le vendeur ne bénéficie pas d'une valeur dont il n'est pas à l'origine », précisent les documents internes. Nestor Cervero ne se serait pas embarrassé avec ce genre de détail limitant le prix d'achat de la raffinerie. Dans les documents présentés à la direction exécutive de Petrobras le 18 août 2005, le prix d'achat proposé s'élève à 745 millions de dollars, prix maximal calculé par Muse Stancil. « Les conditions *as is*[1] (258 millions de dollars), calculées par Muse Stancil, n'ont pas été mentionnées et n'ont pas été présentées à la direction exécutive, ce qui est contraire au protocole », note le rapport interne de Petrobras.

Le lendemain, la direction de Petrobras envoie une proposition à Astra Oil pour un montant de 520 millions de dollars, soit 225 millions plus bas que celui proposé par Nestor Cervero. La stratégie n'a fonctionné qu'à moitié, mais Astra Oil ne compte pas en rester là. À partir de cet instant, la courbe du prix de la raffinerie ne cessera d'augmenter. Grâce à l'existence de petites clauses savamment injectées dans les contrats...

1. « En l'état ».

En découvrant ces manipulations, la journaliste marque une pause. Elle a comme une sensation de « déjà-vu ». Les ficelles utilisées rappellent décidément l'affaire Quick : un bien surévalué grâce à une méthode obscure qui permet d'intégrer dans le prix *avant* la vente une valeur qui va être créée *après* la vente. Pour Quick, il s'agissait d'incorporer dans son prix d'achat la valeur de la filiale française et celle des biens immobiliers qui seraient vendus après le deal. Pour la raffinerie de Pasadena, il s'agit d'incorporer au prix de vente la valeur des investissements qui vont être réalisés à la suite de la transaction. En gros, le but est de faire payer aux deux organismes publics un bien à un prix « futur » qu'il est censé atteindre après la transaction. Valeur hypothétique, évidemment. En attendant, la plus-value passe directement des caisses publiques à des comptes privés. Grâce à une mécanique bien huilée, les opérations se déroulent dans la plus grande discrétion. L'organisme public, mastodonte au règlement contraignant, vu le maillage en place et les compromissions, a peu de chances de flairer l'arnaque. Et toutes celles d'y tomber.

18

UNE MINE D'URANIUM DANS LES ÎLES VIERGES

Pendant qu'elle phosphorait dans les méandres de l'affaire Petrobras, il était plongé dans le rapport de l'association Sherpa[1] à propos d'Uramin, la société canadienne spécialisée dans l'exploration minière, rachetée à prix d'or par Areva et l'État français en 2007. En introduction, les auteurs du rapport fixent le cadre: « L'achat d'Uramin pose de réelles questions, notamment du fait de la rapidité des investissements, du montant des sommes engagées et des conséquences de cet investissement public. La présence d'un schéma corruptif dans le rachat d'Uramin pourrait expliquer un tel achat. Enfin, à ces questions s'ajoute celle du rôle et de la responsabilité éventuelle des garde-fous qui semblent n'avoir pu empêcher plus de

1. Fondée par l'avocat William Bourdon en 2001, Sherpa est une association française visant à protéger et défendre les populations victimes de crimes économiques.

3 milliards d'euros de pertes, et qui mèneront très probablement au licenciement de plus de 2000 salariés[1]. »

Avant la lecture du rapport Sherpa, un article de l'hebdomadaire *Marianne* l'avait alerté[2]. Thierry Gadault, son auteur, sous le titre « La piste des papys belge et canadien », y laissait entendre qu'Albert Frère et Paul Desmarais pourraient être une fois de plus à la manœuvre dans cette affaire où une entreprise publique avait été bernée. Une société financée presque à 100 % par l'État français servant de vache à lait était un bon indice[3]. Le fait que le montant du rachat d'Uramin par Areva ait été fixé par un expert aux méthodes indéchiffrables devenait une présomption. La société mère Areva, comme pour Quick ou Petrobras, n'avait pas pris la peine de sérieusement vérifier les données de l'expertise. Un magistrat à la retraite, sachant qu'il travaillait sur le tandem Frère-Desmarais, avait conseillé au journaliste de s'intéresser de plus près à Uramin. « Les sommes sont beaucoup plus conséquentes que pour tes hamburgers », avait soufflé le magistrat en lui remettant une quantité importante de pièces judiciaires. Ils se connaissaient depuis longtemps. Le magistrat aidait un ami, victime collatérale de la vente d'Uramin.

Judiciairement, les affaires Uramin ont été lancées à la suite de la publication d'une note cinglante et circonstanciée

1. « Corruption internationale – changer les pratiques : L'affaire Areva – Uramin », publié le 24 février 2016, aisément consultable sur Internet.

2. *Marianne*, 20 octobre 2017.

3. À la suite du scandale Areva, le géant français du nucléaire a changé d'identité et s'appelle depuis fin janvier 2018 Orano. Ses actionnaires sont l'État français (45,2 %), Areva SA (qui appartient à 100 % à l'État français) pour 40 %, le CEA (Commissariat à l'énergie atomique (4,8 %)), soit 90 % de fonds publics pour 10 % d'actionnaires japonais (Japan Nuclear Fuel, 5 %, et Mitsubishi, 5 %).

du procureur général auprès de la Cour des comptes à son homologue du parquet financier[1]. Dans ce courrier très argumenté d'une soixantaine de pages, le magistrat critique la gestion d'Anne Lauvergeon, alors patronne d'Areva, qui va mener sa société à une situation comptable où « elle ne parvient plus à financer son développement ». Il insiste sur le fait que, bien que le directoire constitue une instance collégiale de gestion et d'administration de l'entreprise, « la présidente, Anne Lauvergeon, n'informait pas nécessairement les trois autres membres de son directoire, et dirigeait seule la société pour l'essentiel ». Il relève la volonté de dissimuler les manigances de ses proches et de ses collaborateurs. « Les actionnaires de la société Uramin ont ainsi réussi à la vendre à Areva en juin 2007, à un prix environ cinq fois supérieur à celui qu'ils demandaient en octobre 2006 », explique le magistrat, qui met en cause « la direction d'Areva comme ses conseils, en particulier la banque Rothschild, [qui] n'aurait pas pointé les faiblesses du dossier, en particulier le fait que l'ensemble des informations sur la qualité des gisements provenait d'Uramin, le vendeur ». Tiens, la banque Rothschild…

La liste des petits arrangements avec le droit et la morale est longue, et les sommes en jeu si importantes que le dossier va provoquer l'ouverture de trois informations. L'une pour escroquerie, abus de bien social et corruption d'agent public étranger ; l'autre pour fausses informations boursières, présentation de comptes inexacts, abus de pouvoir, faux et usage de faux ; la troisième, enfin, pour délit d'initiés dans le dossier Uramin.

1. Note (de 66 pages) du 24 février 2014 rédigée par Gilles Johanet, procureur général auprès de la Cour des comptes, adressée à Éliane Houlette, le procureur de la République du parquet financier, en vue de l'ouverture d'une information.

Pour comprendre cette histoire pleine de chausse-trapes, d'intermédiaires troubles et de marionnettistes masqués, il faut remonter au 24 août 2004. Stephen Dattels, un riche homme d'affaires canadien, prospecteur minier, actionnaire et personnage central du scandale Uramin, enregistre la société Beranjou dans les îles Vierges britanniques, un magnifique paradis fiscal au cœur des Caraïbes. Deux ans plus tard, la coquille à peu près vide prendra le nom d'Uramin, et sera vendue à Areva 2,5 milliards d'euros.

Stephen Dattels ne s'est pas improvisé chercheur d'or. Un autre milliardaire canadien ayant fait fortune dans les mines d'or, Peter Munk, un ami de Paul Desmarais, lui a mis le pied à l'étrier en l'embauchant comme vice-président de sa société aurifère, Barrick Gold. Nous sommes en 1982. D'après son CV (consultable sur son site), Dattels était alors diplômé en droit et avait travaillé comme juriste dans un cabinet d'avocats à Toronto. Un rapport canadien[1], qui porte sur l'affaire Uramin, lui octroie un rôle plus précis – et explosif – au sein de la société minière. Il y est expliqué que Dattels a directement participé à la fondation de Barrick Gold, « sous la direction du financier Peter Munk et du trafiquant d'armes Adnan Khashoggi ». L'homme aurait ensuite accompagné, avec succès, le développement de Barrick Gold, passé d'une valeur de 10 millions de dollars à une capitalisation boursière de 2 milliards de dollars. Le rapport ne détaille pas la manière dont Dattels s'y est pris pour accomplir une telle culbute financière.

L'histoire de Barrick Gold recèle une autre surprise. En 1995, Peter Munk veut développer son entreprise

1. Rapport sénatorial canadien de 2015 intitulé « Rapport Uramin : une nouvelle affaire à la Bourse canadienne », rédigé sous la gouvernance de Céline Hervieux-Payette.

à l'international et forme un « comité consultatif international » avec des personnalités du monde politique et économique. Outre George Bush, il fait appel à un autre milliardaire, son compatriote et ami très proche au carnet d'adresses bien rempli : Paul Desmarais, le patron de la Power Corporation. À ce stade de l'histoire, au milieu des années 1990, bien avant qu'éclate le scandale Uramin, les journalistes relèvent que ce Peter Munk et son entreprise (Barrick Gold) constituent un lien entre Paul Desmarais et Stephen Dattels. Ils notent aussi que, en 1995, Paul Desmarais rencontre Nicolas Sarkozy pour la première fois grâce à Albert Frère.

Elle a ce casting en tête lorsqu'elle décrypte le scandale Petrobras. Elle lui en fait part et ajoute qu'en 2000 Anne Lauvergeon, future patronne d'Areva, est nommée au conseil d'administration de Suez, instance où elle siégera aux côtés de Paul Desmarais junior. Et, un an plus tard, aux côtés d'Albert Frère, qui les y rejoint en 2001.

Là encore surgit un lien entre les protagonistes de cette histoire. Saidatou Dicko, une chercheuse qui travaille sur ces sujets à l'université de Montréal, enfonce le clou : « Cette promiscuité permanente dans les conseils d'administration, qui mêle des dirigeants d'entreprises concurrentes, n'est pas explicable du point de vue de la théorie des marchés. Des informations confidentielles y sont partagées ; cela a un côté consanguin. Il y a un intérêt commun qui surpasse cela, un mode opératoire. Appartenir à un CA permet de créer des liens qui vont s'avérer fort utiles, notamment lors des fusions-acquisitions. Un lien avec des banquiers pour financer l'opération, un lien avec des personnes qui possèdent des informations stratégiques concernant l'entreprise convoitée. Dans toute acquisition, connaître une personne qui est déjà dans la compagnie est un atout considérable. »

Les deux journalistes se voient assez peu en ce début d'année 2018, mais ils s'écrivent beaucoup. Elle lui écrit fin janvier : « J'ai le nez dans les rapports brésiliens concernant Petrobras. En même temps, je jette régulièrement un œil sur les procès-verbaux du parquet financier qui enquête sur l'affaire Uramin depuis 2014. Les liens entre Uramin, Frère et Desmarais, il faut gratter de ce côté, et on reviendra sur Quick plus tard. » Il répond par un sibyllin : « *Le'ts go !* » Au fond, lire des PV l'emmerde. Dès qu'il en trouve un qui pourrait nourrir leur projet, il lui envoie. Il préfère la lecture de *L'Équipe* et qu'elle fasse un premier tri. Elle l'appelle quotidiennement pour lui faire part de ses enthousiasmes. Progressivement, il se remet au boulot, relisant lui aussi tout ce qui passe autour d'Uramin. Le montant de l'argent public dilapidé, sans qu'aucun contrôle n'ait fonctionné chez Areva ou dans les services de renseignements, sans qu'aucun haut fonctionnaire travaillant aux ministères de l'Intérieur ou de l'Économie n'ait moufté, sans que les médias s'en émeuvent particulièrement, ne cesse de l'étonner.

Stephen Dattels, donc. Les journalistes, les sénateurs canadiens ou les auteurs du rapport Sherpa en font un des cerveaux du scandale Uramin. Tout serait parti de cet homme énigmatique, malin et hâbleur. L'une des principales sources des journalistes et des enquêteurs est un ouvrage : *A team enriched*, rédigé à l'initiative de l'homme d'affaires et d'un certain James Mellon. Les deux amis y expliquent les détails de la vente d'Uramin à Areva. Un peu comme si, à l'instar du Petit Poucet, ils avaient laissé des pierres dans l'obscure forêt africaine du dossier Uramin. Il suffit de les suivre pour retracer les grandes étapes du deal et retrouver les principaux instigateurs. Marc Eichinger, un ancien agent secret reconverti dans le service privé, a été l'un des premiers à évoquer ce livre et à s'en servir pour démêler les fils complexes du scandale. Il est l'auteur d'un rapport financé par Areva. Pour Eichinger, la présence de Frère et Desmarais dans le deal Uramin n'est pas une surprise.

Dès l'ouverture de son rapport, Marc Eichinger fait allusion à l'ouvrage: « L'acquisition d'Uramin par Areva est une opération tellement improbable que les anciens actionnaires d'Uramin n'en reviennent pas. Ils ont facilité nos recherches en demandant à la société Brand Consult Ldt de rédiger un livre reprenant leurs interviews pour immortaliser à jamais cette opération. » Suit la fameuse date du 24 août 2004, jour où Dattels crée Beranjou...

Elle remarque que les six derniers mois de l'année 2004 ont été très lucratifs pour les coffres-forts de Frère et Desmarais. Transcor Astra, dont Frère est actionnaire, se prépare à mettre la main sur la raffinerie de Pasadena, qu'elle revendra quelques années après à prix d'or; en août, c'est la création de Beranjou et, en septembre, l'arrivée de René Maury dans la filiale de la CDC qui achètera Quick. Il lui fait remarquer que les sommes en jeu sont très différentes, et que ces trois événements sont peut-être sans rapport. Elle pouffe: « Sans rapport ? Tu rêves... »

L'associé de Stephen Dattels, James Mellon, est formel dans une vidéo postée sur Youtube[1]: « Je n'ai pas vraiment vendu Uramin. Stephen Dattels a tout organisé et j'étais

1. Page 22 du rapport canadien.

ravi de le suivre dans l'aventure. » Il est difficile d'en savoir plus sur l'homme central de ce deal. Il verrouille entièrement sa communication sur le Net et, comme le précise le rapport canadien : « Il est impossible de se procurer ou de trouver une image ou encore une photo du financier canadien. » Vivant dans le total secret, Dattels a une somptueuse villa en Floride à Palm Beach – pas très loin de celle, encore plus somptueuse (et inspirée du château de Versailles), que possédait Paul Desmarais. Il vivrait, la plupart du temps, à Londres, où il mène ses activités professionnelles. Bref, un petit avocat milliardaire discret, loin de *Forbes* et des frimeurs de la jet-set. Il communique sur le business, mais demeure muet sur sa vie privée. De quoi entretenir sa légende et, surtout, le cours de ses actions en Bourse… Son acolyte, James Mellon, est plus prolixe. Selon le rapport sénatorial canadien, il se répand sur sa supposée fortune dans les médias et les réseaux sociaux, mais serait en constante difficulté financière.

Comment deux profils aussi différents se sont-ils réunis pour mettre au point ce que l'on peut considérer comme l'une des plus grandes arnaques de cette décennie ? Le rapport est laconique à ce propos : James Mellon aurait fait fortune en investissant massivement dans la biotechnologie, serait membre d'une vingtaine de conseils d'administration et « ami personnel de Dattels ». Un peu court pour le « complice » d'un hold-up de 2,5 milliards. Dattels et Mellon. Frère et Desmarais. Des duos se forment pour partir à l'assaut de mines d'uranium, de fabriques à hamburgers, de puits de pétrole. À la clé : comment devenir milliardaire sans trop se fouler, tout en creusant des trous abyssaux dans les caisses des États ?

À les voir opérer, il est possible que ces duos s'approchent puis s'éloignent à nouveau, par ellipses. La journaliste note que Dattels et Mellon ont fait appel à la Banque de Montréal lors de la création d'Uramin. BMO, l'une des banques les plus influentes du Canada, proche de la Power Corporation de Paul Desmarais, avec laquelle elle partage des administrateurs. Comme un certain Jeffrey Orr, qui a été président et vice-président de filiales de la BMO, et qui est entré, en 2005, au CA de Power Corporation et dans l'organigramme de plusieurs de ses filiales. Ou Jerry Nickerson, membre honoraire du CA de la Banque de Montréal et membre du CA de la Power Corporation depuis 1999. On peut ajouter au palmarès une certaine Guylaine Saucier, qui fera bientôt son apparition remarquée dans le dossier Uramin. Fin de l'ellipse.

Dattels et Mellon vont investir 100 000 dollars dans leur première société, Beranjou, boîte qui va devenir le futur appât. Pour l'instant, c'est une coquille vide. Son but est de « fonder une société minière focalisée sur l'uranium », détaille Marc Eichinger. Il ajoute, laconique : « Très exactement six cent soixante-quatorze jours après la création d'Uramin Inc., la société sera vendue à Areva pour 2,5 milliards de dollars. » Les journalistes, à présent habitués à sortir leurs calculettes pour mesurer la plus-value réalisée, font une opération rapide. La plus-value sur la vente d'Uramin dépasse tous les records et relègue celle de Quick et celle de Petrobras au rang de pâle brouillon : pas loin de 2 milliards. Comme un mantra, ils se posent toujours la même question qu'à propos des deux autres affaires. La seule question qui vaille : comment une entreprise où 100 000 dollars sont investis en 2005 peut être vendue 2,5 milliards en juin 2007 ?

Cette fois, ils ont un début de réponse : le mode opératoire. En reprenant les éléments communs à Quick et

Petrobras, ça donnerait à peu près ceci : une entreprise qui ne vaut rien sert d'appât. Un complice ou des complices sont infiltrés dans la société publique cible. D'un côté et de l'autre, le but est de faire grimper le prix d'achat de l'appât, en faisant appel à un expert accommodant. Quand le prix voulu est atteint, le complice interne s'arrange pour que le deal soit conclu. L'affaire est dans le sac. Les millions ou les milliards auront été empochés depuis longtemps quand l'arnaque sera révélée au grand jour. L'entreprise publique, la Caisse des dépôts, Petrobras ou Areva n'ont plus qu'à accuser les pertes ou une réévaluation de leurs comptes. Les contribuables, les abonnés du gaz ou d'EDF, ces bourses fidèles et captives, n'auront pas d'autre choix que de payer finalement l'addition. Les petites mains opérant dans les cuisines de Quick, les ouvriers brésiliens de Petrobras et les salariés d'Areva sont les autres victimes de ces captations très organisées.

Un brin fébriles, une montagne de documents en main, les deux journalistes vont mettre leur théorie à l'épreuve. Est-ce qu'ils retrouveront tous ces éléments dans le scandale Uramin ?

19

UN JACKPOT ET TROIS INSTRUCTIONS

Si l'on s'inspire de ce qui s'est joué en coulisse pour Quick et Petrobras, Uramin a l'apparence d'un « leurre » patiemment édifié. Le 26 août 2004, jour de son inscription au registre des sociétés des îles Vierges, Beranjou n'a de minière que la fonction. Tout est à construire. Il faut prospecter et trouver des gisements à acquérir auprès d'autres sociétés. Celles-ci possèdent des terrains prometteurs qui, mis bout à bout, permettront de construire une belle « junior », comme on appelle ces sociétés minières dont sont friands les mastodontes comme Areva, toujours à la recherche d'uranium frais. Le but est de faire grimper la valeur d'Uramin, et ainsi de justifier un prix d'achat exorbitant. En matière de valorisation, Dattels a pu montrer l'étendue de son savoir-faire lors de son passage à Barrick Gold...

La première étape se passe en Afrique du Sud : Beranjou doit trouver une société à laquelle s'adosser pour pouvoir acquérir des gisements miniers, comme le veut le droit local. Ce sera Mago Resources, détenue par Matiki Chikala, homme d'affaires sud-africain introduit auprès de Dattels en 2004. Leurs discussions aboutissent à la création d'une joint-venture, grâce à laquelle Dattels va pouvoir faire main basse sur « 6000 hectares de terre aride dévolue à l'élevage de moutons » en Afrique du Sud, comme l'écrit Vincent Crouzet, un autre ancien agent des services secrets français devenu expert en géopolitique, dans son livre référence *Une affaire atomique*[1]. Un gisement d'uranium, celui de Ryst Kuil, constituera l'un des principaux attraits de la concession. Première étape bouclée.

En mai 2005, Beranjou (devenu Uranco, histoire de brouiller les pistes), acquiert Gulf Investor Trading Namibia, qui détient un autre permis pour une nouvelle mine d'uranium en Namibie, à Trekkopje, là encore un site déclaré comme « prometteur » par Dattels et ses associés. Deuxième étape ficelée.

En juin 2005, la valeur totale d'Uranco est de 19 millions de dollars. Le 26 septembre, la société d'origine change de nouveau de nom, et Uramin voit officiellement le jour, toujours basée dans les îles Vierges. Elle est déjà bien dotée, et ses dirigeants estiment qu'il est grand temps de prendre contact avec la cible, histoire de la ferrer.

À l'instar de Petrobras, qui sera approché par l'équipe d'Astra Oil très peu de temps après son acquisition, Areva se voit contacté par Dattels dès octobre 2005, comme le stipule, sans plus de détails, l'ouvrage *A team enriched*. Objectif : en faire une cible captive, puis dérouler le plan jusqu'à faire grimper les enchères et vendre au prix fort.

1. Robert Laffont, 2017.

Vincent Crouzet écrit à ce propos : « Steve Dattels se comporte comme un joueur d'échecs. [...] Il a prévu tous ses coups très à l'avance. Rien n'a été laissé au hasard. » Cette version laisse supposer que Dattels serait seul maître à bord. Et si l'on imaginait qu'il ait été choisi précisément parce qu'il sait mener ce type de transaction ?... Et s'il y avait des chefs d'orchestre au-dessus de lui, qui tiennent les ficelles dans l'ombre ? Des hommes qui délèguent les sombres taches et encaissent ensuite les bénéfices ?

Fin 2005, le puzzle se met doucement en place. Les négociations avec la cible ont été entamées. Areva est appâté. Reste à donner tous les atouts à Uramin pour qu'elle puisse prendre de la valeur. Un homme possède les qualités requises : sir Samuel Esson Jonah. Ce businessman d'origine ghanéenne a ses entrées auprès des plus grands dirigeants politiques africains. Il est une pièce maîtresse pour négocier les situations les plus complexes.

En novembre 2005, Dattels le bombarde P.-D.G. d'Uramin contre 3,4 % de la société : « En le nommant à ce poste, il double la valeur d'Uramin », remarque Saifee Durbar, un homme d'affaires indien spécialiste de l'Afrique et informateur clé de l'ouvrage de Vincent Crouzet. Jonah a un autre atout : d'heureuses circonstances vont le mettre sur la route d'Anne Lauvergeon, la patronne d'Areva. Areva semble intéressé par Uramin, puisque des négociations ont été entamées ; mais jusqu'où le groupe ira-t-il dans sa volonté d'acquisition ? Quel prix est-il prêt à mettre ?

Au moment où Uramin est créé et où la trajectoire de sir Samuel Jonah croise celle d'Anne Lauvergeon, Areva a cruellement besoin d'uranium. Selon les propos de Saifee Durbar dans le livre de Vincent Crouzet, « si aujourd'hui Anne Lauvergeon dit tout ignorer des manigances de

Dattels, ce dernier, à l'époque, connaît parfaitement les besoins d'Areva, compatibles avec son plan». Mais une autre hypothèse est envisageable: Dattels pourrait être informé par son collègue et voisin (à Palm Beach) Paul Desmarais. Qui dit Paul dit Albert... Des hommes de l'ombre pour lesquels et avec qui il pourrait œuvrer. Hypothèse... Des hommes qui côtoient Anne Lauvergeon dans les couloirs feutrés des conseils d'administration ou lors des repas qui suivent, quand les réunions finissent tard comme chez Total, Suez, Vivendi ou BNP Paribas, par exemple, où ils sont tous trois administrateurs[1].

L'année 2005 est charnière. Anne Lauvergeon, à la recherche de marchés, convoite l'Afrique du Sud. Le président Thabo Mbeki, qui succède à Nelson Mandela, a pour ambition de lancer un grand programme nucléaire comprenant une dizaine de réacteurs (le chiffre de trente est évoqué). La dirigeante espère vendre au nouveau président les fameux EPR qui, pour l'heure, n'ont pas le succès escompté. «Comme Areva vend ses réacteurs avec des contrats de fourniture d'uranium correspondant à leur consommation, l'ambition minière de la compagnie est décuplée», note Vincent Crouzet. Autant dire qu'Areva et sa patronne sont ferrés. Il leur faut des marchés et de l'uranium. Une rencontre opportune va leur assurer un «deux en un» sous l'apparence souriante et bonhomme de sir Samuel Esson Jonah.

1. Selon la *Revue française de gestion*, Paul Desmarais et Albert frère ont pu croiser Anne Lauvergeon lors des conseils d'administration de Vivendi Universal, Vivendi Environnement, Alcatel, Saint-Gobain, LVMH, RTL, Carrefour, Havas Advertising, Société Générale, TotalFinaElf, Usinor, Vinci, Aventis, Bertelsmann, Christian Dior, Metro, Schneider, Securitas, Lagardère, Alstom et Thales. (Gilles Guieu et Pierre-Xavier Meschi, «Conseils d'administration et réseaux d'administrateurs en Europe», Cairn Info, mai 2008.)

Ils se croisent « en 2005 ou quelques mois auparavant, sans doute dans l'un des hôtels de luxe du Sandton, le quartier du business » à Johannesburg, suppose Crouzet. Très vite, Jonah chaperonne Anne Lauvergeon pour l'intégrer à l'International Investment Advisory Council, le Conseil consultatif des investissements, une plate-forme créée par l'Organisation des Nations unies qui vise à mettre en rapport des dirigeants politiques et des entrepreneurs, et à laquelle Thabo Mbeki collabore. « Autrement dit, et le plus simplement : Anne Lauvergeon est désormais conseillère du président sud-africain quant aux investissements stratégiques du pays auquel elle entend vendre ses réacteurs EPR », résume Crouzet. Anne Lauvergeon et sir Samuel Jonah se sont parfaitement trouvés, même si ce dernier s'en défendra dans un quotidien sud-africain, plaidant « un coup de chance ».

Le tableau est presque complet pour Uramin. Areva, la cible, est en bonne place pour négocier la vente de ses EPR en Afrique du Sud. Et les EPR ont besoin d'uranium. Si le prix de l'uranium monte, celui d'Uramin va forcément grimper…

En décembre 2005, Areva lance officiellement le plan « Turbo », dont le but est de développer ses acquisitions de minerais. L'annonce affole les marchés et rend l'uranium plus précieux encore. Uramin termine l'année 2005 sous des auspices très favorables. L'année 2006 s'ouvre sur de belles perspectives.

En février, les experts d'Uramin partent en reconnaissance sur le site de Bakouma, en Centre-Afrique. Celui-ci a été délaissé successivement par le Japon, l'Australie et la Chine, mais il intéresse Dattels qui, après quelques études, acquiert trois permis miniers pour 27 millions de dollars.

Les négociations auraient prévu, selon le PV d'interrogatoire de Saifee Durbar[1], que 10% de la somme irait dans la poche de François Bozizé, le chef d'État africain. Pas de quoi embarrasser l'équipe d'Uramin, qui pense bien faire fructifier l'investissement. Entre-temps, Uramin a fait son entrée en Bourse à Londres, épaulé par la fidèle BMO, la Banque de Montréal si chère à Paul Desmarais.

Une nouvelle fois, dans cette saga Uramin, on retrouve la BMO et, avec elle, l'ombre de Paul Desmarais. BMO, la plus vieille banque canadienne et une des cinq banques les plus importantes du pays, est présentée dans les journaux économiques canadiens comme la banque historique de la famille Desmarais. «La famille Desmarais contrôle historiquement BMO *via* ses participations dans la Banque royale du Canada, Bank of Nova Scotia, mais encore sa holding IG Investment Management», complète Vincent Crouzet[2]. Joint par les journalistes, celui-ci précise: «C'est à cette époque qu'apparaît Guylaine Saucier, membre du conseil d'administration de BMO. Elle est nommée au conseil de surveillance d'Areva, malgré ses fonctions dans la banque canadienne. Voilà un personnage qui a un pied chez le vendeur et un autre chez l'acheteur. On est en plein conflit d'intérêts. Pourtant, personne ne réagit.»

En cherchant un peu, nos deux journalistes trouvent un autre lien entre Guylaine Saucier et la famille Desmarais. La Canadienne, qui va être nommée en 2010 pour coprésider le comité d'audit d'Uramin, siège au conseil d'administration de l'Institut sur la gouvernance d'organisations

1. Extrait de PV cité page 217.

2. Voir l'article publié par *Mediapart*: «Scandale Uramin: les jeux de l'atome et du hasard?», 20 octobre 2017.

privées et publiques (IGOPP)[1] avec Hélène Desmarais, femme de Paul Desmarais junior. Il est donc bien possible qu'elle connaisse la famille Desmarais[2].

Fin 2006, Uramin détient 70 % de Mago Resources (Afrique du Sud), 100 % d'Uramin Namibia (Trekkopje) et 90 % d'Uramin Bakouma. Tout est en place pour faire grimper l'addition et dépouiller Areva de 2,5 milliards d'euros. Plus les frais afférant aux sites et aux intermédiaires.

En octobre 2006, une négociation confidentielle aurait eu lieu, d'après les éléments de l'enquête judiciaire, entre les dirigeants d'Uramin et ceux d'Areva. Le prix fixé par Uramin pour son achat est déjà exorbitant au regard de sa valeur quelques mois plus tôt : 471 millions de dollars, c'est-à-dire dix fois son investissement initial, sans rien qui puisse justifier cette valorisation. Dans le rapport remis à la justice belge, l'expert Krockaert avait utilisé la même argumentation à propos de la valorisation de Quick. On

1. Créé en 2005 par deux universités, une importante fondation et l'Autorité des marchés financiers canadienne, l'IGOPP est, selon son site, « un centre d'excellence en matière de gouvernance ». Par ses activités de recherche, ses programmes de formation, ses prises de position et ses interventions dans les débats publics, « l'IGOPP s'est affirmé comme référence incontournable pour tout sujet de gouvernance, tant dans le secteur privé que dans le secteur public ».

2. Les deux journalistes ont pris contact avec Guylaine Saucier en lui envoyant un mail dans lequel ils l'interrogent sur sa présence à la fois comme membre du conseil d'administration de BMO (banque conseil d'Uramin) et comme membre du conseil de surveillance d'Areva : « De par vos fonctions, vous étiez donc à la fois chez le vendeur (Uramin) et l'acheteur (Areva), ce qui peut apparaître comme étant une position propice au conflit d'intérêts. Comment avez-vous vécu cette position à l'époque ? D'autant que, en 2010, vous avez pris la tête du comité d'audit pour faire l'éclairage sur cette transaction hors norme ? Enfin, il semblerait qu'il y ait des liens capitalistiques entre BMO et l'empire Desmarais. Confirmez-vous ces informations ? » Ils ont proposé à l'auditrice de leur répondre par écrit ou de leur accorder un entretien téléphonique. Guylaine Saucier a fait la sourde oreille et ne leur a pas répondu.

constate la même ascension chez Petrobras. Ces affaires, même si les enjeux et les terrains sont différents, ont de nombreux points communs, jusqu'aux commentaires qu'ils suscitent. Et la difficulté à cerner les commanditaires. Dans les trois cas, pourtant, la justice réagit différemment. Au Brésil, elle semble faire feu de tout bois avec Petrobras. Pour Quick, en Belgique comme en France, elle jette l'éponge… Pour Uramin, des instructions sont en cours et laissent présager de prochains rebondissements.

En 2006, la valeur d'Uramin plafonne à 471 millions. Si les discussions avaient alors abouti, Areva[1] aurait fait une mauvaise affaire, mais la société aurait pu éviter une acquisition bien plus désastreuse…

Un événement va stopper net les négociations et faire s'envoler le prix de l'uranium : l'inondation du site de Cigar Lake le 22 octobre 2006. Le ciel et les dérèglements du climat sont du côté des vendeurs. Situé dans le Saskatchewan, au Canada, le site était la principale source d'approvisionnement d'Areva en uranium. La mise hors service de Cigar Lake augmente la pression sur l'entreprise, ainsi privée d'accès au précieux minerai. Son cours augmente, entraînant celui d'Uramin dans son sillage. La question de la cause réelle de l'accident de Cigar Lake taraude nombre d'observateurs de ce dossier, y compris chez les policiers de la brigade financière. Un salarié d'Areva, spécialiste des extractions minières, a fait part de ses doutes auprès de la brigade financière sur PV. « S'agissant du noyage de la mine de Cigar Lake et du report récent de sa mise en exploitation, je ne suis pas convaincu qu'il s'agisse d'une

1. Rebaptisé Orano en janvier 2018, et recapitalisé à hauteur de 4,5 milliards d'euros, l'État français étant son actionnaire principal avec 98 %.

cause accidentelle», a glissé le cadre d'Areva, expliquant que «CAMECO, l'associé canadien d'Areva, qui exploitait la mine, avait intérêt à différer la vente de cette production. Il s'agissait de faire remonter les cours de Bourse, et de vendre ses autres productions à meilleur prix».

Quoi qu'il en soit, et sans qu'un lien étroit soit établi entre l'accident et la vente d'Uramin, sir Samuel Esson Jonah gèle les discussions avec Anne Lauvergeon. L'équipe d'Uramin joue la montre pour faire encore monter les prix.

L'étape à venir consiste à introduire à Areva un homme susceptible de faire grimper les enchères. Une sorte de Nestor Cervero, le négociateur du scandale Petrobras. Pour Areva, ce pourrait être Daniel Wouters, un banquier belge opportunément embauché par Anne Lauvergeon pour s'occuper du deal Uramin. D'après les témoignages récoltés par les enquêteurs de la brigade financière, il aurait été recommandé à Anne Lauvergeon par son mari, Olivier Fric, qui aurait transmis le CV de Wouters à sa femme à l'automne 2006, au moment des premières négociations avec Uramin. Ce que confirme Wouters lors de sa première audition: «Je connaissais M. Patrick Gidon, un apporteur d'affaires de la banque Fortis, qui m'a averti qu'Areva recherchait pour ses acquisitions minières un banquier qui avait l'expérience d'achats en Bourse de sociétés d'exploration minière. J'ai remis mon CV à M. Gidon, et j'ai appris plus tard qu'en fait il l'avait fait passer chez Areva par l'intermédiaire de M. Olivier Fric, que je ne connaissais pas jusqu'alors.»

En fouillant dans les CV de Wouters et de Fric, les policiers sont tombés sur cette relation commune aux deux hommes, conseiller *seniors* à l'Africa Merchant Bank, filiale de Fortis, de 2000 à 2014. Wouters était un cadre important chez Fortis, puis à l'Africa Merchant Bank et, enfin, à la Belgolaise entre 1992 et 2006. Autant d'années où les deux hommes se sont côtoyés. Quant à Olivier Fric, il aurait travaillé avec ce conseiller dans les années 2000, lors de différentes affaires liées au commerce international. Rien d'illégal dans tout cela, juste des liens et des affaires.

Fortis, la banque historique d'Albert Frère. BMO, banque proche de Desmarais et actionnaire d'Uramin. Les journalistes notent que Frère et Desmarais ne sont jamais très loin. L'enquête montre également que Wouters avait des liens avec Dattels et Mellon avant son arrivée chez Areva. En 2003, il a en effet monté Swala Resources, une société spécialisée dans l'exploration de mines d'or, au sein de laquelle on retrouve James Mellon (*via* Jayvee & Co CIBC Mellon Global Securities Services Co) et Stephen Dattels (*via* WB Nominees Limited). L'homme se défend en expliquant qu'il avait mentionné à Areva l'existence de cette société, sans préciser que les fondateurs d'Uramin en étaient actionnaires…

Fin 2007, Wouters est aux commandes pour ce genre de deal chez Areva. Il va lancer l'acquisition d'Uramin et mener les négociations de manière autonome. Il a le champ libre. Curieusement, le département « des Mines » d'Areva, où il a été bombardé, restera sans chef de fin 2006 à juillet 2007 : « Ce qui nous a paru un peu étrange, c'est que nous n'avons pas eu de patron entre le départ fin 2006 et juillet 2007 […]. Pour moi, le poste était vacant, ce qui était anormal pour une activité comme celle-là, quand tout reprend. Les gens ne comprenaient pas », explique en procédure un ingénieur d'Areva. Ce n'est pas la première fois qu'il a été fait place nette pour accueillir une nouvelle équipe chargée de mener un achat au prix exorbitant, se disent les journalistes qui pensent à l'affaire Quick et à Qualium.

Malgré une solide expérience dans les pays africains, le CV de Wouters déplaît à plusieurs collaborateurs d'Areva. « Bien que présenté comme un spécialiste minier, [il] ne connaissait rien à l'uranium… Il n'avait pas de culture technique et géologique, pas d'expérience de terrain de base. C'était un financier pur », détaille un juriste d'Areva aux enquêteurs de la brigade financière, qui note que Wouters est « monté en puissance très rapidement ». Il apparaissait comme le principal « moteur » de l'acquisition d'Uramin. Il était « à la manœuvre opérationnelle, le patron de l'opération, en contact régulier avec le management d'Areva ». « Il s'est présenté et positionné comme quelqu'un que l'on était venu chercher, en laissant entendre que c'est la présidente elle-même qui était venue le chercher. […] C'était un électron libre », relève un autre cadre. Daniel Wouters, lancé, ne se serait pas encombré avec les détails. Comme Nestor Cervero, dont le but, à Petrobras, était de faire acheter Transcor Astra à prix d'or.

Trois informations judiciaires ont donc été ouvertes au TGI de Paris, à la suite du signalement de la Cour des comptes en avril 2014. Le 23 mars 2016, Olivier Fric, le mari d'Anne Lauvergeon, a été mis en examen pour délit d'initié et blanchiment dans une des affaires Uramin. L'ancien directeur des mines d'Areva, Sébastien de Montessus, a, lui, été mis en examen deux ans plus tard pour corruption, en raison, surtout, de ses liens avec Daniel Wouters. Le gouffre financier Uramin a contraint Areva, fin 2011, à provisionner 1,5 milliard d'euros d'argent public. Cette affaire dans l'affaire est au cœur de la mise en examen d'Anne Lauvergeon, suspectée d'avoir présenté des comptes inexacts pour masquer l'effondrement de la valeur d'Uramin. *Atomic Anne* est témoin assisté dans l'instruction où Montessus a été mis en examen. Les magistrats s'interrogent à son égard, entre autres, sur des virements au bénéfice d'hommes politiques africains. Le 13 mai 2016, l'ancienne présidente d'Areva a été mise en examen pour présentation et publication de comptes inexacts, et diffusion de fausses informations, dans l'attente de nouvelles auditions[1].

1. Nous avons sollicité Anne Lauvergeon par mail afin qu'elle réponde à nos questions concernant son rôle et ses liens avec Albert Frère et Paul Desmarais. Elle ne nous a pas répondu.

20

DES CLAUSES DIABOLIQUES

À cet instant du récit, nos deux journalistes ont un moment de déprime. Ils ne voient plus le bout de leur histoire. Elle craint l'absence de preuves, il en a ras le bol des hamburgers et de chercher des liens entre les Desmarais et les *shareholders* des banques canadiennes. Le soleil s'est mis de la partie en ce début de printemps 2018, et l'envie d'en finir avec les petites et les grosses entourloupes de leurs amis les milliardaires les aveugle. Ils ne savent plus par quelle partie enchaîner tant leur matière apparaît protéiforme. Elle lui propose le yoga. Il préfère les footings.

Tout a l'air simple et fluide quand on cherche à reconstituer une affaire passée avec ce que l'on sait au présent. Visiblement, début 2006, Petrobras résiste un peu trop en offrant un prix largement inférieur à celui proposé par l'homme infiltré, Nestor Cervero. Les faits laissent supposer que les prédateurs au chevet du géant de l'énergie brésilien vont changer de tactique... Durant l'automne, les vendeurs et les acheteurs se seraient rencontrés régulièrement entre la Californie, New York et Rio. Leurs discussions auraient abouti à un nouveau schéma, que Petrobras justifie ainsi : « Face à la difficulté de concilier la participation minoritaire d'Astra avec son exigence de participation à égalité dans la gouvernance, nous avons passé un accord pour réduire la participation de Petrobras à 50 %[1]. » Le schéma initial change : l'entreprise publique brésilienne ne se porte plus acquéreur de 70 % de la raffinerie mais plutôt de 50 %. Ce nouveau montage prévoit la création d'un consortium, composé de la raffinerie et d'une société commerciale à mettre en place, chargée de vendre le pétrole raffiné : la Trading Company.

À la faveur de ce revirement, l'équipe belge va initier un piège redoutable pour faire plier (et payer) le mastodonte brésilien. Deux clauses savamment ficelées vont être à l'origine du scandale à venir.

La première clause propose ce que les juristes appellent une *put option*. Elle stipule qu'en cas de conflit Astra Oil peut forcer Petrobras à lui racheter ses 50 % de parts à un prix oscillant entre 106 % et 120 % du prix initial. La deuxième clause impose un seuil de rentabilité. Elle mentionne que le prix du pétrole vendu par la raffinerie doit permettre à Astra Oil de dégager une rentabilité de 6,9 %… pendant quinze ans. Le rapport du contrôleur fédéral brésilien remarque : « La division des risques n'est pas équitable entre les partenaires. Seul Petrobras prend véritablement des risques, tandis qu'Astra recherche des clauses contractuelles pour rendre l'affaire réellement rentable[2]. »

1. Extrait du rapport du contrôleur fédéral de l'Union, page 61.
2. *Idem*, page 64.

Ces exigences, entérinées dans le contrat, permettent de cerner Petrobras. La rentabilité exigée par Astra Oil étant très élevée, le prix correspondant aux 50 % qu'elle détient dans le consortium le sera aussi. Si un jour (et ce jour ne tardera pas) Petrobras et Astra ont des désaccords, alors l'entreprise publique sera obligée de verser une somme faramineuse pour récupérer les 50 % détenus par son partenaire. Une pluie tropicale de reaux prendra la direction de la Belgique...

Astra Oil présente benoîtement ses schémas à l'équipe de Petrobras au début du mois de décembre 2005. Ses dirigeants proposent le deal suivant : ils cèdent la raffinerie pour 189 millions de dollars et la Trading Company pour 150 millions. Le total s'élève à 339 millions d'euros pour 50 % de la valeur totale. Nos journalistes font un rapide calcul : la valeur totale du consortium (c'est-à-dire 100 %) s'élève à 680 millions, alors que Petrobras avait proposé 520 millions quelques mois auparavant. Les enchères montent. Et ce n'est pas fini.

Pour une raison que n'expliquent pas les rapports, les dirigeants de Petrobras auraient répondu deux jours plus tard aux Belges en augmentant, de leur propre initiative, le prix suggéré par le vendeur. Ils veulent acquérir la raffinerie pour 169 millions et la Trading Company pour 184 millions. Et à cela, ils ajoutent, bons princes, un bonus de 15 millions pour Astra. Conclusion : Petrobras aurait fixé le prix total d'acquisition des 50 % à 360 millions, soit 723 millions pour 100 %.

Pourquoi Petrobras va-t-il plus loin qu'Astra Oil alors qu'il n'y a aucune concurrence ? Pourquoi décider d'ajouter un « bonus » qui apparaît à ce moment des négociations sans qu'il en ait été question au préalable ? Les faits apparaissent inexplicables, et la ficelle si grosse qu'on a du mal à en discerner le bout. Comment une telle surenchère, à la défaveur de la plus grande entreprise publique du Brésil, a-t-elle pu avoir lieu et passer inaperçue ? Les deux journalistes subodorent que des acteurs brésiliens de la négociation cherchent à y intégrer des rétrocommissions…

Astra Oil réagit de manière inattendue. Dès le lendemain de la fameuse proposition, son transfuge de Petrobras et nouveau cadre dirigeant, Alberto Feilhaber, envoie un mail à la tournure familière à l'un des dirigeants de Petrobras, Rafael Mauro Comino : « Je t'écris pour te dire que je n'arrive pas, au sein d'Astra, à modifier les termes du deal fait vendredi, c'est-à-dire 189 + 150 + 25 de bonus… Les avocats recommandent à Mike[1] de ne pas se mêler de ce deal… Et le pire, c'est qu'ils sont en train d'en faire des copies pour les envoyer en Belgique, ce qui pourrait menacer les négociations. La seule marge de manœuvre que j'ai, c'est de baisser le bonus de 25 à 20. J'espère que vous pourrez l'accepter, je ne peux vraiment pas faire plus. Ne pense pas que c'est contre toi, mais je dois te prévenir que, si nous insistons en proposant un autre schéma, nous pouvons mettre les négociations en péril. Pas à cause de Mike ou Terry, mais à cause des avocats qui conseillent les Belges[2]. »

Cette réponse est en apparence ubuesque. Certes, Alberto Feilhaber avait travaillé plus de vingt ans à Petrobras, et cela pouvait expliquer le style direct adopté. Mais comment justifier le tutoiement ? Et le fait qu'il fasse référence aux

1. Il s'agit de Mike Winget, le directeur de Transcor Astra.

2. La copie de ce mail figure à la page 23 du rapport de la commission d'enquête interne de Petrobras.

dirigeants d'Astra Oil à son interlocuteur, en les désignant uniquement par leurs prénoms ? Tout cela trahit une très grande proximité entre les deux protagonistes. Cela ne ressemble pas au ton officiel normalement en usage lors de pareilles négociations. Le courrier montre par ailleurs que les dirigeants d'Astra Oil n'ont pas la main sur le contenu des négociations, et que ce sont les « avocats belges » qui tirent les ficelles. Enfin, le courrier rend évidente la manière dont acheteur et vendeur marchent de concert pour conclure le deal. Aux conditions voulues par Albert Frère ?

La menace brandie par les avocats belges semble avoir un effet immédiat sur Rafael Mauro Comino, qui obtempère. Le jour même, la proposition de Petrobras aurait été révisée, et suit scrupuleusement les indications présentées dans le mail : 189 millions de dollars pour la raffinerie + 150 millions pour la Trading Company + 20 millions de bonus. Total : 359 millions pour 50 % du consortium, soit 720 millions pour la totalité. Astra Oil est proche du but.

Petrobras, où des tensions internes apparaissent entre partisans et opposants du deal, tente une dernière fois d'échapper à son prédateur en commandant une étude à Citigroup pour une ultime évaluation de la raffinerie. Peine perdue ; même si les conclusions de l'étude sont plutôt alarmistes quant à la rentabilité de l'opération, elles n'arrivent pas à enrayer la machine. En février, les termes de la transaction sont présentés à la direction exécutive de Petrobras, qui donne son accord. Le lendemain, le conseil d'administration – et Dilma Rousseff – finalise le processus et avalise le tout. Petrobras et Astra Oil deviennent les heureux propriétaires, chacun à hauteur de 50 %, d'un consortium comprenant une raffinerie et une entreprise commerciale à créer, la Trading Company. Les dirigeants d'Astra Oil peuvent desserrer leur nœud de cravate, tandis que les avocats belges débouchent leurs bouteilles de champagne. Ce soir-là, même Albert peut faire relâche et ouvrir une bouteille de grand cru. « Un grand coup réussi, une bonne bouteille ouverte, j'ai du mal à choisir entre ces deux plaisirs, les deux vont de pair », confie le milliardaire lors d'une de ses rares apparitions publiques à la RTBF[1].

On pourrait croire que le « braquage » de Petrobras s'arrête là. Il n'en est rien. Ce serait mal connaître l'esprit d'initiative et l'âpreté au gain des milliardaires. Ils grattent tant qu'il y a à gratter.

À ce stade, Albert Frère commence par encaisser les billets. En mai 2006, Astra Oil touche deux fois 10 millions de dollars : une fois en début de mois, une fois début juin. Cela doit correspondre, se disent nos journalistes, aux 20 millions de bonus dus par Petrobras. Puis, en août, une nouvelle idée a germé dans les cerveaux véloces de l'équipe belge, qui entreprend d'acheter un terrain adjacent à la raffinerie pour un montant de 18,9 millions de dollars. Elle l'incorpore dans le deal à 28 millions de dollars – qui seront réglés par Petrobras, décidément bien obéissant. En septembre 2006, Petrobras verse – en plus – les 231 millions à Astra Oil pour l'acquisition de la raffinerie (le rapport de la justice brésilienne précise qu'il s'agit des 189 millions prévus au départ, auxquels s'ajoute la broutille de 42 millions correspondant à des « frais annexes »). Enfin, Petrobras apporte 54 millions d'euros

1. Entretien d'une trentaine de minutes dans ses bureaux de Gerpinnes, le 19 janvier 2007, pour célébrer ses quatre-vingt-un ans (Albert est né le 4 février 1926).

à la Trading Company en cours de création. En quelques mois, Petrobras a lâché plus de 300 millions de dollars.

Lors des pourparlers, nous l'avons vu, Astra Oil a glissé deux clauses dans le contrat, qui obligeraient, en cas de litige, Petrobras à racheter les 50 % restants au prix fort. Cette façon d'opérer colle bien avec les manières du rusé milliardaire belge. Cela ressemble même à une marque de fabrique. Au début des années 1980, quand Albert Frère avait quitté la sidérurgie, il avait cédé Frère-Bourgeois Commerciale à l'État belge, qui en possédait déjà 49 %. Une bataille de dix-huit mois s'était alors engagée entre les deux protagonistes. Albert Frère en était sorti vainqueur, grâce à une clause miracle qui lui avait permis de valoriser son bien. La teneur de cette clause était plus ou moins similaire à celle utilisée dans l'affaire Petrobras. Elle lui assurait l'exclusivité de la commercialisation de l'entreprise pendant trente ans. Jean Gandois, qui représentait alors l'État belge et qui avait mené les négociations avec Albert Frère, a confié à son biographe, José-Alain Fralon : « Ce qui est remarquable, c'est qu'Albert Frère avait immobilisé ce contrat, l'avait comptabilisé dans ses bilans, comme un patrimoine. »

Cette acrobatie lui avait permis de gonfler artificiellement le prix de Frère-Bourgeois Commerciale. Tout cela avec l'appui d'experts, en l'espèce des analystes de Morgan Stanley, comme le souligne Jean Gandois : « Albert Frère avait roulé dans la farine cette équipe d'experts, purement financiers, qui n'avaient pas compris que ce n'était pas tant la maison en tant que telle qui valait cher, mais la clé qu'elle possédait : le contrat de commercialisation. Le tout ne valait pas la somme indiquée. » N'empêche, l'issue de la négociation avait donné raison à l'ingénieux milliardaire :

l'État belge avait dû débourser 1,125 milliard de francs belges pour acquérir les 51 % restants de Frère-Bourgeois Commerciale, alors qu'il voulait mettre la somme déjà colossale de 925 millions de francs belges. Albert a retenu la leçon et noté soigneusement les ingrédients de la recette magique : un partenaire public, une clause très technique, quasi léonine, et des « experts » faciles à berner. Il s'en resservira dans tous ses deals futurs. Il initiera aussi son ami Paul Desmarais à ce petit secret de fabrication…

Quelques années plus tard, l'objectif d'Albert reste le même : vendre le plus cher possible sa part à son partenaire public. Une bombe est prête à être dégoupillée dans le contrat entre Astra Oil et Petrobras, en cas de brouille. Est-ce que l'équipe belge a mené sciemment le partenariat avec Petrobras au conflit ? Rien n'aurait été plus facile, puisqu'il semble qu'elle tirait les ficelles des deux côtés. Dès octobre 2006, les motifs de discorde s'accumulent. Les deux entreprises n'arrivent à se mettre d'accord ni sur les mesures à prendre pour sécuriser le site ni sur le volume de production. Alors que Petrobras voudrait augmenter la capacité de production de la raffinerie à 200 000 barils par jour, Astra Oil penche pour 100 000 barils. Les tensions se seraient cristallisées autour de la capacité de production et ses conséquences sur la fameuse deuxième clause. Petrobras estime que le contrat prévoit son application seulement sur les 100 000 premiers barils, tandis qu'Astra Oil désire qu'elle s'applique sur les 200 000 barils par jour. Pour éclaircir la situation, Petrobras sollicite à nouveau Citibank, afin d'évaluer les répercussions financières d'un passage à 200 000 barils par jour de production. En attendant les conclusions, tous les travaux de rénovation qui avaient été engagés sont stoppés.

Les deux journalistes continuent à suivre en parallèle la chronologie des affaires Quick et Petrobras. Ils essaient de se mettre quelques secondes dans la tête d'Albert Frère. Il vient de fêter ses quatre-vingts ans et, après s'être offert avec Bernard Arnault l'un des plus grands crus bordelais – le Cheval blanc –, il entre dans le capital de Pernod Ricard. Il le fait pour rendre service à son nouvel ami, Patrick Ricard, qui craignait une OPA inamicale. Au même moment, il bataille pour acquérir la totalité des champagnes Taittinger, dans lesquels il possède déjà 25 %. Il grimpe dans le capital du cimentier Lafarge, où il passera de 5 % début 2006 à 16 % à la fin de l'année. Il investit aussi 100 millions d'euros dans une banque d'affaires italienne, la banque Leonardo. Toutes ses activités se mènent en même temps que le suivi de ses investissements dans une dizaine d'entreprises du CAC 40 et de Suez, où il veut grimper dans l'optique d'acheter, avec Paul Desmarais, GDF.

À quatre-vingts ans, alors que la majorité des Terriens rêvent de pêche à la ligne et du jeu des 1 000 francs, Albert gamberge en permanence. En ce début d'automne 2006, il mène donc en plus de tout le reste une partie de poker menteur compliquée pour vendre trois fois sa valeur à une banque publique française une chaîne de fast-food. Et dix fois sa valeur une raffinerie de pétrole bringuebalante à une société d'État brésilienne. Face au cortex et au patrimoine neuronal, certains hommes (d'affaires belges, né près de Charleroi) sont plus vernis que d'autres…

En août 2007, les chiffres tombent : le prix de la clause du contrat entre Astra Oil et Petrobras vaut 318 millions pour 100 000 barils, et 654 millions pour 200 000 barils. Petrobras en mesure immédiatement les conséquences : si elle est amenée à racheter les 50 % d'Astra Oil, ce que la société d'État brésilienne devra verser dépasse l'entendement.

Petrobras est pieds et poings liés avec un partenaire dont il ne peut se détacher à moins de payer un prix délirant. La raffinerie est obsolète, les travaux sont au point mort, les discussions avec Astra Oil sont tendues. Les dirigeants de Petrobras (enfin, ceux qui ne sont pas corrompus) découvrent l'ampleur du désastre et croient qu'il est encore temps de trouver une porte de sortie. Mais toutes les solutions sont pires les unes que les autres : garder la raffinerie en l'état leur ferait accuser des pertes colossales, entamer des travaux pour produire 100 000 barils par jour comme prévu relancerait le conflit avec Astra, monter à 200 000 barils reviendrait à concéder un cadeau énorme à Astra. Enfin, racheter la part d'Astra pour se débarrasser du partenaire récalcitrant coûterait une fortune. Le piège imaginé par l'équipe belge – et par Albert ? – se referme sur le dinosaure Petrobras. Pas moyen d'y échapper. En face, l'équipe des Belges voit sa proie qui panique. Il est temps de sortir le grand jeu pour la terroriser tout à fait.

C'est le moment choisi par le bras droit d'Albert, le fidèle Gilles Samyn, pour entrer dans l'arène. Il est au service d'Albert Frère depuis trente ans. Ils se voient ou se téléphonent tous les jours. Au moment du deal Petrobras, Samyn a cinquante-six ans. C'est un ascète, grand, visage émacié, look de marathonien. Son père et son grand-père étaient des ingénieurs et des inventeurs. Il se rêvait en diplomate avant de grimper dans la hiérarchie de la machinerie Frère pour en devenir le CEO de la CNP, le navire amiral du groupe. Il a la réputation d'être très dur en affaires, sans aucun sentiment quand il s'agit de l'argent de son patron – qui le lui rend bien, puisque Samyn, ancien ingénieur commercial, va petit à petit lui aussi faire son entrée dans le classement *Forbes*[1] des plus grandes fortunes de Belgique. Samyn est – de l'avis des journalistes ayant travaillé sur le sujet – le seul collaborateur avec qui Frère a fait prospérer une relation de confiance. Dans tous les coups qu'il monte – en particulier Quick ou Petrobras –, il est omniprésent. Quand le numéro 2 invite ses partenaires à dîner, le 12 septembre 2007, dans une capitale européenne de surcroît, ceux-ci n'en mènent pas large. Les rapports d'enquête brésiliens ne détaillent ni la composition du menu ni la tenue des convives, mais le but de la discussion semble sans équivoque : Gilles Samyn aurait convoqué Nestor Cervero, Mike Winget (Astra Oil) et Roberto Costa dans un restaurant de Copenhague pour donner un coup de semonce. Le Belge aurait réitéré son refus de monter à 200 000 barils par jour et, habitué aux coups de poker, aurait joué son joker : racheter la part de Petrobras une fois que la valeur de la fameuse clause sera établie. Le coup est malin… Cette proposition légitime la valeur donnée par la clause.

Au pied du mur, Petrobras aurait confirmé sa volonté d'acheter les 50 % restants. Les journalistes, projetés dans un film de Coppola, imaginent la mine sévère de Samyn qui lâche au moment du dessert, dans une ambiance tamisée : « Maintenant, il faut conclure ce deal. » Ils soupçonnent l'équipe brésilienne d'être repartie avec un léger vertige…

À partir de cet instant, les négociations n'auront lieu qu'entre Nestor Cervero et Gilles Samyn. Leurs échanges, réguliers entre septembre et décembre 2006, ne semblent

1. En 2013, avec 25 millions d'euros de patrimoine affiché, Samyn entre à la 511e place.

avoir qu'un objectif : faire monter le prix d'acquisition des 50 % d'Astra. La direction exécutive de Petrobras, qui leur aurait sûrement mis des bâtons dans les roues, est écartée des discussions. Le groupe pétrolier est pris en sandwich entre Nestor Cervero et Gilles Samyn. Ils discutent, se rencontrent comme le suggère cet extrait de lettre envoyée par « le cerveau droit d'Albert Frère » (son surnom dans les milieux d'affaires belges) en novembre 2007 : « Cher Nestor, je saisis cette occasion pour te remercier, ainsi que tous tes collègues, de nous avoir reçus lundi à Rio. » L'issue des échanges ne fait aucun doute : Petrobras va se faire plumer. Et en effet, un « accord » est trouvé en décembre sur le montant le plus élevé qui n'ait jamais été évoqué : 785 millions de dollars pour le tout. Plus précisément, 700 millions + 85 millions d'allocation spéciale, dont la nature n'a jamais été définie…

Nestor Cervero peaufine l'offre et réussit, à cette occasion, à augmenter encore un peu le prix, qui atteint 787,6 millions. Au mois de mai 2007, la direction exécutive approuve le deal qui a été présenté sous un jour favorable. Le 12 mai, rebondissement. Le conseil d'administration retarde l'approbation, qui sera ajournée à la prochaine réunion. Y a-t-il eu des désaccords entre les membres du CA présidé par Dilma Rousseff ? Certains étaient-ils acquis à la cause et pas d'autres ? La signature du contrat est reportée. Quand la nouvelle arrive en Belgique, les deux journalistes imaginent qu'il a tonné à Gerpinnes. Pas question d'échouer si près du but. Astra Oil peut tranquillement s'acheminer vers un conflit avec son partenaire, elle a tout à y gagner. En réaction, ses dirigeants stoppent net leur participation dans la gestion de la raffinerie, ne s'impliquent plus dans les projets de rénovation et de remise aux normes. Ils empêchent ainsi Petrobras de remettre la société sur pied. L'entreprise publique a hérité d'un bâtiment vétuste et inutilisable. Quoi qu'ils fassent ou ne fassent pas, les Brésiliens perdent de l'argent. Et le compteur tourne.

Petrobras, dans un ultime soubresaut, soumet l'affaire à la justice américaine. Après tout, Astra Oil est leur partenaire et la société se dérobe à ses obligations. Un jugement devrait y mettre un peu d'ordre... Albert Frère préférerait éviter d'attirer l'attention, mais le temps ne joue pas forcément pour ses intérêts. Et les Brésiliens semblent, eux, vouloir jouer le bras de fer.

Fin juin 2008, Albert Frère sort de sa tanière de Gerpinnes pour aller promener son regard d'acier au Congrès mondial du pétrole, en Espagne. Il va y dire ce qu'il pense de « tout ça » aux hauts dirigeants de Petrobras. Sa silhouette rebondie et son teint hâlé ont arpenté les couloirs du congrès, à Madrid. Le président de Petrobras, convoqué en réunion, a dû passer un moment délicat. Mais les Brésiliens restent stoïques, habitués à négocier et à louvoyer. À l'issue de l'entrevue, leur position n'a pas varié. Petrobras maintient son action en justice. Albert fulmine.

Les années passent au rythme de la procédure américaine. La raffinerie perd de l'argent... La justice américaine va pourtant finir par abonder dans le sens d'Astra Oil. Après quatre ans de procédure, elle condamne Petrobras à payer la faramineuse facture. Au passage, Astra Oil a réussi à charger la mule et à réclamer des frais supplémentaires à l'entreprise publique qui a osé la défier. En tout, ce sont 820,5 millions d'euros supplémentaires que devra honorer Petrobras en juin 2012. Albert et sa bande ont eu raison du mastodonte. Le piège a fonctionné au-delà des espérances. Un montage financier opaque, les bonnes personnes au bon endroit, une clause explosive planquée dans des milliers de pages, et le tour est joué.

Les merveilles du capitalisme moderne permettent ce genre d'opération. Là-bas, à Gerpinnes, au milieu de ses œuvres d'art et de ses bouteilles de grands vins, un homme loue l'époque formidable qui lui a permis une telle culbute. À quatre-vingt-six ans, il se sent encore jeune, plein d'énergie. Les projets bouillonnent dans sa tête étourdie de succès. Ils ont dû rire, quand Albert a appelé Paul pour lui annoncer qu'il allait encore grimper de quelques places dans le classement *Forbes*. Il restait un an à vivre à Paul Desmarais. C'était le bon temps.

21

SPLEEN ET SAMBA

Ils sont perdus dans leurs pensées d'un bout à l'autre du téléphone. Il est fatigué de lire des chiffres, des PV. Elle a le regard et le cerveau embrumés à force de traduire des rapports en portugais. Après avoir raccroché, il lui laisse un SMS dans lequel il manifeste ses doutes quant à l'issue du livre sous la forme qu'ils avaient imaginée au départ. « Livre d'enquête, ça ne veut plus dire grand-chose, glisse-t-il. On est au-delà du scandale, ici. Ça ne sert à rien, un scandale supplémentaire, sinon à alimenter la machine. On est ailleurs. On est en train de se perdre au Brésil… On doit laisser plus de place à nos personnages et à nos doutes. »

Elle lui répond : « Depuis le début, je m'obstine sur les faits. J'essaie de reconstituer ce qui s'est passé, comment les opérations ont eu lieu, comment l'argent a circulé. Mais c'est si complexe, si opaque. On veut coller au réel, raconter les choses telles qu'elles se sont passées. Le souci de vérité empêche parfois la justesse d'éclore. »

Il ne s'attendait pas à une telle réaction. Il craignait qu'elle fasse la gueule. Il lui répond dans la foulée par un mail plus long: « On fait le boulot. On rend compte de ce que l'on comprend. Je me suis lancé là-dedans parce que je trouvais que Kuhn était porteur d'une bonne histoire. Cette bataille d'un homme contre ces montagnes. Et puis le silence des médias et l'absence de justice autour de Quick. Le fait qu'une banque publique claque le blé des pensionnés ou du légionnaire pour enrichir finalement ce vieil Albert et son ami Desmarais. On doit mieux voir qui paie. Cette chaleur des pauvres qu'ont volée les milliardaires avec la complicité des politiques qui ont fini par brader GDF. On manque de gaz, non ? »

Dans l'affaire Petrobras, combien ont empoché Astra Oil, la Compagnie nationale à portefeuille et Albert Frère ? L'enquête brésilienne ne le dit pas. En revanche, elle a permis de savoir combien l'entreprise belge a déboursé pour faciliter l'achat de la raffinerie par Petrobras. Lors de ses auditions par les policiers brésiliens, l'ingénieur Agosthilde Mônaco, ex-adjoint de Nestor Cervero, a expliqué qu'Alberto Feilhaber, l'un des responsables d'Astra Oil, était disposé à « payer une commission de 80 à 100 millions de dollars » pour en finir avec le litige opposant Petrobras et Astra. Les dollars en provenance d'Astra Oil – l'argent des rétrocommissions – seraient passés par lui pour atterrir à Petrobras, *via* un certain Fernando Baiano qui servait d'intermédiaire. Pour effacer toute trace compromettante, l'argent aurait transité grâce à des fausses factures de consulting, qui auraient été récupérées par Fernando Baiano, un lobbyiste brésilien membre du parti centriste (le Parti du mouvement démocratique brésilien). L'argent aurait servi à arroser, copieusement, les hommes impliqués dans le deal. Parmi ceux-ci, des hommes politiques proches du pouvoir, comme Delcidio do Amaral, membre du Parti des travailleurs, leader de la coalition gouvernementale au Sénat et ancien directeur du gaz et de l'énergie à Petrobras. Delcidio do Amaral serait, selon l'enquête, celui qui aurait fait passer Nestor Cervero à la tête de la direction internationale de Petrobras. Arrêté le 15 juin 2015, ce dernier a été condamné à vingt-sept ans de prison pour corruption passive et blanchiment d'argent.

Amaral, Baiano, Feilhaber, Mônaco : tous sont aujourd'hui incarcérés et condamnés. La justice suisse a fini par transmettre en 2017 les noms qui se cachaient derrière les sociétés écrans. Amaral a reconnu les faits. Il essaie de réduire sa peine en faisant plonger ses anciens compagnons de route. Paulo Roberto Costa a été l'un des premiers à être passé aux aveux et à avoir reconnu qu'il avait touché 1,5 million de dollars pour faciliter la transaction. « Je pense que l'argent provenait d'Astra », aurait-il déclaré[1].

Née de l'opération « Lavage express[2] », la plus grande enquête anticorruption de l'histoire du pays est devenue un grand feuilleton qui anime la vie brésilienne depuis quatre ans.

Le 17 mars 2014, elle commence par une enquête de routine, avec l'arrestation de Youssef, un agent de change qui trempe dans des affaires de blanchiment d'argent.

---

1. Selon Jean-François Cloutier, auteur d'« Un vaste scandale qui résonne jusqu'au Québec », qui a eu accès aux procès-verbaux brésiliens et en a publié des extraits dans *Le Journal de Montréal*, 28 novembre 2015.

2. « *Lava Jato* » : l'expression a été lancée par les médias brésiliens.

De fil en aiguille, les pistes mènent vers Paulo Roberto Costa, l'un des directeurs de la compagnie pétrolière d'État Petrobras, le premier à révéler les arcanes d'un réseau de corruption dont l'ampleur dépasse largement les attentes des enquêteurs. Une fois interpellé, il avoue que de l'argent détourné de l'entreprise publique alimente les finances de partis politiques.

6 mars 2015, la Cour suprême autorise des enquêtes contre douze sénateurs et vingt-deux députés accusés de participer à des réseaux de corruption pour détourner des fonds de Petrobras.

Le 10 juin, le P.-D.G. du géant du BTP Odebrecht, Marcelo Odebrecht, est arrêté et accusé de truquer systématiquement les marchés publics en versant des pots-de-vin à des hommes politiques influents pour remporter des marchés surfacturés à Petrobras. Il sera condamné à dix-neuf ans de prison.

L'année 2015 sera marquée par l'arrestation de deux figures du Parti des travailleurs au pouvoir, José Dirceu et Delcidio do Amaral. Ce dernier passe aux aveux et affirme que la présidente de l'époque, Dilma Rousseff, et son prédécesseur Luiz Inacio Lula da Silva, sont impliqués dans le scandale.

Le 4 mars 2016, Lula est accusé de blanchiment d'argent et dissimulation de patrimoine. Deux mois plus tard, alors que des manifestations rassemblent des millions de Brésiliens qui hurlent contre la corruption, Dilma Rousseff est démissionnée de la présidence du pays par la Chambre des députés pour maquillage des comptes publics. Le 31 août, elle est destituée par le Sénat et remplacée dans la foulée par son vice-président, le conservateur Michel Temer. Le nouveau gouvernement ne tarde pas à être rattrapé par le scandale, et plusieurs ministres sont contraints de démissionner sous les accusations de corruption.

Le 30 janvier 2017, la Cour suprême brésilienne valide les témoignages de soixante-dix-sept anciens cadres d'Odebrecht qui ont noué des accords de collaboration dans l'espoir d'obtenir une remise de peine. Ces confessions explosives font prendre à l'enquête une ampleur inédite, avec des dizaines d'hommes politiques de premier plan et de tous bords impliqués. Le procureur général Rodrigo Janot va, dans la foulée, demander à cette même Cour d'autoriser l'ouverture de quatre-vingt-trois nouvelles enquêtes contre des politiciens jouissant d'immunité.

Le 30 mars, l'ancien président de la Chambre des députés, Eduardo Cunha, est condamné à quinze ans de prison pour corruption. Parfois surnommé le « Frank Underwood brésilien », en référence au personnage manipulateur de la série *House of Cards*, il était l'artisan de la destitution controversée de Dilma Rousseff.

Le 11 avril, la Cour suprême donne son feu vert à l'ouverture d'enquêtes contre huit ministres du gouvernement Temer et des dizaines de nouveaux parlementaires.

Le volet belge du deal n'est pas épargné par le lavage express brésilien. Le contrôleur général du Brésil, dans son rapport paru en 2014, cite un mail ennuyeux pour Albert Frère : « Les dirigeants de CNP-Astra détiennent, en personne, 20 % des participations d'Astra dans la raffinerie. Gilles Samyn et Mike Winget sont ceux qui détiennent la plus importante participation. Les dirigeants de CNP-Astra ont déjà reçu 52 millions de dollars de bonus lors de la vente des 50 % à Petrobras. » Ce qui signifie, selon le calcul du contrôleur général, que le bonus atteindrait 260 millions de dollars pour 100 % de la raffinerie. On comprend qu'ils aient eu intérêt à ce que la vente se conclue dans les meilleurs délais, et que Gilles Samyn soit intervenu en ce sens tout au long de la transaction. Pots-de-vin d'un côté, bonus faramineux de l'autre : la vente de la raffinerie répond à des desseins d'enrichissement de part et d'autre.

Les deux journalistes ont tenté de joindre Albert Frère et Gilles Samyn à ce propos, *via* leur maison mère. Ils ont repris contact avec un des amis de jeunesse d'Albert. Du temps de la chambre de commerce de Charleroi… Ces derniers n'ont pas souhaité répondre à leurs questions. Et ont décliné toute possibilité de rencontre. Ils ont tenté une dernière fois le 22 mai 2018 par un appel et un mail à l'assistante d'Albert Frère, comme une bouteille jetée dans la baie de São Paulo…

« Nous allons publier à la rentrée de septembre un ouvrage qui traite de la manière dont plusieurs investisseurs fortunés usent de stratégies pour s'enrichir parfois aux dépens d'entreprises publiques, en France, mais aussi aux USA, en Afrique et au Brésil ou au Canada. Un des « personnages » importants de notre livre est Albert Frère. Nous sommes venus en Belgique et à Charleroi pour brosser son portrait. Nous avons cherché à le joindre en septembre dernier en passant par un de ses amis. Il a décliné notre proposition de rencontre. Nous revenons vers vous (et vers lui) alors que nous achevons notre travail avec des demandes plus précises. Parmi les affaires traitées dans le livre, nous nous intéressons à la revente de Quick à CDC CI en 2006, à l'achat d'Uramin par Areva, à l'affaire Petrobras au Brésil à travers la vente de la raffinerie de Pasadena par Astra Oil. Dans toutes ces affaires, Albert Frère, son fils Gérald, Gilles Samyn ou leur entourage jouent un rôle, à nos yeux, déterminant. L'un d'eux accepterait-il le principe d'un questionnaire plus précis sur ces affaires ou le principe d'une rencontre ? Nous espérons ne pas vous ennuyer en vous demandant de jouer les intermédiaires auprès d'eux. Un de nos amis, journaliste belge, nous a vanté vos qualités à ce propos. Dans l'attente d'une réponse de votre part, et en vous remerciant, nous vous prions de croire en l'expression de nos respectueuses salutations. »

Par message téléphonique, l'assistante leur a fait savoir, deux jours plus tard, qu'elle était désolée mais que M. Frère ou ses collaborateurs, prévenus de notre démarche, n'étaient pas intéressés.

« Vous m'avez récemment adressé un e-mail avec une demande pour M. Frère et ses collaborateurs dans le cadre de l'élaboration d'un livre que vous écrivez. J'ai bien évidemment transmis votre demande à ces messieurs qui vous remercient mais ils déclinent tous. Voilà. Je voulais vous en faire part. J'espère que vous recevrez mon message. N'hésitez pas à me revenir si vous le souhaitez. Voilà. La réponse est "non merci". Je vous souhaite une excellente journée. Au revoir. »

Pour le procureur de la Cour fédérale des comptes du Brésil Marinus Marsico, interrogé par Jean-François Cloutier pour *Le Journal de Montréal*, « il n'y a aucun doute sur le fait que c'est un stratagème de corruption qui a été planifié de longue date. C'est une des enquêtes les plus limpides que j'ai réalisées ». Le journaliste, attablé devant un verre d'eau gazeuse dans la fraîcheur d'une terrasse verdoyante du centre de Montréal, a détaillé à la journaliste les grandes étapes de son travail. Lui aussi est passionné par le scandale de la raffinerie de Pasadena, qui a des ramifications jusque dans son pays *via* Paul Desmarais, le célèbre ami d'Albert Frère. Lui aussi fait le lien avec l'affaire Quick. C'est un des seuls journalistes francophones à avoir autant travaillé sur ces scandales et à faire les mêmes connexions que notre duo. La journaliste française et son homologue québécois dessinent des schémas qu'eux seuls comprennent sur les serviettes blanches du restaurant, fascinés par ce que ces ramifications racontent. Jean-François Cloutier remonte même jusqu'à l'origine de la raffinerie, qui a été exploitée, un temps, par la famille Rockefeller. Des milliardaires. Encore…

Plus au sud du continent américain, à São Paulo, Laryssa Borges, journaliste à *Veja*, suggère que le rachat de la raffinerie n'était qu'un moyen de recevoir des commissions pour les dirigeants de Petrobras. Et qu'Astra Oil ne l'aurait achetée que dans ce but. « Cela indique qu'Astra aurait pu utiliser la transaction dans le seul but de faire du profit sur le dos de Petrobras et, en conséquence, de remplir les portefeuilles des dirigeants de l'entreprise brésilienne. » Si cette hypothèse est vérifiée, cela impliquerait qu'il y ait eu, très en amont, des discussions entre certains dirigeants politiques brésiliens et certains hommes d'affaires belges, pour trouver un moyen de siphonner les caisses brésiliennes.

Si un tel schéma est envisageable au Brésil, est-il envisageable en France ? Peut-on imaginer que l'utilisation des subsides de la Caisse ait pu avoir lieu sur le même modèle ?

Peut-on imaginer un pacte entre des hommes politiques français et Albert Frère ? Se peut-il que le nom de certains de ces hommes politiques apparaisse dans la liste des FCPR ? L'affaire Quick, même si aucune instruction n'est ouverte en France et si les sommes en jeu sont différentes, et l'affaire Petrobras pourraient se répondre...

Le rachat de la raffinerie texane est à envisager dans un contexte plus large. Albert Frère et Paul Desmarais visent le marché de l'énergie. Ils vendent leurs actifs ailleurs et investissent dans Suez. Ils veulent anticiper et participer à la dérégulation du secteur. Avec vingt-huit centrales électriques actives au Brésil, le groupe GDF Suez est le premier fournisseur privé d'électricité. Il représente 6 % de la capacité de production du pays et emploie 3 000 personnes[1]. Le Brésil est un marché porteur. Comme l'indique la biographie d'Albert Frère, celui-ci n'hésite pas à s'arroger les faveurs des hommes politiques pour favoriser son business. Aurait-il appliqué cette recette au Brésil ?

C'est une piste que lance un article du très sérieux journal *O Globo*[2]. Les faits rassemblés dans une chronologie précise impriment un nouveau relief à cette étrange affaire Petrobras. Tractebel, une filiale de GDF Suez dont Albert est actionnaire, a versé 1 million de réaux (226 000 euros) à Dilma Rousseff, et 500 millions de réaux (113 000 euros) à son adversaire José Serra, durant la campagne présidentielle de 2010. Le journaliste d'*O Globo* rappelle que la même Dilma Rousseff était présidente du conseil

1. Selon le site d'Engie.

2. Sources : « Dilma et Serra ont reçu des dons d'un homme d'affaires belge », *O Globo*, 7 avril 2014 (article non signé). Et Tony Francis, « La délation d'Odebrecht pointe des irrégularités dans la construction des centrales hydroélectriques de Madeira », *O Globo*, 24 juin 2017.

d'administration de Petrobras lors de l'achat de la raffinerie de Pasadena, et que, durant son mandat, elle a attribué à un consortium piloté par GDF Suez la construction d'un gigantesque barrage hydroélectrique à Jirau, en Amazonie, qui était prévu dans un vaste «programme d'accélération de la croissance» mis en place par son gouvernement.

L'affaire de Pasadena, du point de vue d'Albert Frère, peut difficilement être analysée sans prendre en compte le financement de la campagne de Dilma Rousseff et l'attribution de ce fabuleux marché à GDF Suez. Marcelo Odebrecht, un très gros entrepreneur du BTP inculpé pour corruption dans le cadre de l'enquête, a expliqué au juge Moro que l'attribution du marché concernant le barrage de Jirau aurait été truquée. Dilma Rousseff, lorsqu'elle était Premier ministre, en 2008, aurait favorisé Tractebel, le groupe belge, bien que le projet aille à l'encontre du cahier des charges. Toujours selon l'entrepreneur, Lula, alors président, aurait été au courant de ce tour de passe-passe. Dilma Rousseff comme Lula nient. Et Albert se tait...

Pour les Indiens d'Amazonie, peu importe ce qui s'est passé lors de l'attribution de ce marché. La construction du barrage sur le fleuve Madeira, dans l'État de Rondônia, à proximité de la Bolivie et du Pérou, a provoqué une catastrophe écologique. Inaugurée en grande pompe au mois de décembre 2016, en présence de Gérard Mestrallet, le patron de GDF Suez, la centrale hydroélectrique de Jirau est un ouvrage monumental. Quatrième plus grande centrale électrique du Brésil, plus gros projet du groupe au niveau mondial, cet ensemble de cinquante turbines est capable de fournir plus de 10 millions de foyers brésiliens en électricité. GDF Suez a beaucoup communiqué sur la réussite éclatante de ce projet. Non seulement c'est un énorme marché (70 % de la production d'électricité est déjà vendue grâce à des contrats long terme), mais l'ouvrage a été certifié par la Convention-cadre des Nations unies sur les changements climatiques (CCNUCC) au titre du mécanisme de développement propre (MDP). Si l'on en croit le communiqué d'Engie, le barrage permettrait de réduire la consommation de CO_2 à hauteur de 6 millions de tonnes par an.

Cette communication emphatique et ces chiffres sont largement remis en cause par les leaders indigènes locaux. Sônia Guajajara, la coordinatrice de l'Articulation des peuples autochtones du Brésil (APIB) et Maximiliano Tukano, le coordinateur de la Coordination des peuples autochtones de l'Amazonie brésilienne (COIAB), dans une lettre adressée le 25 avril 2014 à Gérard Mestrallet, reprochent à l'entreprise de s'être basée sur une étude d'impact incomplète. Engie – la nouvelle façade de GDF Suez – n'aurait pas pris en compte les répercussions de ses travaux sur les populations locales péruviennes et boliviennes. L'affaire a fait scandale en Amérique du Sud. Les leaders indigènes dénoncent les impacts des travaux sur les tribus isolées, dont certaines ont dû se déplacer, manquant d'eau. Les répercussions sur la biodiversité locale seraient dévastatrices. Les pêches de poissons, principale source de protéines des populations locales, auraient été considérablement réduites. Les conséquences négatives sur la vie quotidienne des Indiens font régulièrement l'ouverture des journaux brésiliens, péruviens et boliviens. Les conflits liés au foncier, à l'extraction illégale de ressources naturelles et la mise en danger de la sécurité alimentaire se sont multipliés. Engie continue de communiquer sur la qualité de son projet, ignorant les griefs des populations locales, de plus en plus relayés par les ONG et la population civile brésilienne. Engie, champion du *green washing*, est enferré dans cette saga médiatico-politique. L'achat de la raffinerie de Pasadena, qui aurait permis le paiement d'énormes commissions, n'est sans doute pas éloigné de ce qui apparaît bien comme un scandale écologique en devenir. Albert Frère et Paul Desmarais étaient aux manettes, principaux actionnaires de GDF Suez.

L'affaire Petrobras agit comme un révélateur de ce que produit le capitalisme quand les États sont corrompus à leur tête, ou quand les banques publiques financent des achats sous dictées politiques. Petites causes, grands effets. Petites compromissions, sérieux dégâts. Le deal entre la Caisse et Quick fixe les contours d'un schéma que nos journalistes n'avaient fait que deviner à travers les milliers de pages de l'instruction belge. Ils avaient imaginé un stratagème, senti que tout avait l'air d'un coup monté, que les acteurs du montage financier semblaient téléguidés depuis la Belgique. Mais il leur manquait des pièces. L'affaire Petrobras et l'instruction brésilienne leur permettent de combler quelques trous.

Une formule, soufflée par l'expert belge Krockaert, s'applique aux deux affaires. Il y a selon la justice belge une entente préalable entre le vendeur – Quick – et l'acheteur – la CDC. On est dans le même cas de figure avec Petrobras et Astra Oil. Dans ces deux cas, l'affaire a vraisemblablement été concoctée en amont, entre des hommes qui se connaissent et qui ont un objectif commun : transférer de l'argent public vers des comptes privés.

On peut imaginer que René Maury, malgré ses dénégations, débarquant en septembre 2004 à la CDC CI, ne serait pas arrivé à la Caisse par hasard. Il a géré, avec la bénédiction de son directeur général, le rachat de Quick. Nestor Cervero n'a pas non plus pris la direction internationale de Petrobras quelques mois avant le rachat de la raffinerie par hasard. Il a été placé par un homme politique proche du pouvoir, Delcidio do Amaral. René Maury, quant à lui, avait été nommé par Francis Mayer, directeur de la CDC à l'époque, dont la candidature avait été soutenue par Jacques Chirac.

Pourquoi la chaîne Quick a-t-elle été choisie pour être vendue à la Caisse ? Est-ce que l'on peut supposer qu'à l'instar de la raffinerie de Pasadena Quick a été un support choisi pour faire transiter des pots-de-vin ? Dans ce cas, est-ce que sa valeur, assez basse et facilement manipulable à la hausse, a été son plus fort atout ? À la suite de la réévaluation de la branche française (grâce à une méthode inexpliquée d'un obscur cabinet d'expertise et d'audit resté confidentiel), la valeur de Quick a augmenté de 400 millions d'euros. Quant à la raffinerie de Pasadena, son prix a grimpé à la faveur d'une opération de rénovation « à venir » et grâce à une clause qui garantissait une rentabilité maximale. Autant de moyens financiers ingénieux pour imprimer une valeur qui n'existe pas à un bien destiné à être vendu. Autant de moyens subtils et peu visibles pour faire banquer des organismes publics. Et peut-être pour dissimuler une opération de corruption ? On peut se poser la question. On peut au minimum se dire que ce fonctionnement particulier – les LBO, les dettes, les contrats à clause – ne sert qu'aux vendeurs et aux spéculateurs. Ceux qui ont compris que l'argent qui enrichira leurs comptes créera de la dette chez leurs interlocuteurs. De la dette, encore et toujours.

Dans les deux cas, parallèlement au deal, Albert Frère décroche un marché juteux. Le barrage de Jirau pour le Brésil. La privatisation de GDF Suez et sa montée au capital pour la France. Dans les deux cas, le milliardaire est proche d'hommes politiques qui, une fois au pouvoir, sont de précieux alliés pour l'aider à parvenir à ses fins. Un homme est au carrefour de ces deux transactions : Gilles Samyn, le bras droit du milliardaire carolo. C'est lui qui aurait, dès 2004, proposé à la CDC CI de racheter Quick. La filiale aurait refusé avant d'accepter deux ans plus tard, une fois l'équipe changée. On retrouve son nom au sein des administrateurs de Quick au moment de la vente. Et on le retrouve au sein du deal Petrobras lorsqu'il s'agit de faire pression sur les dirigeants de l'entreprise publique. Et il est en bonne place lorsque le contrôleur général brésilien cible les grands gagnants de la vente.

Les dates aussi se répondent. 2004 est l'année où de nouveaux personnages nommés opportunément débarquent au sein de la CDC et de Petrobras. 2006 est l'année où les transactions sont effectuées et l'argent touché par les entreprises liées à Albert Frère. 2006 est aussi l'année où ont lieu les transactions Eiffage et Iberdrola, grâce auxquelles le milliardaire empoche une plus-value juteuse après avoir revendu des actions achetées quelques mois plus tôt.

Comment ne pas faire le lien entre ces affaires ? Pourquoi la justice belge n'a-t-elle pas regardé du côté brésilien, et inversement ? Pourquoi la justice française a-t-elle fermé les yeux et refusé de répondre à la justice belge ? Ils sont sur une piste qui pourrait répondre à leurs interrogations…

22

RETOUR EN URAMIN

« L'homme des vendeurs est en place chez l'acheteur », résume Vincent Crouzet en ciblant Daniel Wouters, l'électron libre débarqué chez Areva pour effectuer le deal Uramin. Il aurait agi seul, sans solliciter d'avis extérieur. C'est ce dont témoigne un cadre d'Areva lors de son audition devant les policiers parisiens : « On ne m'a rien demandé jusqu'à l'acquisition. Mes services, mes ingénieurs, n'ont pas été sollicités pour une quelconque évaluation de ce minerai. Rien. Rien de rien. » Lorsqu'on lit les avis des experts internes à Areva sur les sites détenus par Uramin, on comprend pourquoi...

Les trois gisements détenus par Uramin sont déclarés impropres à l'exploitation. Un géologue fait un rapide inventaire des trois sites à la brigade financière : « Avec une teneur aussi faible en uranium, [à Trekkopje], c'était totalement inexploitable par rapport au cours de l'uranium de l'époque. [...] Ce même raisonnement vaut pour les sites de Bakouma et Ryst Kuil, qui ont toujours été connus comme des *fours*, des gisements inexploitables, sauf explosion exceptionnelle du cours de l'uranium. » Il ajoute : « Je précise qu'en ce qui concerne Bakouma de nombreuses sociétés, au moins quatre ou cinq, se sont succédé, et les conclusions ont toujours été les mêmes : gisement inexploitable[1] ! » Mieux : les informations concernant ces sites étaient connues et totalement accessibles au sein des archives d'Areva. « Pour revenir à la question des archives, je peux apporter les précisions suivantes sur le service des archives des mines d'Areva, particulièrement bien organisé. Il possède les archives géologiques et minières du CEA (Commissariat à l'énergie atomique), de la COGEMA (Compagnie générale des matières nucléaires), d'Areva, ainsi que d'autres sociétés françaises impliquées dans la recherche et l'exploitation d'uranium, comme Total, et ce depuis le début des travaux relatifs à l'uranium, c'est-à-dire depuis les années 1940 et 1950, aussi bien en France qu'à l'étranger », précise un autre cadre d'Areva interrogé par les policiers[2]. Ainsi, à la lecture des éléments de procédure, Uramin apparaît pour ce qu'il est : une coquille pleine de vide. Ce qui n'empêche pas Daniel Wouters de mener son acquisition tambour battant.

« Uramin était un dossier existant. Avec Daniel Wouters, c'est devenu un dossier stratégique. À partir de février 2007, c'était parti, il fallait acheter. En deux ou trois mois, M. Wouters a supplanté M. Delorme[3] sur le dossier et d'une manière générale sur le secteur », explique, sur PV, devant un capitaine de police, l'un des principaux

1. Extrait de PV d'un autre géologue, page 2.
2. *Idem.*
3. Son prédécesseur, bon spécialiste des mines, de l'uranium et de l'Afrique, alors que Wouters ne connaissait que l'Afrique.

juristes ayant travaillé sur le dossier, entendu en procédure. Il renchérit : « Personnellement, je ne me suis pas posé de questions sur l'opportunité de l'acquisition (d'Uramin). Nous étions pris par le temps, et le sujet était sensible ; nous n'en parlions pas. M. Delorme apparaissait comme une caution technique. Il avait une vision globalement positive. Certes, il était moins motivé que M. Wouters, mais il ne s'est jamais opposé. En février-mars 2007, je ne me suis pas posé de questions, même si je me demandais pourquoi on se focalisait sur ce dossier et pourquoi il fallait le traiter aussi vite. L'objet lui-même de l'acquisition n'était pas mon problème. Mais en apprenant le prix, j'ai été surpris. Je ne pensais pas que le groupe allait être capable de le payer parce qu'il n'avait pas le cash nécessaire. À ma connaissance, le montant de cette ligne de crédit était exceptionnel dans l'histoire du groupe. En mars 2007, j'avais déjà constaté que le montant était conséquent, mais il demeurait plausible dans le domaine minier[1]. Je n'ai pas compris pourquoi nous sommes arrivés à un montant de 2,5 milliards de dollars. Un mois plus tard, nous aurions été à 3 milliards… En caricaturant un peu, on pourrait dire qu'il n'y avait pas de limite. »

Le jeune juriste accable Anne Lauvergeon – principale responsable, selon lui, de la gabegie et qui se sentait les pleins pouvoirs et sans contrôle, lors de sa reconduite à la tête d'Areva après l'élection de Nicolas Sarkozy à la présidence de la République[2].

1. Le montant maximal envisagé chez Areva était alors de 900 millions de dollars.

2. Anne Lauvergeon était également, et entre autres, administratrice de Suez aux côtés d'Albert Frère et de Paul Desmarais, puis de GDF Suez, après la fusion.

La légèreté avec laquelle a été menée l'opération Uramin chez Areva, entreprise publique, est sidérante. À l'instar des affaires Petrobras et Quick, l'acquisition des mines d'uranium donne l'impression que les acteurs du deal ont agi comme s'ils étaient sûrs que rien ni personne ne viendrait les arrêter. À rebours des experts en interne, qui ne cessent d'alarmer sur le côté bancal de la transaction. Ce genre d'acquisitions réalisées par des organismes publics ne passent pas inaperçues. Les places financières sont informées, des banques d'affaires – ici, encore une fois Rothschild – sollicitées, des autorités de contrôle donnent leur avis, des organes internes doivent les valider. Or les trois gisements convoités par Areva à travers Uramin sont inexploitables : cette information est de notoriété quasi publique dans ce milieu minier. Pourquoi les organisateurs de cette manipulation ne craignent-ils pas que leur opération soit démasquée ? S'ils prennent le risque de promouvoir le rachat, cela signifie que le risque pris est minime ou que le jeu en vaut la chandelle. Les affaires Petrobras, Areva et, à un degré moindre, Quick auraient pu être évitées si la fonction publique et les contrôles étatiques, si prompts à dénicher les fraudeurs à Pôle emploi ou de la Sécurité sociale, avaient fonctionné. Elles ne l'ont pas été.

La cote d'Uramin est ascendante, et un homme averti – Daniel Wouters – est en place chez l'acheteur. Mi-2007, il ne manque plus qu'un bon vieux rapport d'expertise avec des conclusions dithyrambiques et indiscutables qui assoiront définitivement la réputation de la junior. L'affaire Uramin ne fait pas exception à la « jurisprudence » Quick-Petrobras. D'après le rapport de Marc Eichinger, « la magie va s'opérer quand la société va embaucher SRK Consulting pour produire ses rapports de réserve». Là encore, il s'agit d'experts de renommée mondiale, spécialistes du secteur. Ce qui ne les aurait pas empêchés de céder à certaines tentations, comme le suppose un ancien géologue d'Areva lors de ses auditions auprès de la brigade financière: «SRK est un consultant très connu, présent dans le monde entier. Mais, comme tous les consultants, il fait ce que vous lui demandez de faire.» Ses conclusions vont transformer Trekkopje «en véritable joyau de classe internationale», ironise Marc Eichinger. Le rapport écrit sur mesure contribuera à faire grimper le cours de l'uranium. Et celui d'Uramin.

Après sa parution, la presse s'emballe et le cours de l'uranium aussi. Contre toute logique, c'est quand les cours s'affolent qu'Areva choisit d'acquérir 5 % du capital d'Uramin afin de marquer son intérêt. Courant avril 2007, une rencontre est organisée par la BMO – la banque historique des Desmarais – entre Daniel Wouters et Neil Herbert (le directeur financier d'Uramin) pour concrétiser la prise de position d'Areva. Au lieu de le faire dans la discrétion, comme le veut la coutume, des informations fuitent sur la rencontre. Conséquence directe: les cours de l'uranium et celui d'Uramin continuent de flamber. Poursuivant leur course vers des sommets qui justifieront, plus tard, un prix d'achat stratosphérique. Un ancien juriste d'Areva qui a suivi l'opération avance: «Il y a eu très probablement la fuite certainement délibérée d'informations sur le projet d'OPA. C'est le fruit d'une communication financière habile.» Daniel Wouters se défend mollement lors de son audition auprès de la brigade financière: «Nous ne savions pas encore si nous allions faire une OPA. Cette participation nous permettait d'avoir accès à la totalité de l'information réservée aux actionnaires.» Le prix d'Uramin poursuit sa course folle.

Quelques mois après cette prise d'intérêt, la valeur de la société minière a explosé. Cela semble être le moment idéal pour conclure le deal. Les négociations s'engagent, mais, à peine entamées, elles sont stoppées net. Par l'acheteur cette fois-ci. « Les élections présidentielles ont lieu en mai, et Areva, compagnie publique, ne peut prendre la décision finale de l'OPA avant que le processus électoral soit terminé », indique-t-on alors du côté d'Areva. Dans l'affaire Uramin, les éléments politiques semblent avoir été encore plus déterminants que pour Quick et Petrobras.

« Nicolas Sarkozy n'est pas éloigné du dossier », remarque Vincent Crouzet. Les affaires reprendront de plus belle après son élection, si l'on en croit le fameux livre *A team enriched.* « L'inactivité cessera lorsque Nicolas Sarkozy l'emportera le 6 mai 2007 et assumera pleinement sa charge le 16 mai », écrivent les auteurs. N'oublions pas que l'ascension de Nicolas Sarkozy est soutenue, depuis plus de douze ans, par le duo Frère-Desmarais.

En attendant les élections, acheteurs et vendeurs ne restent pas les bras ballants. Ils ont confiance en l'avenir et sont rassurés quant à l'issue du deal. Ils préparent la transaction en faisant appel à la banque d'affaires Rothschild. « À ce propos, note Vincent Crouzet, il est très étonnant que ce soit vers Rothschild que se soit tournée Anne Lauvergeon, qui est passée par la banque d'affaires Lazard. » Pourquoi ne pas avoir sollicité ce dernier établissement qu'elle connaît bien, pour un achat d'une telle ampleur ? « Rothschild est un établissement supposé très proche de Nicolas Sarkozy », souligne Crouzet. C'est lui qui déterminera la valeur d'achat d'Uramin…

La banque n'aurait pas consulté les rapports (négatifs quant au deal) des géologues d'Areva. Elle s'est, en revanche, emparée sans réserve des conclusions dithyrambiques des experts de SRK, mandatés par Uramin. L'Agence des participations de l'État (APE), qui défend l'État actionnaire et l'accompagne dans ses décisions, va émettre un avis beaucoup plus mitigé sur l'acquisition de la junior. Une note transmise le 7 mai 2007[1] au ministre en exercice, Thierry Breton[2] précise que, même si l'acquisition est stratégique, elle mérite des examens complémentaires pour vérifier la qualité des gisements miniers.

L'Agence des participations de l'État changera bizarrement d'opinion une fois les élections passées. Alléguant de nouvelles informations fournies lors d'une réunion à Paris (sans préciser laquelle) et la publication d'un nouveau rapport de SRK, elle lève ses préventions. Les calculs de la banque Rothschild ont grandement récompensé les efforts de l'équipe d'Uramin : elle valorise la junior entre 3,3 et 3,8 milliards de dollars. Une belle affaire. Et une sacrée performance pour une entreprise dont la mise de départ, engagée par Dattels et Mellon, était de 100 000 dollars deux ans plus tôt, plus quelques investissements dans des permis miniers.

Les deux journalistes enragent de constater, une fois de plus, que les banques d'affaires, qui font la pluie et surtout le beau temps dans le capitalisme moderne et financier, ne sont jamais remises en cause et inquiétées quand on se rend compte, quelques années après leurs conseils et leurs expertises, à quel point elle se sont fourvoyées. La pluie, c'est pour l'État et les services publics. Le beau temps pour

1. Le jour de la présidentielle.

2. Breton, surnommé « Tcherry » par le magnat de Gerpinnes, est lui aussi ami d'Albert Frère. *Le Monde* (article-portrait signé de Frédéric Lemaître et Jean-Pierre Stroobaant) du 1er mars 2007 le raconte et fait état de vacances communes à Marrakech.

ceux qui réussissent à partir avec la caisse. Contactée à ce propos, la banque Rothschild n'a pas souhaité leur en dire plus.

« Rothschild & Co ne commente jamais précisément les transactions sur lesquelles elle est intervenue. Sachant que le rôle d'une banque d'affaires est d'accompagner ses clients sur ses décisions stratégiques. Cordialement. »

La valeur estimée par Rothschild va servir de référence. Le 22 mai, un rapport, qui passe sous silence les réserves émises en interne (comme l'avait fait Nestor Cervero pour Petrobras), est présenté au conseil de surveillance d'Areva. Les 12 et 13 juin 2007, c'est la consécration de tous les efforts déployés : le prix final de l'acquisition est fixé à 2,49 milliards dans le bureau de Daniel Wouters. Le 1er août 2007, tout est bouclé. Il est possible que, quelque part dans une forêt du Canada et dans les murs d'une grande propriété belge, deux hommes aient esquissé un sourire. Peut-être même se sont-ils appelés pour se féliciter mutuellement du succès d'une si belle opération.

La première faille s'est ouverte début 2008, quelques mois seulement après la conclusion du deal. À cette date, aucun salarié d'Areva n'a encore pu fouler le sol de Bakouma, la réserve centrafricaine. Motif : le chef d'État réclame 250 millions pour que l'entreprise puisse accéder au gisement. Pour déminer le terrain, l'Élysée va faire appel à un duo de choc : un riche homme d'affaires belge d'origine néozélandaise, George Forrest[1], et Patrick Balkany.

1. George Forrest et Albert Frère se connaissent et s'apprécient. Le second a vendu au premier une ferme au Congo de 450 000 hectares avec 32 000 têtes de bétail. Avec 800 millions de dollars, George Forrest a été classé par *Forbes*, en 2016, seconde fortune d'Afrique francophone.

Pas la peine de détailler le CV du second, fidèle homme de main de Nicolas Sarkozy. Et si l'on ne devait retenir que quelques éléments du CV du premier, alors on pointerait qu'il a longtemps baroudé en Afrique, où il a forcément croisé Daniel Wouters à la Belgolaise, la filiale de la banque Fortis spécialiste des transactions avec l'Afrique[1]. Le tandem débarque en Centre-Afrique pour entamer les négociations, et la situation est débloquée au courant du mois d'août. Non sans la signature de quelques chèques, comme le révéleront les investigations à venir.

Jusqu'en décembre 2017, les noms de Frère et Desmarais n'étaient pas apparus dans les investigations réalisées par la police financière, dans aucune des trois instructions. Même pas une allusion. Dattels est présenté comme étant à l'origine de cette incroyable histoire. Seul Vincent Crouzet évoque, avec prudence, le rôle supposé de Nicolas Sarkozy. Pourtant, il rapporte, en toute fin de son ouvrage[2], une conversation qu'il a eue avec une certaine « Black Mamba », qu'il présente comme étant ancienne trader d'une grande banque d'affaires française.

Elle : « Pétrole, gaz, or, uranium. Peu importe. Il existe des règles entre nous. Toujours les mêmes. L'une d'elles est simple, et vieille comme le monde. Si je vends cher, très cher, trop cher, je remercie l'acheteur. Toujours. Et c'est moi qui le propose. Je livre clés en main. Je répète, Vincent : clés en main. Je fournis les instruments.

Lui : Oui ?

Elle : Uramin se murmure à Londres, Dubai, Singapour, ou ailleurs. Qui de mieux placé que les vendeurs pour

1. La Belgolaise, en faillite, cessera ses activités bancaires en 2006. Coquille quasi vide, elle appartient aujourd'hui à BNP Paribas.

2. *Une affaire atomique*, Robert Laffont, 2017.

proposer l'opération, constituer pour l'acheteur les offshores, manipuler le titre pour le faire grimper, maintenir la junior captive? Clés en main, je te dis.

Lui: Quoi d'autre?

Elle: Le murmure? Qui chuchote que l'acheteur a été harponné par le décideur politique qui ne lui a pas laissé le choix, quelques semaines avant la transaction. Une opération à très gros profits se partage, non?»

L'attention de la journaliste redouble en lisant ces lignes. Le coup monté, l'opération préparée de longue date, la constitution d'un appât, l'approche d'une cible rendue captive, le partage des gains. Tout y est. Ou presque. Manque l'identité de ceux qui seraient aux commandes.

En décembre 2017, les noms de Frère et Desmarais sont publiés dans les colonnes du magazine *Marianne*. «Selon nos informations, le service de police a auditionné, début octobre, un témoin sous X qui aurait livré des éléments très importants. Selon ce témoignage, Daniel Wouters, le banquier belge employé par Areva pour négocier le rachat d'Uramin, n'aurait pas été recruté par hasard. Il serait un proche d'Albert Frère, le milliardaire belge, et aurait été placé à dessein chez le groupe français», écrit Thierry Gadault, le journaliste signataire de l'article. Il ajoute: «Cette information est capitale. Elle confirme l'ampleur internationale de l'affaire et éclaire le rôle de tous les protagonistes entre eux. Tous sont liés à la sphère Frère-Desmarais, et c'est plus qu'étonnant. Je ne crois plus aux coïncidences. Avec ce dernier épisode, l'affaire Uramin rentre dans une nouvelle dimension.»

Interrogé au sujet de sa révélation, le journaliste complète: «Daniel Wouters a été identifié, dès son arrivée à Areva, comme étant un pion d'Albert Frère par les services secrets français. Ils ont vite compris qu'il faisait partie du gang des Katangais, ces milliardaires ayant fait fortune en Afrique. Malgré cela, il est resté en place. Il est évident que Frère et Desmarais sont derrière ce deal, mais, pour ma part, je pense qu'ils sont arrivés plus tard, fin 2006. C'est à ce moment-là que l'affaire a changé d'envergure, et que le prix d'Uramin s'est totalement envolé. On peut imaginer que Dattels, proche de Desmarais, l'a tenu au courant de l'évolution de l'affaire régulièrement. Et que les milliardaires sont rentrés dans le jeu quand ils ont estimé qu'ils pouvaient en tirer profit. » Vincent Crouzet a rédigé une chronologie intéressante sur l'affaire Uramin dans un article publié par *Mediapart*[1]. Il note qu'il a fallu attendre dix ans entre le moment où le deal Uramin a été signé et l'apparition du nom de Frère.

« 1992-2006 / Daniel Wouters est un cadre financier du groupe Fortis (Fortis, puis Africa Merchant Bank, puis Belgolaise). Le groupe Fortis est historiquement l'allié du groupe Bruxelles-Lambert d'Albert Frère, dont l'ami intime est Maurice Lippens, président du groupe bancaire. En avril 2009, BNP Paribas rachète Fortis. L'acquisition se réalise grâce à l'entregent d'Albert Frère à Paris, et sa relation bancaire de près de trente ans avec Paribas. En 2006 et 2007, c'est à Daniel Wouters, alors embauché chez Areva, qu'il sera confié une partie des responsabilités de l'OPA sur Uramin », relève l'auteur.

Daniel Wouters a été mis en examen pour complicité de délits de corruption d'agent public étranger, d'abus de confiance et de corruption privée, le 1er juin 2018. Il a assuré pour sa défense avoir été « toujours loyal avec

1. *Mediapart*, « Scandale Uramin : les jeux de l'atome et du hasard ? », 20 octobre 2017.

Areva». Le journal *Capital* avait révélé[1] qu'après sa sortie d'Areva et l'arrivée du nouveau P.-D.G. Luc Oursel, en juin 2011, il avait quitté le groupe mais continué à percevoir son salaire jusqu'en décembre 2011, date à laquelle il a touché un chèque de 700 000 euros en contrepartie de l'acceptation de clauses de confidentialité. Le Belge, embauché alors qu'il était au chômage, viré par Fortis, a été, selon l'enquête de *Capital*, président exécutif de Global Tin Corporation, une société domiciliée à Guernesey, dont l'objet est la prospection d'étain au Congo. Global Tin a, toujours d'après *Capital*, « pour actionnaire le Canadien Stephen Dattels, cofondateur d'Uramin. Comme en témoigne la plaquette de Global Tin Corp., son deuxième administrateur s'appelle Ian Michael Burns. Ce Britannique est le directeur financier de Polo Resources, la holding présidée par Stephen Dattels. À noter que le co-président de Polo Resources est Neil Herbert, ex-directeur financier d'Uramin »... On croit rêver. On ne rêve pas.

Dernière cerise sur un gâteau déjà très chargé, l'État français n'aurait pas seulement financé les pertes colossales d'Areva à la suite de l'arnaque Uramin, il aurait aussi financé le chômage de Daniel Wouters. Ce dernier aurait pendant deux ans bénéficié d'une indemnité chômage au taquet – 6 000 euros mensuels – après son départ d'Areva. Ce qu'il reconnaît sur PV.

Daniel Wouters, lors de ses interrogatoires devant la police, a tenté de minimiser son rôle et de justifier le prix exorbitant d'Uramin[2]. « On peut dire "au prix fort", mais, *a posteriori*, c'est-à-dire après la prise en compte de la baisse

1. *Capital*, « Areva-Uramin : le double jeu de Daniel Wouters », 27 mars 2012, papier non signé.

2. PV du 1er juillet 2014.

du cours de l'uranium. À l'époque, le prix de l'uranium montait. Il y avait une tendance haussière de ce cours pour les années à venir», explique-t-il en s'appuyant sur des études géologiques opérées sur les sites appartenant à Uramin. Ces études ne permettent néanmoins pas de savoir la quantité exacte du minerai. Il peut y avoir moins d'uranium, mais aussi plus que prévu. La prise de ce risque géologique est une pratique courante de l'industrie minière.

À la question de savoir s'il se considère comme un spécialiste du secteur minier en Afrique, il reconnaît que non, même s'il concède: «Quand je travaillais pour la banque Fortis, j'ai abordé le secteur minier en Amérique du Sud, à partir de 1993; puis les mineurs nous ont entraînés progressivement vers l'Afrique. À l'époque de mon embauche chez Areva, en 2006, je ne me considérais pas vraiment comme un spécialiste des mines en Afrique. Néanmoins, même si j'ai travaillé sur des projets industriels partout dans le monde, je peux dire que je connais très bien l'Afrique puisque j'ai, pendant des années, travaillé sur des projets industriels sur ce continent.»

À la date où notre duo écrit ces lignes, l'enquête financière n'est pas allée plus loin dans ses investigations sur les liens entre Uramin, Albert Frère et Paul Desmarais. Un homme – un cadre identifié d'EDF dont le nom circule dans les milieux initiés – a lâché le nom d'Albert Frère à la brigade financière. Et un hebdomadaire a publié l'information. Aucune réaction du côté du milliardaire ni de la justice, qui n'a pas encore convoqué le milliardaire belge...

L'instruction des dossiers va sans doute ouvrir d'autres pistes qui pourraient mener à notre duo de milliardaires. Dans le cadre de l'affaire d'escroquerie, de publication de faux bilans et de corruption, Renaud van Ruymbeke a entendu en juillet 2015 Saifee Durbar, l'homme d'affaires indo-pakistanais vivant à Londres et conseiller – entre autres – du président centrafricain Ange-Felix Patassé. Ce dernier est mêlé lui aussi à l'achat de sites sur son territoire. Le juge cherche à connaître le montant et le cheminement des commissions versées par Areva à Uramin.

Sur procès-verbal, face à la police et aux juges instruisant le dossier Uramin, le témoin est loquace. « D'après ce que j'ai entendu, l'argent payé par Uramin serait parti sur un compte ouvert à la Bank of Scotia au Canada. Puis la majeure partie de l'argent serait partie sur deux comptes ouverts à la Scotia aux îles Caïmans, au nom de deux trusts portant le même nom[1], l'un immatriculé aux îles Caïmans, et l'autre aux Bermudes et bénéficiant à Stephen Dattels. Le compte de la Scotia au Canada aurait également été débité d'un montant de l'ordre de 130 millions de dollars au profit de deux comptes ouverts à l'île de Man bénéficiant à Jim Mellon à la banque Lloyds et à la Barclays. Jim Mellon habite l'île de Man. L'argent est parti sur deux comptes, l'un directement à son nom, l'autre au nom d'une société dont il est le bénéficiaire économique », explique posément Saifee Durbar, insistant sur la présence de la banque de famille des Desmarais à tous les niveaux de la transaction. Il ajoute que 650 millions de dollars auraient été versés aux sept associés d'Uramin. Il cite des noms et met également en cause un homme d'affaires proche de l'ANC, qui aurait perçu 210 millions de dollars[2]. Saifee Durbar précise qu'il a collecté ces rensei-

1. Regent Mercantile Trust Corp. Limited.

2. Selon le PV, les réceptionnaires des sommes seraient donc Stephen Dattels, James Mellon, Ian Stalker (le directeur général d'Uramin), Samuel Esson Jonah, George Roach (un des fondateurs et manager d'Uramin),

gnements à la demande de François Bozizé, alors président de la République centrafricaine, parce que son pays voulait être payé par Areva : « Le président Bozizé considérait, et j'étais de son avis – j'ai été conseiller puis vice-ministre des Affaires étrangères nommé par lui –, que le Centrafricain, suivant le Code minier, avait droit à 10 %, 15 % imputables sur la part des 2,4 milliards correspondant au gisement. »

Quand le juge Van Ruymbeke l'interroge sur le montant exorbitant payé par Areva (2,5 milliards), le témoin raconte : « Areva a accepté ce prix en juin 2007 alors qu'elle a refusé une offre à 465 millions de dollars en septembre 2006, alors que le cours de l'uranium était au même niveau [entre 130 et 140 dollars]. Le gisement était le même. En mai 2007, alors qu'Areva négocie le prix de l'OPA, elle ne demande pas à Uramin de suspendre son cours de Bourse, alors qu'en principe c'est automatique dès qu'une négociation est annoncée… En principe c'est une obligation légale à Londres. » Et l'ancien ministre de poursuivre : « Dès qu'une rumeur circule, selon laquelle une grande société comme Areva achète une petite société comme Uramin pour un montant extraordinaire, le cours augmente forcément. Dattels et ses sociétés offshore détenaient 88 % des actions d'Uramin. Areva en avait déjà 4,65. %. Il restait donc 6 % d'actions disponibles en Bourse. »

Question du juge : « Pourquoi Areva n'a-t-elle pas imposé la suspension du cours dès le début des négociations ? »

Mike Beck (un investisseur et conseiller financier travaillant pour la banque Rothschild) et Tokyo Sexwale, le riche homme d'affaires proche de l'ANC en Afrique du Sud, candidat à la succession de Sepp Blatter à la FIFA, qui se serait fait virer l'argent aux Bermudes. Le témoin donne des détails… un compte ouvert à la Bermuda Commercial Bank, au nom de Regent Pacific Group Ltd, société enregistrée sous le numéro F8434 aux îles Caïmans et bénéficiant (aussi) à Stephen Dattels.

Réponse du témoin : « Je pense qu'Areva était d'accord pour faire monter le prix pour sortir de l'argent. »

Quick, Petrobras, Uramin. Une fabrique de hamburgers sur le déclin, une raffinerie de pétrole vétuste, une société minière sans gisements… Trois affaires qui vont se transformer en montagne d'or. Un même mode opératoire. Et des ombres qui planent. Celle d'un duo de milliardaires ayant bâti leur fortune grâce à des hommes bien placés, des rouages opaques, des montages auxquels personne n'a accès et auxquels personne ne comprend rien. Rien d'illégal dans ces affaires *a priori* indolores. Elles sont l'apanage du capitalisme moderne et financier. Trop forts, les papys milliardaires…

23

FAITES VOS COMPTES

... Si forts que le mystère lié à l'affaire Quick plane encore.

De nombreux points ont été éclaircis, mais notre duo aimerait avoir le fin mot de l'histoire concernant le montage Quick. Il est donc retourné voir le dirigeant de Qualium, les chiffres de l'expert belge en main. Lors d'une première rencontre, il leur avait certifié qu'il n'y avait pas de lézard, et que cela aurait pu être un bon deal si l'accident de hamburger au Quick d'Avignon n'avait pas perturbé leurs efforts. Le duo avait posé une nouvelle fois la question qui le taraudait depuis des mois : comment expliquer le prix de vente « énorme » de Quick, qui ne valait que 300 millions en 2004 ? L'homme de Qualium les avait regardés, mi-amusé, mi-agacé : « Mais vous confondez tout. Aux 300 millions, il faut rajouter la dette. C'est comme cela que l'on calcule la valeur d'une entreprise. Vous verrez, si vous faites les calculs, vous arriverez bien à 760 millions. » Ils l'avaient pris au mot et avaient brandi le rapport annuel 2006 sous le nez de leur interlocuteur. Montant de la dette : 38,4 millions. Même en les ajoutant aux 300 millions, on arrivait à peine à 340 millions. « Bien loin des 760 millions », avaient-ils conclu. À cet instant, et pour la première fois, ils avaient senti le dirigeant patiner. « Ah bon… C'est bizarre, ça… De toutes les façons, le seul chiffre qui tienne, c'est l'EBITDA. Regardez l'EBITDA, il doit être en évolution constante », s'était-il ravisé. Ils s'étaient quittés en se promettant qu'ils restaient en contact et mettraient au clair cette question de l'EBITDA.

Dans le train retour, la journaliste se plonge à nouveau dans les rapports. Elle prend visiblement du plaisir à creuser encore et encore le mystère de la vente de Quick. Elle envoie un mail le 18 avril 2018 au cadre de Qualium : « Donc, comme je vous le disais, je me suis plongée dans les rapports annuels lors de mon voyage retour. J'ai scruté l'EBITDA comme vous nous avez conseillé de le faire… Je n'ai d'ailleurs pas les mêmes chiffres que vous. Les miens sont tirés des rapports annuels de Quick (je vous en ai fait des copies d'écran que vous trouverez en pièce jointe). » Elle lui livre ses résultats. L'EBITDA de Quick est passé de 42 millions en 2002 à 66 millions en 2006.

Dans la foulée, elle se fend de plusieurs remarques : « Comme on peut le voir, l'EBITDA poursuit une progression constante et évolutive. Progression qui me surprend, car elle ne reflète pas la situation "catastrophique" (qui a causé votre surprise lors de notre rencontre) qui était celle de Quick en 2004. Elle ne permet pas de déterminer la valeur qu'avait Quick en 2004 (les 300 millions annoncés par le P.-D.G. de Quick). Sa courbe, à évolution constante, ne correspond pas du tout à celle du cours de l'action de

Quick, qui connaît un net plongeon en mai 2003 pour remonter ensuite. De plus l'EBITDA augmente de seulement 20 % de 2005 à 2006, alors que le cours de l'action grimpe de 40 %. Pour toutes ces raisons, l'évolution de l'EBITDA ne reflète pas celle du cours de l'action. Dès lors, il ne me semble pas être le critère de référence pour déterminer la manière dont a été calculée la valeur de Quick lors de son achat par la CDC CI. »

Elle poursuit : « J'ai aussi regardé les chiffres des ventes à l'enseigne. De la même manière, leur courbe suivent une progression lente de 678 millions en 2002 à 760 en 2004. La courbe des ventes est déconnectée de celle de l'action, et n'explique pas le bond de 40 % que le cours a subi de 2005 à 2006 (passant de 26,10 euros par action à 37,80 par action).

Je me rends bien compte que tout cela est long et fastidieux. Mais nous avons en commun, je crois, la volonté de comprendre et un côté déterminé. ;-) »

En résumé pour ceux qui bâillent, elle ne parvenait pas à expliquer un tel décrochage de la valeur de l'entreprise par rapport à son EBITDA. Surtout si l'EBITDA est le critère qui permet de calculer cette valeur…

Le lendemain, le cadre de Qualium répondait : « Ça commence vraiment à m'intéresser. Pourriez-vous me donner les EBITDA de 2000 et 2001, et les dettes nettes sur la même époque (durant notre café, on avait parlé d'un EBITDA de 18-19, et très peu de dette) ? Ça commence à me passionner, ce sujet de valo, en fait. Je me suis fait sortir le dossier avec des chiffres depuis 2005 (je n'ai pas grand-chose avant), je vais voir ça pour mon plaisir ce w-e, et je vais résumer le sujet sur un doc que je vous passerai quel que soit le résultat. OK ? S'il y a un problème, je le trouverai, les écarts entre votre analyse et celles de l'époque sont trop énormément différentes, ce n'est pas normal ! Bien à vous deux. » Il leur promettait de chercher avec eux. Ils avaient échangé durant le week-end. Au passage, ils avaient évoqué l'affaire Petrobras, Albert Frère, Paul Desmarais et les soupçons de corruption concernant la vente de la raffinerie de Pasadena. Las, la théorie des journalistes avait raidi le cadre de Qualium. Il avait pris peur et disparu des radars le lundi matin, les laissant seuls avec leur histoire de cours d'actions et d'EBITDA qui ne colle pas.

Qu'importe, le dirigeant les avait mis sur la piste, et leurs recherches avaient abouti sur un argument supplémentaire en faveur d'une hausse artificielle du prix de l'enseigne, les renforçant dans leur conviction de départ. Le prix de Quick a bien été incroyablement surévalué.

Lorsque le dirigeant était arrivé à Qualium en 2009, Quick était déjà dans le portefeuille de la filiale. Il n'avait probablement qu'une chose en tête – bien qu'il s'en défende : limiter la casse. Qualium aurait dû vendre Quick en 2010, date à laquelle son chiffre d'affaires était ascendant. Mais, trop gourmande sans doute, la filiale a pris le risque de garder l'enseigne pour la céder à un meilleur prix. Le décès accidentel du jeune homme à Avignon a contrarié sa stratégie et les années qui ont suivi le drame se sont transformées en cauchemar : Quick a eu du mal à se redresser, et sa valeur a frôlé le zéro. Grâce à une nouvelle direction et des mesures drastiques, le pire a été évité pour Qualium et la Caisse. Mais en 2015 l'affaire était loin d'être réglée… Jusqu'à ce qu'un sauveur vienne à son secours : la marque Burger King.

À ce propos, plusieurs versions circulent. D'après un dirigeant de Qualium, le milliardaire José Cil, le président de Burger King pour l'Europe, le Moyen-Orient et l'Afrique, l'aurait personnellement appelé pour lui faire part de son intérêt. Ce n'est pourtant pas la *story* racontée par les journaux à cette époque. Un article de *Challenges*[1] raconte la bataille qu'un homme d'affaires français, Olivier Bertrand, détenteur de la franchise Burger King en France et propriétaire d'un millier de restaurants sur le territoire français[2], aurait menée pour racheter Quick à la Caisse, allant jusqu'à appeler l'Élysée. « Il a compris que le dossier Quick est éminemment politique. Humblement, il téléphone lui-même à l'Élysée, Matignon et Bercy », détaille le journaliste. Bref, Olivier Bertrand y fait figure de patron volontaire et solitaire, n'hésitant pas à braver les obstacles, seul maître à bord.

Nos deux journalistes, voulant en avoir le cœur net, ont contacté Olivier Bertrand. Celui-ci ne répond guère à la presse et il a dépêché son bras droit, Jérôme Tafani, le directeur général de Burger King, pour répondre à leurs interrogations. La première : qui a réellement racheté Quick ? Ils ont eu droit à une troisième version : ce seraient des franchisés de Quick qui, voyant leur enseigne battre de l'aile et aucun repreneur à l'horizon, auraient appelé Olivier Bertrand à la rescousse (cette version a été

1. Jean-François Arnaud, « Dans les coulisses du rachat de Quick par Burger King », *Challenges*, 10 décembre 2015.

2. Selon un article du *JDD* du 21 juin 2017, Olivier Bertrand, Auvergnat de quarante-neuf ans, 241e fortune française dans le classement *Forbes* de 2017 (avec 330 millions d'euros), était déjà propriétaire de 890 restaurants (Flo, Hippopotamus, Angelina, Frères Blanc, La Coupole, Lipp…) avant d'acquérir Quick au profit de Burger King… « Nous ouvrons aussi 80 nouvelles adresses cette année », précise Olivier Bertrand au *JDD*, contestant « mollement sa réputation d'opportuniste », et se voyant « plus comme un développeur ».

confirmée par un avocat proche des franchisés). Olivier Bertrand en sauveur donc. Pas seulement. Titulaire de la franchise Burger King pour la France depuis 2013, il aimerait bien étendre le marché de sa nouvelle marque dans l'Hexagone. Reprendre les restaurants Quick est une aubaine : la chaîne possède ou loue des immeubles bien placés et une équipe de franchisés aguerris. L'arsenal parfait pour repartir à la conquête du marché français du fast-food. Olivier Bertrand, sentant la bonne affaire, aurait donc proposé une transaction à Qualium.

Deuxième question : combien l'homme d'affaires a-t-il acheté l'enseigne ? « Qualium en voulait un prix débile [*sic*] », leur a confié un proche d'Olivier Bertrand. Qui ajoute : « Franchement, ce n'était pas la vocation de cette filiale de la Caisse d'acheter Quick. D'ailleurs, en tant que contribuable, cela n'avait aucun intérêt. » Les journalistes étaient bien d'accord. Mais le prix alors ?

« Burger King a racheté Quick pour un euro. Plus une dette de 600 millions d'euros », leur révèle Jérôme Tafani. Un euro. Un malheureux euro, une boîte qui a été achetée 760 millions en 2006 alors qu'elle n'avait que 38,4 millions de dette. En 2015, non seulement elle ne vaut plus rien, mais elle traîne une dette de 600 millions. Triste résultat d'une alchimie financière faite de LBO, d'emprunts, d'actionnaires, de dividendes et de montages financiers opaques. Autant de vocables mystérieux et flous qui ne semblent avoir aucune matérialité. Et pourtant… Telle une mante religieuse, la finance a sucé la chaîne de fast-food et l'a vidée de sa substance. À l'arrivée, elle ne vaut plus qu'un euro. Autant dire rien. Volonté de dissimuler le marasme ? Calculs financiers improbables qui comptabilisent la dette dans la valeur d'une entreprise? Jérôme Tafani, d'un ton condescendant, n'a cessé de leur répéter: «Le prix d'une entreprise est sa valeur moins sa dette.» Dans le cas de Quick, Olivier Bertrand a communiqué sur un prix d'achat de 600 millions d'euros. Le montant d'une dette colossale greffée sur une valeur fantôme. C'est ce chiffre qui avait été relayé dans tous les articles de presse. Ce prix de façade relayait une fable bien accommodante: certes, Quick a été acheté 760 millions par Qualium, mais il a été revendu à 600 millions. La perte n'apparaît pas si énorme.

Mais, pour les deux journalistes, le calcul ne passe pas.

Pour la dernière fois de cette longue histoire, les journalistes ont pris leur calculette. En 2006, Quick a été acheté 760 millions, avec une dette de 38,4 millions. Pour se rembourser, les actionnaires anonymes de Quick, logés dans des FCPR, se sont payés sur la bête: ils ont ponctionné la somme totale de 500 millions d'euros de dividendes grâce à diverses opérations, dont la vente des immeubles. En 2015, la boîte ne vaut plus qu'un euro et supporte 600 millions de dette. Il y a eu comme un mouvement de balancier. La boîte qui valait 760 millions d'euros n'en vaut plus qu'un et la dette qui n'était que de 34,8 millions a grimpé à 600 millions d'euros. Ce n'est plus de la valeur positive, c'est de la dette. Alors que son activité reste la même, que des salariés continuent à fabriquer des hamburgers et des frites dans ses cuisines, la boîte ne vaut plus rien. Pire, elle vaut en réalité moins 600 millions d'euros. C'est une chute phénoménale.

Un dernier effort. Si, en 2006, Quick valait 760 millions avec une dette de 38,4 millions (elle valait donc 760 – 38,4 millions d'euros, soit 721,6 millions), neuf ans plus tard, Quick vaut le montant de sa dette, soit 600 millions. Le groupe Bertrand fait passer cette dette en emprunt qu'il doit rembourser aux banques. Il gagne un groupe organisé, des salariés aguerris, des emplacements de choix dans les centres-villes.

En neuf ans, en multipliant les emprunts, en vendant l'immobilier, en se payant en reventes d'actions, en salaires ou en dividendes, sans jamais changer la nature de l'activité de base – la fabrication à la chaîne de hamburgers –, sans jamais améliorer les conditions de travail de ses salariés, les financiers successifs à la tête de Quick – le groupe d'Albert Frère, puis la CDC CI, puis Qualium, puis le groupe Bertrand – ont donc dépensé, et *in fine* gagné la modique somme de 1 321 800 000 d'euros. On peut en conclure que l'entité Quick a généré ce cash et perdu cette valeur. Chacun s'est « refilé » la « *potatoe* chaude », en prenant sa marge et en jouant d'emprunts remboursés grâce à la force de travail des petites mains derrière les comptoirs et les fourneaux.

Nous sommes ici au cœur de la relativité du capitalisme financier. Les différents acteurs ayant eu à gérer Quick nous expliquent savamment que, sans eux, la chaîne de fast-food n'aurait pas survécu, qu'ils ont préservé l'emploi, maintenu une activité économique. Cette vision reprise par la plupart des médias économiques n'est pas une vérité intangible. En faisant un pas de côté, on voit bien qu'une autre réalité existe, plus pragmatique, plus juste. Des hommes travaillent, des financiers s'enrichissent, des banquiers – ici et comme souvent Rothschild – participent à la fabrication d'une dette et d'un leurre. Les clients de Quick, mais aussi l'État et les contribuables épongent…

On arrive au dernier point : les actionnaires. Qui a investi dans les FCPR ? Des particuliers, des hommes politiques et des hommes d'affaires comme l'affirme Jean-Marie Kuhn ? Les journalistes n'ont pu consulter aucune liste fiable. Ce secret maintenu malgré les accusations de Kuhn est troublant. L'absence de plaintes en diffamation quant aux accusations portées par l'entrepreneur également. Il est compliqué de trancher. La solution la plus probable reste que ce sont des investisseurs institutionnels, majoritairement liés à la Caisse. La CNP, la Caisse d'épargne, la BPI (arrivée plus tard) et un fonds d'investissement américain, ARCIS, comme le leur a indiqué un cadre de Qualium, ont pu prêter la mise (ou une partie) de fonds et se sont remboursés. Il est possible que des cadres de Quick ou d'autres personnalités se soient greffés au deal. Mais nos deux journalistes n'ont pas les moyens de le vérifier.

Le fiscaliste belge confirme, en auscultant les bilans, que les investisseurs auraient accusé une perte nette de 1 307 047 d'euros. On ne peut pas en dire autant de l'enseigne Quick qui, toujours selon les calculs du fiscaliste, aurait été soigneusement désossée de ses actifs pour un montant de 503 137 984 euros exactement.

L'hypothèse reconstituée par nos journalistes est moins fracassante que la thèse servie par Jean-Marie Kuhn. Elle est aussi scandaleuse : que sont venues faire des filiales de la Caisse, censées gérer les fonds des retraités et des épargnants, dans une telle embrouille ? Pourquoi se sont-elles compromises dans un tel deal ? L'un des dirigeants de Qualium rencontré au cours de l'enquête a affirmé que les investisseurs des FCPR n'étaient même pas au courant de l'achat de Quick. La CDC CI aurait fait le choix pour eux. Cet argument ne fait qu'aggraver la situation.

Les différents successeurs de Francis Mayer ont tous géré cette affaire Quick avec embarras. Tous ont été visés par des plaintes classées sans suite déposées par Jean-Marie Kuhn. Tous se sont expliqués, lors de leur nomination, devant les sénateurs ou les députés. Augustin de Romanet a essuyé les plâtres, insistant sur l'absence d'irrégularités, selon lui, dans le dossier, reconnaissant cependant à demi-mot que ce n'était pas vraiment la fonction de la Caisse que d'investir dans les hamburgers, regrettant « la mauvaise image donnée à l'occasion du rachat de Quick. Là encore, il faut s'attacher à rendre toutes les interventions de la Caisse des dépôts compréhensibles par les citoyens, affirmer en tout état de cause l'originalité et l'identité du fonds France Investissement, doté de 2 milliards d'euros, et entamer une réflexion sur ce qui fonde la spécificité de ces interventions et sur la possibilité d'accepter des taux de rentabilité interne plus modestes ou différés[1] », a expliqué l'ami de Jacques Chirac.

La nomination du successeur d'Augustin de Romanet, Jean-Pierre Jouyet, dont le nom a été proposé par François Hollande avec l'aval de Nicolas Sarkozy, n'a pas fait l'unanimité parmi les deux assemblées. Le fait d'avoir contrôlé la Caisse en tant que président de l'Autorité des marchés financiers posait un léger problème déontologique. Cela n'a pas empêché son élection. Très vite, lors de ses auditions devant le Sénat et l'Assemblée, des questions lui ont été posées concernant le rachat de Quick.

« Est-ce que la vocation de l'État est de faire des hamburgers ? » lui demande par exemple le député socialiste Thomas Thévenoud. Jean-Pierre Jouyet reconnaît implicitement que non, et qu'il va se débarrasser au plus vite

1. Audition devant la commission des finances le 20 mars 2007.

de cet encombrant investissement « dès que les comptes de Quick seront redressés[1] ». Au Sénat, le ton est plus mordant, car l'infatigable JMK a écrit à tous les sénateurs mettant en cause la probité de Jean-Pierre Jouyet, coupable à ses yeux d'avoir fermé les yeux sur le deal entre la Caisse et Quick quand il aurait pu le contrôler en tant qu'inspecteur des finances, puis à la tête de l'AMF. Kuhn a relevé le lien entre Albert Frère et Brigitte Taittinger, riche héritière du groupe Taittinger et épouse de Jean-Pierre Jouyet. Ce serait, selon Kuhn, Jouyet qui aurait fait venir Albert Frère dans le groupe Taittinger. Et c'est ce même Albert Frère qui organisera en juillet 2005 la vente du groupe Taittinger à Starwood, un important fonds américain qui allongera 2,5 milliards pour acquérir le groupe familial. Décidément, Albert est dans tous les bons coups…

Taittinger, ce n'est pas que le champagne, c'est aussi une banque d'affaires, la Société du Louvre, qui possède une chaîne d'un millier d'hôtels, un groupe de parfumerie… La question agace le futur patron de la Caisse, qui concède connaître Albert Frère depuis 1992 et son travail à Bruxelles avec Jacques Delors. Il assure n'avoir rien à faire avec Quick, n'ayant pas été à la Caisse au moment du rachat, et vouloir laisser les justices belge et française faire leur travail. « Tout cela n'a rien à voir avec mes liens familiaux et mon épouse et je suis peu enclin à recevoir ce type de reproches ! » assène-t-il en commission des finances, un brin courroucé[2].

Deux ans plus tard, c'est au tour du secrétaire général de l'Élysée, Pierre-René Lemas, de passer, comme le veut la coutume, devant la commission des finances avant sa prise

1. Audition devant la commission des finances du 7 novembre 2013.
2. Audition du 10 juillet 2012.

de fonction à la tête de la Caisse[1]. Thomas Thévenoud lui pose la même question – incongruité de voir une banque publique investir dans une chaîne de fast-food appartenant à un milliardaire belge. Lemas reconnaît avoir été saisi à l'Élysée de cette affaire Quick. «Je vais regarder cela, promet le futur patron de la Caisse. J'ignore dans quelles conditions cet investissement a été fait, je me souviens avoir reçu des lettres à ce propos. Spontanément, comme on dit dans les milieux financiers, il est contre-intuitif de penser que les hamburgers font partie de l'intérêt général, mais ce n'est pas si sûr, il faut regarder le rendement financier...»

Les deux journalistes ont écrit à la plupart des témoins mentionnés dans le livre pour leur faire relire leurs citations ou pour leur poser des questions. Ils ont pris contact avec l'Autorité des marchés financiers en France et en Belgique, et avec l'Autorité de contrôle des banques pour – entre autres – voir comment les FCPR étaient contrôlés. Les réponses très techniques ressemblent à des ouvertures de parapluie...

Témoin, le mail de l'AMF: «À notre connaissance, Quick a été acquis par Financière Gallop, SAS détenue à l'époque par un FCPR professionnel, géré par CDC Capital Investissement devenu Qualium, puis Qualium Investissement... Qualium Investissement est habilitée à gérer des FIA de capital-investissement à tout type de clientèle. Elle ne gère pour autant que des fonds professionnels de Capital Investissement[2]... De même pour les dividendes, dont le versement et les modalités de versement

1. Audition du 14 mai 2014.

2. FPCI – à ne pas confondre avec les FCPI – nouvelle dénomination des FCPR professionnels depuis 2014.

n'ont pas à être soumis au préalable à l'AMF pour validation. Le versement de dividendes doit respecter les dispositions de l'article R.214-205 du Code monétaire et financier, en ce sens que la société de gestion peut procéder à la distribution en numéraire d'une fraction des actifs à tout moment… »

Un supplice à interpréter pour, finalement, comprendre que nous sommes sans doute face à un vide juridique, et que cette difficulté pour un contrôle extérieur à avoir accès aux bénéficiaires de ces FCPR en fait leur intérêt. Fermez le ban.

24

THE END

Les scandales brésiliens autour de Petrobras et la gabegie Uramin répondent à l'affaire Quick, qui éclaire Petrobras et Uramin d'une lumière nouvelle. Les faits récoltés ici racontent d'abord un mode opératoire sophistiqué, une manière de se jouer des lois et des hommes pour s'enrichir et appauvrir des organismes publics, donc des hommes. Le but étant, pour les bénéficiaires fortunés de ces mécanismes *in fine* corruptifs, milliardaires habiles et politiques ou fonctionnaires influençables, d'arriver à faire monter à un prix maximal un « appât » patiemment construit. La construction de l'appât constitue l'essentiel du travail. C'est de la pêche à la mouche de haute volée. Il existe mille truites plus ou moins repues dans le fleuve, et des centaines de pêcheurs autour. Chaque pêcheur le sait. Tout tient, en premier lieu, dans la fabrication du leurre.

Ils sont nombreux les milliardaires au bord des rives à se tirer des bourres ou à faire des alliances. Les plus vieux ne sont pas les plus maladroits. Les plus jeunes sont les plus voraces. Leur pêche est effrénée. S'arrêter de lancer, d'appâter, de capturer, c'est perdre la partie et mourir. Rester riche et entreprenant demande beaucoup de sang-froid, de dextérité, d'intelligence, et un moral d'acier. C'est ce que certains appellent « le sens des affaires ». On dirait plutôt « l'art subtil et destructeur de la prédation ».

Derrière les trois leurres – l'usine à hamburgers, la mine sans uranium, la raffinerie sans pétrole – plane l'ombre de Paul Desmarais et d'Albert Frère. Ils sont assistés par une foule de banquiers, d'intermédiaires, de conseillers, de fiscalistes, d'avocats. Et d'autres milliardaires. La présence d'Albert est avérée dans les deals de Quick et de Petrobras : il est l'un des propriétaires de l'« appât » vendu à l'organisme public. Elle n'est qu'une présomption dans le cas d'Uramin, où les noms de Paul et Albert apparaissent en pointillé. Seuls des liens d'affaires, de réseaux, de banques et de personnes conduisent vers eux. Et un témoin sous X les a mis en cause, à la fin de l'année 2017, auprès de la brigade financière. Albert et Paul auraient été, selon ce dirigeant masqué d'un géant de l'énergie, de discrets marionnettistes, des conseillers de la pénombre autant que des prestataires avisés. L'enquête est en cours, et les policiers cherchent des recoupements.

Malgré les liens entre ces trois affaires, aucune instruction judiciaire ne fait référence à ce mode opératoire et à ces deals étrangement similaires. Albert Frère et Paul Desmarais n'ont été incriminés ni en France ni au Brésil. Leurs noms circulent en coulisse, mais à part l'article de *Marianne* concernant Uramin, et celui du *Journal de Montréal* concernant Petrobras, silence radio jusqu'à présent dans les autres médias...

Qu'est-ce qui est le plus scandaleux ? Que des milliardaires s'enrichissent au détriment d'entreprises publiques, ou que des États se laissent piller, sachant que les contribuables seront là pour renflouer les caisses ?

On peut ici faire le bilan financier de ce qu'ont coûté la gestion par des prédateurs financiers plus intéressés par leur enrichissement que par la survie des entreprises publiques, la CDC, Petrobras et Areva. Pour les hamburgers, nous avons vu qu'1,3 milliard s'est volatilisé en neuf ans. Pour Uramin, la facture est plus lourde. L'État français a lâché 2,5 milliards en deux ans. Mais c'est au Brésil que l'addition prend des proportions astronomiques. Les magistrats, aidés de la police financière fédérale, ont fait une synthèse. Le géant pétrolier Petrobras commandait des chantiers à des entreprises du bâtiment. Ces marchés étaient tous surfacturés. 12,7 milliards d'euros auraient ainsi disparu des caisses de l'État en une dizaine d'années. Ce chiffre représente la différence entre ce qu'aurait dû coûter la prestation et ce qu'elle a réellement coûté. Ces fonds étaient reversés à différents partis politiques et intermédiaires.

Le projet de départ de nos journalistes n'était pas de dénoncer, mais de faire comprendre l'indicible pouvoir de ces milliardaires et leur manière particulière d'opérer. À peine ont-ils récupéré leur investissement et leur plus-value qu'ils sont déjà loin, sur de nouveaux coups. Ils auraient pu en choisir d'autres : Bernard Arnault doit sa fortune à la crise textile et à la candeur des socialistes des années 1980. Il rachète le groupe Boussac pour 1 franc alors que l'État venait d'y injecter 1 milliard. La famille Mulliez, propriétaire d'Auchan, Décathlon et tant d'autres enseignes, exilée aujourd'hui en Belgique, a grandi et fait fortune avec ses hypermarchés grâce aux lois avantageuses d'urbanisme et de commerce. Leurs milliards ont été amassés sur le dos des consommateurs, et grâce à la compromission des élus et des partis politiques. Dassault et ses Rafale, Bouygues et ses commandes publiques dans le BTP, Bolloré et ses ports africains. François Pinault, ancien vendeur de bois, que les médias présentent aujourd'hui comme le meilleur mécène de l'art contemporain, doit son expansion à Giscard, et surtout à Chirac, qui ont su financer avec de l'argent public des boîtes reprises pour presque rien... Argent public, fortunes privées. La règle semble immuable.

Nos deux journalistes n'ont pas de compte à régler, ni aucune animosité à l'égard d'Albert Frère, de Paul Desmarais, ou leurs descendants. Nicolas Sarkozy les a amenés vers eux. Découvrir ces bons vivants, seuls milliardaires étrangers dans les salons du Fouquet's lors de la victoire du champion de la droite libérale, a attisé leur curiosité. Et puis il y avait Quick. Les hamburgers dorés à l'or fin. Une petite histoire, au fond. Une centaine de millions d'euros gagnés. Presque un pourboire. Et puis Paul est mort. Et puis Albert vieillit. Et puis leurs descendants ont pris le relais. Ils pêchent un peu partout sur la planète. Ils pêchent en eau trouble.

Au moment où s'achevait leur enquête, les noms des deux milliardaires ont refait discrètement leur apparition dans le paysage médiatique. Mauvaise publicité. Très mauvaise, là. Les milliardaires aiment être à la une de *Forbes*, montrer leur mimine bronzée dans *Match*, ou fréquenter les pages saumon du *Figaro* pour des deals réussis. Ils apprécient modérément la chronique judiciaire.

Or les enfants de Paul et d'Albert sont ferrés et enferrés depuis quelques mois dans l'affaire Lafarge.

C'est un cimentier. Un des plus gros du monde, leader au Moyen-Orient. GBL est son plus gros actionnaire, et les Frère-Desmarais, quand ils investissent dans une boîte, surtout à ce niveau-là, ont la réputation d'avoir l'œil sur tout. Ce sont des actionnaires très interventionnistes. Associées à un homme d'affaires égyptien, les familles belge et canadienne possèdent 50 % des droits de vote chez Lafarge. *Mediapart*[1] l'a appris à nos deux journalistes. Dès son entrée au capital en 2006, Albert Frère ne manque pas de faire savoir qu'il a des idées précises sur la façon dont le cimentier doit être conduit. Ce grand groupe dont il est actionnaire de long terme doit « créer plus de valeur » ? En clair : dégager le maximum de résultats et faire monter le cours en Bourse. Au fil des mois, l'homme d'affaires belge, toujours appuyé par son fidèle associé canadien Paul Desmarais, ne cesse de monter en capital, dépassant les 36 %...

Albert et Paul ont peut-être perdu la main sur ce coup-là. La mort de Paul en 2013 peut-être.

Le fait qu'Albert ait trop délégué à son fils Gérald, ou que Paul junior, le fils de Desmarais senior, n'ait pas la même autorité que son père. Les deux descendants sont aux manettes et au conseil d'administration de Lafarge. En 2007, les milliardaires ont racheté pour près de 8,8 milliards d'euros l'activité cimenterie d'Orascom, la très florissante société d'un homme d'affaires égyptien, Nassef Sawiris. Ce dernier est un copte chrétien, une minorité opprimée en Égypte. Orascom est leader dans le ciment en Algérie, dans les Émirats, en Arabie, en Égypte,

1. Voir l'enquête de Martine Orange publiée le 29 avril 2018.

où l'on construit beaucoup. Mais la montée de l'intégrisme islamiste inquiète l'homme d'affaires qui vient d'investir dans une nouvelle et gigantesque cimenterie en Syrie. 680 millions d'euros engloutis, nous apprend *Mediapart*. Pour cela, le groupe s'endette et doit construire encore plus. Et puis le printemps arabe. Et puis Daech… Six cadres, dont le P.-D.G. de Lafarge, ont été mis en examen pour financement du terrorisme[1]. « Ils sont soupçonnés d'avoir versé 15 millions de dollars à des groupes terroristes, y compris Daech », révèle *Mediapart*. On apprend aussi que le P.-D.G. a quitté le groupe depuis, et a touché près de 30 millions d'euros d'indemnités diverses. « Le prix du silence et de la cupidité en bande organisée ? » interroge le journal dans sa chute.

Paul, Albert et leur descendance ont payé très cher la fusion avec Orascom. Ils n'avaient pas pu prévoir la montée de l'intégrisme et la vague d'attentats. Ils avaient ces dettes à rembourser. Cette nouvelle affaire, contrairement aux précédentes, sent mauvais pour les milliardaires. Des écoutes téléphoniques semblent montrer que les actionnaires savaient et auraient avalisé les paiements de commissions aux groupes terroristes.

Les deux journalistes ont pris contact avec les chargés de communication des deux actionnaires principaux à ce propos. Si, du côté d'Albert Frère, on a refusé de commenter, du côté des Desmarais la réponse a été différente.

Fin mai 2018, les deux journalistes ont fait savoir au chargé de communication de Power Corporation qu'ils allaient publier un ouvrage traitant de la manière dont

1. Les mises en examen remontent à décembre 2017. Deux juges financiers et un juge antiterroriste dirigent l'enquête.

Paul Desmarais et son groupe s'étaient enrichis aux dépens d'entreprises publiques. « Nous sommes venus à Montréal l'an passé pour brosser le portrait de Paul Desmarais. Nous revenons vers vous alors que nous achevons notre travail avec des demandes plus précises. » Les deux journalistes ont cité la revente de Quick, l'achat d'Uramin et, surtout, Lafarge. « Nous évoquons en fin d'ouvrage l'affaire du financement par Lafarge de Daech. Dans ces affaires, Paul Desmarais ou ses fils, ou leurs entourages, jouent un rôle, à nos yeux, important. L'un d'eux ou vous-même accepterait-il le principe d'un questionnaire plus précis sur ces dossiers ? » La réponse est intervenue une semaine plus tard : « Il n'y a aucun lien entre la famille Desmarais, Power Corporation et les transactions que vous mentionnez ci-dessous. » Seulement sur Lafarge, le chargé de communication nous a fait parvenir une lettre, datée du 28 mai 2018, de Paul Desmarais junior, dans laquelle l'héritier niait toute connaissance du financement de Daech par Lafarge, avant que la presse n'en parle : « Je tiens à réaffirmer que le conseil d'administration de Lafarge n'a été informé des éléments visés par l'enquête en cours qu'en 2016, lorsqu'ils ont été révélés par les médias. Lafarge a toujours suivi les meilleures pratiques de gouvernance propres aux groupes internationaux de cette envergure. Dès que cette affaire a été portée à sa connaissance, le conseil d'administration a immédiatement initié une enquête interne indépendante, dont les résultats furent transmis aux autorités en leur assurant sa collaboration. En plus des nombreux dispositifs de contrôle existants dont s'était dotée Lafarge, des mesures additionnelles ont été mises en place depuis pour éviter la répétition de tels regrettables événements que nous condamnons vigoureusement. »

Un mois plus tard, le 28 juin 2018, l'affaire Lafarge a pris une tournure plus inquiétante pour les actionnaires du groupe. Lafarge SA – en tant que personne morale – a été mise en examen au TGI de Paris pour complicité de crimes contre l'humanité, travail incompatible avec la dignité humaine, financement d'entreprise terroriste, et mise en danger d'autrui, en plus des huit anciens dirigeants de Lafarge déjà mis en examen dans cette affaire. Cette décision va obliger les actionnaires de Lafarge – au premier rang desquels les fils d'Albert Frère et de Paul Desmarais – à ouvrir un fonds d'indemnisation. C'est, d'après l'association Sherpa, la première fois qu'une entreprise est mise en examen pour complicité de crimes contre l'humanité. En France, il s'agit aussi de la première fois qu'une multinationale est mise en examen pour les activités de l'une de ses filiales à l'étranger. Le système mis en place par les papys milliardaires est ébranlé.

Les champions de la *private equity* sont obsédés par leurs plus-values. Mais quand les affaires tournent mal, ils semblent aveuglés par le renflouement de leur dette. L'investissement dans le groupe cimentier a été un mauvais investissement. Il devient catastrophique. Les actionnaires membres du CA, de l'avis des cadres entendus en procédure, étaient obsédés par le désir de se rembourser au plus vite. Toujours la même rengaine : on prend l'argent, et on se casse. Sauf que, dans le désert syrien, ils s'enlisent.

Elle a encore un ou deux rendez-vous chez Burger King et chez Areva. Il doit voir un avocat impliqué dans le dossier Uramin. Elle a du mal à lâcher l'affaire… Il a repris le tournage de son documentaire. Il vient de réaliser une séquence avec une conseillère pénitentiaire d'insertion et de probation dans une maison d'arrêt du sud de la France. Après quelques années en milieu ouvert, Caroline a demandé à intervenir en milieu fermé. Elle apparaît droite, engagée et tolérante. Elle aime son boulot. Ce qui est préférable compte tenu de la quantité de stress et d'emmerdements qu'il génère. Elle avait, au moment du tournage, quatre-vingt-dix dossiers à traiter. Quatre-vingt-dix prisonniers qu'elle essaie de voir une fois par mois lors d'un entretien individuel. Son quotidien se résume à des hommes et des femmes qui défilent dans son bureau pour évoquer leurs journées « dedans » et préparer la vie « dehors ». Des tas de « défaites » du service public la mettent en rage. Elle râle contre les cellules prévues pour une personne où deux ou trois prisonniers s'entassent. Elle s'est habituée aux rats, aux cafards, aux nuits en prison où les voisins hurlent de douleur. Elle a fini par ne plus entendre ses collègues qui pestent contre le manque de moyens, ne plus s'énerver contre les magistrats qui prennent leurs décisions trop vite. « Le plus dur, c'est quand les détenus me disent que la justice est à deux vitesses. Je ne peux pas mentir, je leur dis que oui, ils ont raison. »

Elle raconte alors deux vies, deux histoires. Un jeune homme, issu de la banlieue d'une grande ville, qui s'est pris deux mois ferme pour avoir volé 150 euros dans le portefeuille d'une voisine. Un couple de toxicos qui a volé deux vélos. Deux fois qu'on les prend en flag. Ils sont à l'ombre pour un an et demi. Ils laissent trois enfants seuls à la maison, encadrés par une grand-mère perdue et un ado. Caroline les accompagne du mieux qu'elle peut. Elle téléphone aux enfants pour s'assurer qu'ils ont de quoi manger. Elle cherche un petit boulot pour éviter que le jeune homme plonge de nouveau. Quelques fois, elle doute… Pas de son boulot, dit-elle. Du système judiciaire. Du système tout court.

Netflix diffuse depuis la fin du mois de mars 2018 en France une fiction en huit épisodes qui racontent l'affaire Petrobras. La fiction est souvent meilleure que le document pour dire le réel. Dans la série, le groupe pétrolier s'appelle Petrobrasil, mais personne n'est dupe. Marco Ruffo est un flic qui s'est fait virer de la police – trop déterminé contre la corruption endémique de son pays. Il est bipolaire, il s'énerve vite. Il est mis au placard et continue à aider ses collègues dans leurs enquêtes. Il travaille dans l'ombre, fatigué, écœuré de vivre dans son petit pavillon miteux, entre une épouse qui lui fait la gueule et une fille vaguement autiste qui passe ses journées à se perdre devant l'écran de son iPad. La petite fille multiplie à l'infini les vidéos de fractales qui occupent la page d'ouverture de sa tablette. Ce sont des figures géométriques qui ont la particularité de se reproduire à l'infini. Une figure grossit, éclate et un détail de cette figure la remplace, grossit et éclate à son tour. On peut passer des heures devant des fractales à se perdre. C'est ce que fait la fille de Ruffo. Elle se perd dans ces figures mathématiques. Et lui l'observe se perdre. Chaque jour, chaque matin au réveil.

Ce matin-là justement, une odeur pestilentielle envahit la petite maison. Ruffo sort et constate qu'une canalisation d'égout a pété. Il appelle la compagnie publique censée réparer sa canalisation. Un type arrive, appelons-le Paul. Il a une combinaison bleue avec une jolie casquette et un sigle. Appelons sa boîte Service de l'eau publique brésilienne, SEPB. Le fonctionnaire est affable, il reconnaît que ça pue, et que l'eau déborde et risque d'endommager la maison de Ruffo. Il dit qu'il connaît la taille de la canalisation à changer, qu'il a l'habitude. Puis il annonce le délai : six semaines. Ruffo s'étrangle et ne comprend pas. Le gars lui explique les lourdeurs de l'administration, ses chefs, la société qui fabrique les tuyaux qui dépend d'un autre service. Puis il sourit de nouveau et indique qu'il y a peut-être une solution. Il lui glisse la carte d'un certain Alfonso, avec un numéro de téléphone.

Le lendemain, Alfonso et son petit-fils sont là devant la plaque d'égout qui déborde toujours. Ruffo les a appelés. Alfonso a même un tuyau dans sa camionnette. Ruffo demande le prix du tuyau. Le vrai prix. 50 réaux, répond, souriant, le vieil ouvrier. Ensuite Ruffo demande le prix de la prestation. 800 réaux, répond le vieux. Ruffo s'étonne que le vieux s'en mette autant dans les poches, mais ce dernier objecte que lui et son petit-fils ne prennent que 200 réaux. « Et le reste ? » demande Ruffo. Ah, le reste… L'agent de la SEPB en prend un peu, le chef de l'agent de la SEPB aussi. Et le reste remonte dans la machine… Ruffo renonce à payer et décide de réparer lui-même. Le vieux repart.

Ruffo remonte chez lui et observe sa fille qui ne perd pas une miette de ses fractales. Et soudain, une illumination. Il fait un schéma rapide sur un tableau. Deux cercles. Un petit entouré d'un grand. Sur le petit cercle, il note le nom des deux agents qui sont venus chez lui pour ne pas réparer sa canalisation et les sociétés pour lesquelles ils travaillent. Dans le cercle plus important, il marque les noms de Petrobrasil, des entreprises de BTP qui obtiennent des marchés de Petrobrasil, puis des « intermédiaires » privés qui négocient pour les deux, puis des « acteurs publics » qui font remonter les fonds vers Petrobrasil et touchent des commissions des entreprises du BTP. Il va ensuite chercher sa femme qui suit les actualités sur Petrobrasil et ses mises en examen dans sa cuisine. Il lui explique ce que sont les fractales dans lesquelles sa fille se perd. « C'est un mécanisme qui se reproduit à l'infini », dit-il. « C'est un mode de fonctionnement qui s'auto-alimente et qui rejette et recrache tout ce qui ne fait pas partie de lui. » Elle semble décontenancée. « Ce mécanisme est partout, tu comprends ? Il est dans tout. Du macro au micro, du gouvernement fédéral à la canalisation devant chez nous. C'est toujours la même structure. Les pouvoirs économiques et les agents publics sont tous dans le même bateau », poursuit Ruffo, halluciné, comme s'il lui avait fallu trente années d'enquête et de vie de flic pour parvenir à cette évidence. Il enchaîne : « Les hommes politiques nomment les membres des conseils d'administration des boîtes qui attribuent les projets aux grands patrons qui sont toujours les mêmes et qui surfacturent et distribuent leurs commissions aux politiques. C'est un système qui s'autogère et se perpétue. »

Bien sûr, Ruffo campe là la situation brésilienne : les ouvriers ne paient pas leurs parcmètres, on trouve même des combines pour ne pas payer ses papiers d'identité quand on les refait, les policiers acceptent volontiers les bakchichs pour vous éviter des amendes... Mais on aurait tort de prendre le Brésil avec des gants. La France stagne à la vingt-troisième place au hit-parade des pays corrompus[1]. Sa couleur est orange foncé. Le Brésil est rouge. Ce qui caractérise pourtant nos deux pays, comme la Belgique, le Canada, les États-Unis ou l'Allemagne, pour n'en prendre que quelques-uns au hasard, c'est l'augmentation constante des inégalités. Nos États produisent de plus en plus de riches de plus en plus riches, et de plus en plus de pauvres. Et là, la courbe est exponentielle.

« Pas de gauche ni de droite, pas de partis, pas d'idéologie, chaque responsable fait en sorte que la roue continue

1. Selon Transparency International 2018.

à tourner. C'est ainsi qu'ont été élus tous nos présidents. Tous ceux qui refusent de jouer le jeu ont été mis à l'écart », jette Ruffo – qui a lui-même été viré de la police en raison de ses enquêtes. Il est perdu dans ses pensées, comme sa fille dans ses fractales. Tout, tout, tout, le mécanisme... Sa femme le regarde avec un pâle sourire. « Qu'est-ce que tu vas faire de tout ça ? demande-t-elle.

– Rien, rien du tout », répond Ruffo.

Elle ne le croit pas. Elle lui dit. Il sourit.

TABLE DES MATIÈRES

Achevé d'imprimer en France par EPAC Technologies

N° d'édition: 4550414300919

Dépôt légal: septembre 2018